시돈
아람
다메섹
다메섹
(다마스쿠스)
사르밧
베
니
게
바알갓
(바알헤르몬)
헤르몬산
헤틀론
이욘
알랍
(마할랍)
카리터니강
두로
아
셀
아벨벳마아가
단
호사
미스르봇마임
가나
벧아낫
게데스
홀라
호수
함몬
아노아
르홉
악십
암몬
벧세메스
이론
바산(고원지대)
메롬
아숄
메론산
벧에멕
(베데멕)
아르곱
악고
라마
르흡
갈릴리
아벡
미살
가불
긴네렛
갈릴리
바다
그술
가르나임
아스다롯
악고평원
락갓
나할랄
할리
한나돈
림몬
마돈
가르단
가드론
(갓닷)
악삽
베들레헴
아로샛
가드헤벨
함맛(암돈)
아벡
골란
아론
욕느암
갈멜산
헬갓
시므론
나사렛
다브랏
다볼
다볼산
압느엘
야르묵강
헬람
돌
엔돌
게시온
모레언덕
에드레이
헬갓
(후곡)
므깃도
나인
수넴
야르뭇
이스르엘
거론
로드발
돔
사론
가드림몬
벧아벨
길르앗라못
다아낙
엔간님
(원아간)
로글림
이블르암
벧산
길보아산
사
론
에벨
도단
르홉
답밧
길르앗야베스
사마리아
벧세
아벨므홀라
디셉
요
길르앗
평
소고
데베스
미스바
(길르앗)
사마리아
디르사
단
자본
에브라임수풀
야
사일
에발산
브니엘
(브누엘)
마하나임
오봉라
세겜
그리심산
강
숙곳
비라돈
막므다
야노아
깁사임
(욕므암)
얍복강
애벤에셀
아루마
답부아
사르단
아담
악벡
가이스산
길갑
실로
욥바
여폭
라마다임소빔
에브라임산지
베
욥부하
오노
여사나
담낫세라
아로엘
암몬
하딧
바알하솔
오브라
(에브론)
나
가드림몬
엘소
벧엘
(루스)
살리사
벧니므라
야셀
랍바(암몬)
가드(깃다임)
사알본
(사알빔)
아이
민
엘드게
깁브돈
벧호론
미스바
믹마스
나아란
길갈
싯딤
아벨그라임
므바앗
압느엘
게셀
아얄론
기브온
라마
게바
산
여리고
비스가산
벧하란
민닛
브에롯
기브아
알몬
모리아산
아나돗
지
벧호글라
벧브올
헤스본
아스돗
에그론
딤나
기럇여아림
갈림산
예루살렘
벧여시못
느보산
벧세메스
소라
유
사웨기랴다임
메드바
베셀
가드
아세가
사노아
후삭
베들레헴
(에브랏)
벧바알므온
사빌
소고
에담
유
벧디블라다임
아스글론
립나
아둘람
드고아
다
평
그일라
그돌
산
아다롯
야하스
마레사
벧술
지
라기스
길로
벧아놋
막벨라
염해
(사해)
그리욧
블레셋
에글론
막게다
벧답부아
라맘
여루엘광야
그데못광야
가사
헤브론
시스골짜기
디본(디본)
(마므레, 기럇아르바)
엔게디
(하사손다말)
아로엘
메바앗
드빌
십광야
아르논강
그데못
욧다
십
갈멜
맛다나
브솔강
그랄
홀론
아납
소고
마온
시글락
림몬
에스드모아
마온광야
게델
(그데라)
브솔
아산
(고라산)
벧벨렛(벧팔기벳)
얏맏나
앗딤
그리욧
마사다
모압
아르
사루헨
갑스엘
아랏
소돔
브엘세바
호르마
(스밧)
바알라
고모라
미스바
(길아레셋)
아로엘
아말렉
르호봇
호로나임
소금골짜기
(싯딤골짜기)
소알
네게브
세렛
세렛강
이예아바림
브엘라해로이
아드마
호르산
에돔
도벨
아라바
바란광야
다말
(다드몰)
살모나
셀라(욕드엘)
보스라
아스몬
갈가
가데스바네아
부논
지
중
해
성경2.0 지도 기호
산
도시(불확실한 위치)
도시
주요도시
– 바다, 강, 호수 : 파란색 글씨
– 고대 근동 국가, 지역 : 보라색 글씨
– 평야, 산지 골짜기 : 녹색 글씨

성경2.0 지도 기호
산
도시(불확실한 위치)
도시
주요도시, 지명
교회(요한계시록 7교회)
바다, 강, 호수 : 파란색
고대 근동 국가, 지역 : 보라색
고원, 산맥, 광야 : 녹색
현대 지명 : 빨간색
흑 해
지 중 해
에게해
아드리아해
티레니아해
홍 해
로마
시실리아
멜리데
마게도니아
데살로니가
빌립보
고린도
아덴(아테네)
그리스
이스탄불
(비잔티움)
앙카라
갈라디아
<터키>
갑바도기아
아 시 아
버가모
두아디라
서머나
사데
빌라델비아
에베소
라오디게아
골로새
브 루 기 아
루가오니아
안디옥
이고니온
루스드라
더베
다소
길리기아
밤빌리아
루기아
로도
구브로
<키프로스>
살라미
바보
<크레타>
그레데
구레네
베레니게
<리비아>
알렉산드리아
하부 이집트
라암셋
(원세스)
고센
온(카이로)
애굽
<이집트>
상부 이집트
누 비 아
나일 강
시내 반도
시내산
미디안
가사
예루살렘
헤브론
브엘세바
블레셋
모압
암몬
<요르단>
에돔
(세일)
<이스라엘>
가이사랴
두로
시돈
베이루트
다마스쿠스
다메섹
<레바논>
<시리아>
아람
아모리
하맛
실루기아
갈그미스
하란(밧단아람)
앗시리아
니느웨
(모술)
아수르
메소포타미아
유 프 라 테 스 강
티그리스강
바그다드
아카드
바빌로니아
바벨론
시 날 평 지
수메르
우르
갈대아
<이라크>
시로 - 아라비아
<사우디아라비아>
<쿠웨이트>
쿠웨이트
수사
엘 람
메 대
<이란>
대소금 사막
<아르메니아>
예레반
아 라 랏 산 맥
<아제르바이>
<조지아>
수바르투
마타니
콤마게네

성경통독을 위한 최고의 자습서

성경 The Bible 2.0

❺ 열왕기상, 역대상, 열왕기하, 역대하

성경2.0 성경 통독을 위한 고품격 성경만화

글 김동순 | **그림** 배광선 | **감수** 문학진

초판 1쇄 발행 2014년 3월 10일
초판 18쇄 발행 2025년 1월 10일

발행처 (주)CMcreative
발행인 이길우
책임 편집 오경희
CG 장유미, 신선영
그림 스탭 이상일, 강지선
표지 디자인 송우진
본문 편집 디자인 SONBOM 민하늬, 김원경, 강현아
마케팅 김돈영
제작 지원 정선숙
인쇄 미래피앤피 최영민

등록번호 제387-2012-000039호
등록일자 2012.6.12

주소 경기도 고양시 덕양구 청초로66 덕은리버워크 A동 819호
전화 032-325-2181(편집부), 032-325-9600(영업부) | **팩스** 032-325-3181

ISBN 978-89-97923-06-9
ISBN 978-89-97923-01-4(세트)

책값은 표지에 있습니다.
잘못된 책은 구입하신 곳에서 교환해 드립니다.

성경통독을 위한 최고의 자습서

성경 The Bible 2.0

5 열왕기상, 역대상, 열왕기하, 역대하

김동순 글 | 배광선 그림 | 문학진 감수

CM creative

오랜 세월을 빛어 내놓은 《성경2.0》

2004년에 하나님을 믿게 된 후, 당시 다니던 온누리교회의 구내 서점에서 제 수준에 맞는 책을 찾아보았습니다. 이제 막 하나님을 알아 가기 시작한 제 눈에 들어온 것은 성경 만화책들이었는데, 대부분이 어린이를 대상으로 한 것이었습니다. 내용 또한 성경 전체를 다룬 것은 찾아보기 힘들고, 흥미를 끄는 성경 속 사건 위주의 책들이 많았습니다. 주중의 가족 단위 성경공부 모임에서도 성경의 한 부분씩 따로따로 다루는 형식이어서 성경 전체를 알고 싶은 열망이 있었던 제게는 아쉬움만 남겨주었습니다.

대략적이라도 성경 전체를 알고 싶었습니다. 그래서 성경을 일독하기로 마음먹었습니다. '표준새번역' 성경은 엄두가 나지 않아 '쉬운성경'을 읽기 시작했습니다. 틈틈이 읽다 보니 1년 정도 걸리더군요. 그런데 머리 속에 남는 것이 거의 없었습니다. '쉬운' 성경이라지만 읽는 도중에 무슨 뜻인지 이해되지 않아서 계속 같은 자리만 읽었던 경우도 자주 있었습니다. "40이 넘은 나이에도 하나님 말씀 이해하기가 이렇게 어렵다니 원……."

그 전부터 만화책을 전문적으로 만들고 있었던 저는 그때부터 제대로 된 성경 만화를 만들어 보자는 생각을 자연스레 가지게 되었고, 차츰 구상에 들어갔습니다. 2007년에 김동순 작가를 만나면서 제 구상은 구체화되기 시작했고, 2008년부터 본격적으로 제작에 들어갔습니다.

"성경의 의미를 훼손하지 않는 범위 안에서 '최대한 쉽게' '성경의 모든 것'을 담자!"

열정 하나만 가지고 의욕적으로 시작했지만 일은 예상했던 것보다 훨씬 방대했습니다. 몇몇 사람이 단 시간에 할 수 있는 일이 아니었습니다. 일의 진도는 느렸고, 어디서부터 손을 대야 할지 난감할 정도로 많은 문제를 안고 있었습니다. 출간 일정이 여러 번 미뤄지고 수정과 재작업이 반복되었습니다. 모든 시나리오가 몇 번에 걸쳐 수정되고 다시 쓰였는지 모릅니다. 1권 창세기 편은 아예 그림을 다시 그리기까지 했습니다.

이 일을 계속 진행해야 하나 회의가 드는 위기도 있었습니다. 그런 우여곡절 끝에 7년의 인고의 세월을 안고 이 책을 세상에 내놓게 되었습니다. 그러나 기대보다 많은 걱정이 앞섭니다. 미흡한 부분이 많을 거라 생각합니다. 애정 어린 질책을 당부드릴 뿐입니다.

이 책이 나오기까지 애써주신 문학진 목사님 이하 모든 스태프 분들께 감사드립니다. 특히 긴 시간 동안 시나리오를 맡아 애써준 김동순 작가, 어려운 여건 속에서도 정말 훌륭한 그림을 그려준 배광선 작가께 진심을 담아 감사함을 전합니다.

마지막으로 이 책이 나오기까지 늘 지켜봐주시고 용기를 주신 하나님께 이 모든 영광을 드립니다.

이길우

| 글 작가 머리말 |

쉽게 정상을 차지할 수 없는 '성경'이라는 산을 오르며

《성경2.0》은 재미있는 에피소드 위주로 된 기존의 성경 만화와는 많이 다릅니다. 난해한 <레위기><욥기>는 물론 예언서들까지 성경의 모든 책을 다루고 있으며, 성경과 똑같이 '장'으로 구분해서 독자들이 읽어 내려가며 성경과 직접 비교할 수 있도록 되어 있습니다. '성경2.0'이라는 제목이 무색하지 않을 만큼 성경과 유사합니다.

저는 제가 이 일을 하기에 충분히 준비되었다고 생각했습니다. 나름 목회자의 아들이고, 오랜 시간 동안 교회에 헌신하며 신앙생활을 한 기독교인 중의 기독교인으로 살았다고 자부했기 때문입니다. 게다가 수많은 자료들과 든든한 인터넷이라는 정보의 바다가 있으니 두려울 것이 없었습니다. 하지만 좌절감을 느끼기엔 그리 많은 시간이 걸리지 않았습니다.

성경을 읽는 것은 험난한 산을 등반하는 것과 같습니다. 많은 사람들이 의욕적으로 도전하지만 쉽게 정상을 차지할 수 없는 산입니다. 처음 <창세기>를 접하면 이제 막 산을 오르는 기분도 들고 초입이라 기대감도 있습니다. 무엇보다 에피소드 위주라 읽기가 편합니다. <출애굽기>는 모세가 바다를 가르는 장면에서 스릴감과 스펙터클도 느낄 수 있지요. 하지만 <출애굽기> 다음에 나오는 <레위기>에서 모두들 절망이 무엇인지 경험하게 됩니다. <레위기>는 마치 거대한 절벽을 마주했을 때처럼 우리를 막막하게 합니다. 여기서부터 시작된 정신 붕괴는 그동안 쌓인 수많은 낯선 지명과 인물들, 여러 민족의 역사와 문화에 대한 이해 부족과 어우러져 극대화되어 결국 성경 읽기를 포기하게 합니다. 저 또한 얼마나 숱하게 이 등정을 포기했는지 모릅니다.

그리고 이번에도 기세등등하게 《성경2.0》의 등정을 시작했지만 성경이란 산은 너무 높고 가팔랐으며 매서웠고 저는 아직도 충분히 준비돼 있지 않았습니다. 그동안 꽤 많이 알고 있다고 생각했던 성경 지식은 금방 바닥났고, 이해의 부족과 표현의 한계로 몇 번이나 쉬다 미끄러지고 굴러 떨어졌습니다. 그리고 저는 깨달았습니다. 이건 내가 할 수 없는 일이구나. 무지무능해서 용감했을 뿐이었구나.

제가 할 수 있는 건 하나님을 붙드는 일뿐이었습니다. 그것밖에 할 수가 없었습니다. 그렇게 7년 동안 하나님께 매달린 결과 드디어 《성경2.0》이 나오게 되었습니다. 무어라 표현할 수 없을 정도로 감개무량합니다. 그저 감사할 뿐입니다.

지면을 빌어 다시 한 번 감사드리고 싶은 분들이 계십니다. 사랑하는 부모님, 최고의 동역자인 이길우 대표님, 수준 높은 작화를 보여주신 배광선 작가님, 감수의 수고를 마다하지 않으신 문학진 목사님과 그 외 많은 분들께 감사드립니다. 그리고 무엇보다 부족한 저를 붙들고 이 일을 할 수 있도록 동행해 주신 하나님, 감사합니다! 사랑합니다!

김동순

열정과 인내로 빈 항아리를 채워 가며 만든 《성경2.0》

인연이란 우연히 찾아오는 것 같습니다. 성경을 제대로 된 만화로 출간해 보자는 제안에 막막했던 4년 전이 생각납니다.

"성경?"

믿음, 소망, 사랑, 빛과 소금 같은 어디선가 많이 봐온 성경 구절들, 또 구약성경의 여러 가지 재미있는 에피소드들이 제가 알고 있는 성경 지식의 전부였습니다. 물론 서양 역사에 절대적인 영향력을 행사해 온 기독교의 경전이니만큼 서구 문화를 이해하는 많은 키워드를 품고 있을 거라는 기대감은 품고 있었습니다. 작가로서 방대한 역사와 에피소드가 담긴 세계 최고의 베스트셀러를 한번쯤 봐두면 도움이 되겠다는 생각은 있었지만 작업을 시도할 엄두는 내지 못했습니다.

그러나 뜻밖의 기회가 찾아왔고, 저는 '그래, 이참에 제대로 성경공부 한번 해보자!'라는 아주 단순한 마음으로 이 작업을 시작하게 되었습니다.

세상 모든 일이 그렇듯 막상 작업을 시작하고 보니, 아는 것보다 알아야 할 것들만 가득한 제 무지의 항아리를 들여다보게 되더군요. 빈약한 성경 지식을 다급히 채워 보려 했지만 짧은 시간 안에 성경을 제대로 이해하고 그림으로 그려낸다는 것은 무리임을 곧 깨닫게 되었지요. 그래서 무지에서 시작된 1권의 그림을 전부 폐기하고 다시 작업하는 힘든 결단의 시간도 필요했습니다.

결국 《성경2.0》의 한 컷 한 컷을 그려가는 과정이 제게는 곧 성경을 이해하고 알아가는 과정이 되었습니다. 제대로 된 고증을 위해 자료를 찾고 또 찾았습니다. 옷차림, 천막, 저울, 물 항아리 하나까지 자료를 찾아서 그 시대를 제대로 담고자 노력했으며, 등장인물들의 마음과 그 의미를 생생하게 전달하고자 수없이 지우개질을 거듭했습니다.

《성경2.0》을 작업하는 과정은 열정과 인내심을 필요로 하는 힘겨운 시간이기도 했지만, 성경에 대해 조금씩 빈 항아리를 채워가는 나의 모습과 이 '인연'이 제 인생에 하나의 전환점이 되리라는 기대로 너무나 행복한 시간이었습니다.

성경이 "가장 널리 알려진, 그러나 가장 덜 읽혀진 책"이란 말을 들어본 적이 있습니다. 기독교 신자가 아닌 사람도 성경책을 모르는 사람은 없을 테고, 어느 집에나 한 권쯤은 있기 마련이니 '가장 널리 알려진' 책임은 분명한 듯합니다. 또 제 주변에서 '성경은 어렵더라' '성경 어디까지는 읽어봤는데……' 라는 말들이 들리는 걸로 봐서 '가장 덜 읽혀진 책'이란 말 또한 맞는 모양입니다. 저 역시 이 작업을 하기 전까지는 어린 시절 누나(지금은 목사가 되셨지요.)의 책장 한 곳을 차지했던 성경의 <창세기>만을 읽어 본 것이 전부였으니 말입니다.

성경이 '제대로 읽혀진 책'이 되는 데 《성경2.0》이 큰 도움이 되리라 확신합니다. 그동안 많은 조언을 주고 고생을 같이 한 이길우 대표님과 김동순 작가님, 감사합니다. 특히 긴 시간 고행 같은 작업을 함께해주신 이상일, 강지선 작가님, 서관석 선생님께 감사의 인사를 전합니다.

배광선

성경을 '만화'로
접근하고, 이해하고, 기억하기

근대 교육의 창시자로 알려진 J. A. 코메니우스는 그의 저서 《세계도회(世界圖繪)》(Oribis Sensualium Pictus)에서 새로운 언어학습법을 개발해 효과적으로 라틴어를 배울 수 있는 방법을 제시했다. 언어와 그것이 나타내는 사물을 함께 보여주어 보다 재미있게 언어를 익힐 수 있는 그림 교수법으로, 감각적 경험이 주는 교육의 효과를 적용한 것이다. 오늘날 유아들에게 글자를 쉽게 익히게 하기 위해 사용하는 그림책의 효시라고 볼 수 있다.

이런 맥락에서 만화는 전달하려는 내용을 보다 쉽게 이해시키고 오랫동안 기억에 남게 하는 장점을 가졌다고 볼 수 있다. 만화는 흥미로우며, 쉽게 접근할 수 있고, 여간해서 싫증을 느끼지 않는다는 장점이 있다. 이런 이유 때문에 남녀노소 모두 만화를 좋아하는 것 같다.

그동안 성경은 모든 사람들에게 신앙과 지성에 있어 매우 귀중한 책임에도 불구하고, 그 내용이 어려워 이해하기 힘들다는 이유로 선뜻 손에 집거나 혹 집어 든다 해도 처음부터 끝까지 통독하기가 쉽지 않았다. 이런 상황에서 이번에 발간된 《성경2.0》은 신앙인은 물론 비신앙인에게도 아주 유익할 것이라 생각된다. 재미있으면서도 충실한 내용으로 인해 성경 내용을 쉽게 파악할 수 있음은 물론 기억에도 오래 남을 수 있기 때문이다.

《성경2.0》의 감수를 부탁받고 성경신학을 전공하지 않았다는 점에서 망설임도 있었다. 그러나 기독교육을 전공한 사람으로서 어떻게 하면 학습자로 하여금 기독교교육의 내용인 성경을 쉽게 이해하고 기억하게 해 그 말씀대로 살도록 도울 수 있을까 고민해 왔기 때문에 오히려 기쁜 마음으로 참여하게 되었다.

《성경2.0》의 주된 목적은 성경 내용을 쉽게 전달하고 오랫동안 기억하게 해 실천하는 신앙인으로 성장하도록 돕는 데 있다. 그래서 작가와의 대화를 통해, 가급적 성경 내용 전달에 충실하고, 불가피하게 해석을 요하는 부분은 'tip'으로 처리해 독자들로 하여금 더 깊이 묵상하도록 돕는 데 초점을 맞추었다.

감수자로서 작은 소망이 있다면, 《성경2.0》의 기획 의도대로 많은 사람들이 이 책을 부담 없이 손에 집어 들어 읽기 시작해 성경의 내용을 큰 어려움 없이 이해하고, 그것을 또 오래도록 기억하는 것이다. 그리하여 성경이 말하는 하나님을 제대로 알고, 하나님이 원하시는 뜻을 실천하면서, 하나님이 이 세상을 처음 창조하셨을 때처럼 아름다운 세상으로 회복시켜 나가는 일에 힘쓰며 살아가게 되기를 소망한다.

문학진 목사

열왕기상

솔로몬

이스라엘 왕국 제3대 왕으로 다윗의 아들이다. '지혜의 왕'으로 불렸고, 그 지혜로 이스라엘 왕국을 정치, 경제, 군사적 최고의 전성기로 이끌었다. 최고의 업적은 예루살렘에 여호와의 성전을 지은 것이다.

르호보암

솔로몬의 아들로 이스라엘 왕국 제4대 왕이다. 그가 노역에 대한 백성의 청원을 완강히 거절한 것이 이스라엘 분단의 직접적인 계기가 된다. 그로 인해 이스라엘은 남쪽의 '유다' 왕국과 북쪽의 '이스라엘' 왕국으로 분단되고, 그는 유다의 초대 왕이 된다.

여로보암

북 왕국 이스라엘의 초대 왕이다. 솔로몬의 신하였으나 솔로몬의 아들에 대항해 북 왕국 이스라엘의 초대 왕이 된다. 남 왕국 유다로부터 완전한 정치적 독립을 이루고 종교적 합법성을 꾀한다는 구실로 단과 벧엘에 금송아지 상을 세운다.

아사

유다의 3대 왕으로 솔로몬의 증손자이다. 유다 지방에 있던 많은 우상과 산당, 제단을 파괴한다. 또한 우상을 만들어 섬긴 조모를 폐위시킨다. 그러나 말년에 하나님을 의지하지 않아 병들어 죽는다.

아합

북 왕국 이스라엘의 7대 왕이다. 이스라엘 역사상 가장 악한 왕으로 바알을 숭배했다. 이스라엘은 아합 시대에 경제, 군사적으로 부흥을 이루었으나 종교적으로는 최악의 암흑기였다.

이세벨

시돈의 공주로 아합의 아내가 된다. 성격이 매우 포악했다. 여호와의 예언자를 많이 죽이고 이스라엘을 바알 우상숭배의 온상으로 만든다.

여호사밧

유다의 4대 왕이다. 아버지 아사 시대까지 남아있던 아세라 목상과 산당을 모두 없애버리고, 모든 성읍에 군대를 배치하여 유다를 강대국으로 만든다.

엘리야

북 왕국 이스라엘의 예언자다. 7대 왕 아합부터 9대 왕 요람이 북이스라엘을 다스리는 동안 평생 우상숭배자들과 싸웠으며 불 회오리바람과 병거에 휩쓸려 하늘로 승천한다.

열왕기하

엘리사

북 왕국 이스라엘의 예언자다. 부유한 집안의 아들로 소를 끌며 농사를 짓던 도중 엘리야의 부름을 받아 예언자가 된다. 엘리야가 승천하면서 떨어뜨린 겉옷을 주워 엘리야의 능력을 얻고 많은 기적을 일으킨다.

호세아

북 왕국 이스라엘의 마지막 왕이다. 이집트와 동맹을 맺어 앗시리아의 식민지에서 벗어나려 했으나 이 일을 눈치 챈 앗시리아의 군대에 의해 왕국이 멸망하고, 자신은 포로가 되어 앗시리아로 끌려가게 된다.

히스기야

유다의 13대 왕이다. 하나님께 순종하고 율법을 잘 지켜 모든 백성에게 존경을 받았으며 나라를 부강하게 만들었다. 죽을병에 걸렸으나 하나님께 간구하여 수명이 15년 연장된다.

요시야

유다의 16대 왕이다. 성전을 정비하는 중에 발견한 율법책이 계기가 되어 종교개혁을 실시하고 우상을 철저히 파괴했다. 이집트와 싸우다 전쟁터에서 전사한다.

시드기야

유다의 마지막 왕이다. 이집트와 동맹을 맺고 당시 강성하던 바벨론에 반기를 들다가, 바벨론의 침공에 맞서 싸우던 끝에 패배한다. 두 아들은 그가 보는 앞에서 처형되고 자신은 두 눈을 뽑힌 채 바벨론으로 끌려가 그곳 감옥에서 여생을 보낸다.

《성경2.0》을 더 재미있고 더 유익하게 읽기 위해

이 책의 기본적인 제작 방향은 "성경의 의미를 훼손하지 않는 범위 안에서 최대한 쉽게"입니다. 또한 그림으로 표현, 만화 연출, 장면 전환, 한정된 페이지 등 만화의 특성에 맞춰 제작되었습니다.

이 책은 성경과 완전히 똑같을 수는 없습니다. 반복되는 이야기는 하나로 압축시키고, 너무 어려운 문장은 쉽게 풀고, 복잡하고 긴 이야기는 간단하게 요약했습니다. 또한 매끄러운 진행을 위해 순서를 바꾸기도 했으며, 이해가 어려운 부분은 단어나 문장을 교체하거나 추가해서 이해를 돕도록 했습니다.

그런 모든 과정의 목적은 단 하나, **성경을 쉽게 이해하기 위해서입니다.** 이 책은 독자들이 성경을 가장 쉽게, 그러면서도 제대로 알게 해주는 길잡이 역할을 할 것입니다.

이 책은 아주 쉽게 성경을 풀었지만, **성경과 각 장을 비교하면서 봐도 무방할 정도로 성경에 충실하게 만들어졌습니다.** 그동안 성경 읽기에 어려움을 느꼈던 많은 분들에게 하나님의 소중한 말씀을 신나고 즐겁게 전해드릴 것입니다.

❶ 본문의 이해를 돕기 위해서
중간 중간에 팁을 활용했어요.

팁 한 번만 더

이 장면은 마치 하나님과 흥정하는 듯 한 느낌을 주는데, 이런 태도는 바람직하지 못하다. 그럼에도 하나님께서 아브라함의 간구를 들어주신 이유는 아브라함이 단지 소돔에 살고 있는 조카 롯뿐만 아니라 소돔과 고모라의 모든 사람들을 구원하기 위해 애타게 기도했기 때문이다.

❷ 지난 내용이 기억나지 않는다면
Link에 표시된 페이지로 가보세요.

아브라함 때 들었던 흉년 Link 1권 45p 이 또다시 찾아들었어.
비가 오질 않아…
그랄을 거쳐 이집트로
가야겠어.

❸ 이해를 돕기 위한 짧은 해설은
해당 컷 아래쪽에 주석(보라색)으로
들어가 있습니다.

나중에 나온 아이는 손으로 에서의 발꿈치를 붙잡아서 이름을 야곱이라 지었지.

※야곱 : '발꿈치를 붙잡다'라는 뜻.

❹ 책의 날개에는 각 책 제목이 표시되어 있습니다.

창세기
하나님은 그 제물을 기쁘게 받으시고 스스로 다짐하셨어.
다시는 사람 때문에 땅을 저주하지 않으리라!

❺ 성경 각 책의 '장'까지 표시해
성경과 비교해 가며 읽을 수 있습니다.
만화의 특성상 '절'까지 표시하지는 못했습니다.

21장 이삭의 출생

하나님께서 말씀하신 대로 사라를 돌보셨고,

❻ 이야기의 원활한 흐름을 위해 각 단원
사이에 다른 단원의 내용이 들어가며,
그것은 이렇게 표시됩니다.

그리고 헤만과 에단(여두둔)과 다른 레위 사람들도 함께 기브온에 올라 하나님을 찬양하는 일을 하게 됐지.
뿌우우우~
그분의 사랑은 영원할 것이다~!
역대상 16장 41~42절

예) 사무엘하의 내용 진행 중에 역대상 내용이 사이사이에 들어갑니다.

❼ 앞에 나왔던 주석이라도 이해를 돕기 위해 필요하면 반복해서 나옵니다.

열왕기상
●솔로몬
이스라엘 왕국의 제3대 왕. 하나님께 지혜를 구해 왕국의 전성기를 이뤘지만 대외 관계를 위해 많은 이방 여인들과 결혼했고, 이로 인한 우상숭배로 분열 왕국이 초래되는 원인을 제공하기도 했다.

열왕기는 '여러 왕들에 대한 기록' 이야.

이스라엘의 포로시대에 쓰였고 이를 기록한 자는 알 수 없어.
나라가 혼란스러울 때라 저자를 알 수 없는 거야.
근데, 포로시대는 뭐예요?
다음 페이지 팁을 봐.

tip 구약성경의 시대 구분 (포로시대)

이스라엘은 왕정을 이룬 지 약 430여 년 후 바벨론에 의해 멸망당한다. 그때 이스라엘은 포로가 되어 각지로 흩어지게 되는데 이를 포로시대라고 한다. 열왕기는 이스라엘이 멸망하기 전 '솔로몬의 역사', '이스라엘 왕들의 역사', '유다 왕들의 역사' 등의 자료를 활용해 작성된 것으로 보인다.

시대 구분	관련 성경
1. 창조시대	창세기 1~11장
2. 족장시대	창세기 12~50장
3. 출애굽 광야시대	출애굽기, 민수기, 레위기, 신명기
4. 가나안 정복시대	여호수아
5. 사사시대	사사기, 룻기
6. 단일 왕국시대	사무엘상·하, 역대상, 열왕기상 1~11장,
7. 분열 왕국시대	열왕기상 12~22장, 열왕기하, 역대하
8. 포로시대	다니엘, 에스겔
9. 포로 귀환시대	에스라, 느헤미야, 에스더
10. 침묵시대	약 400년

저자는 열왕기를 통해 이스라엘의 참상, 성전 파괴, 왕가의 굴욕, 그리고 조상의 땅에서 쫓겨나 포로로 끌려가게 된 원인이…
터벅
터벅

하나님을 배반하고 그들이 지은 죄의 결과임을 이스라엘 백성에게 가르치려 했어.
농사가 잘 되게 해주세요.
저는 로또 맞게~!
저러니 하나님께서 벌을 주신 거야!!
에휴~!

또 '이제라도 모든 죄악과 우상을 버리고 하나님께로 돌아가자.' 라는 메시지를 전하려 했지.
쾅
쾅
에잇, 고철 따위가!!
휙
흑흑, 회개하고 하나님께 돌아가면 우리를 받아주실까?
받아주실 거야, 우리 하나님 이시니까.

열왕기서는 상·하로 나뉘는데 상권은 솔로몬의 단일 왕국시대와
나는 하나님이 주신 지혜로 나라를 잘 다스렸지.
이야~!
딥사
하맛
시돈
단
다마스쿠스
예루살렘

남과 북으로 나누어진 분열 왕국시대의 초기를 다루고 있지.
하지만 내가 죽고 난 후 이렇게 남북으로 갈라졌어.
헉!
다마스쿠스
단
이스라엘
예루살렘
유다
땅도 다 뺏앗기고!
왜?

이스라엘이 분단된 건 솔로몬이 하나님과의 약속을 지키지 않아서야.
내가 이방 여자들과 결혼하다 보니 아내들의 우상을 섬기게 됐거든.
아이고~!
실망이에요!
끙…

열왕기상은 그런 역사를 통해 하나님께 순종할 때만이 평화와 축복을 얻을 수 있다는 사실을 알려주지.
하나님께만 순종할 때 이스라엘은 최강의 부유하고 행복한 나라였다고! 자, 이제 이스라엘이 어떻게 불순종하고 멸망하는지 지켜보자고.
스펙터클할 것 같아.
우와!
가자, 이스라엘 왕들의 세계로!

tip 열왕기와 역대기를 함께 다룸

<성경 2.0> 4권에서 사무엘하의 내용을 보완해주기 위해 중간 중간 역대상의 내용을 삽입한 것처럼, 이번 5권에서도 열왕기상·하에서 빠진 기록을 보완하기 위해 역대상·하의 내용을 중간 중간 삽입했음을 밝힌다.

1. 솔로몬의 단일 왕국

1장 왕이 되려 한 아도니야

다윗은 나이가 많이 들어 이불을 덮어도 몸이 따뜻해지지 않았어.
으, 추워…!
덜
덜
덜
덜

젊은 처녀가 왕께 시중들게 하겠습니다.
처녀를 품에 안고 주무시면 몸이 따뜻해질 겁니다.
덜
덜

신하들은 이스라엘을 두루 다니며 젊고 아름다운 여자를 찾았지.
씰룩
씰룩
안녕하세요, 아름다운 날이네요.
심사위원

그러다가 매우 아름다운 수넴 여자 아비삭을 데려왔어.
안녕하세요. 참가 번호 15번 아비삭이에요.
오!!
합격!!
아비삭

다윗은 그녀의 시중을 받았으나 그녀와 잠자리를 함께하진 않았어.
죽 좀 드세요. 프랑스산 명품 죽이랍니다.
그래? 프랑스가 언제부터 죽을?
앙~

다윗에겐 학깃 사이에서 난 아들 아도니야가 있었어. 그는 압살롬 바로 아래 동생으로 아주 잘 생겼지.
아도니야
첫째, 둘째, 셋째 형이 다 죽었으니 이젠 내가 첫째인 셈이지.

※수넴 : 이스르엘 북쪽에 있는 잇사갈 지파의 성읍으로 술람미라고도 불렸다.

아도니야는 스스로를 높이며 말했어.
크하하~! 나는 왕이 될 거다!!
아직 왕이 살아계시는데 너무하는군!
수군
수군

그러고는 전차를 마련하고, 기병과 호위병 50명을 데리고 다녔지.
예전에 압살롬이 준비한 것과 같은 규모야!
Link 4권 177p

tip 다윗 왕의 아들 아도니야

다윗의 맏아들 암논은 셋째 아들 압살롬에게 암살당했다. Link 4권 173p 둘째 아들 길르압은 어렸을 때 죽은 것으로 보이나 정확한 사인은 알 수 없다. 셋째 아들 압살롬은 다윗 왕을 반역했다가 군사령관 요압에 의해 죽임을 당했다. Link 4권 189p 따라서 넷째 아들 아도니야가 서열 1순위가 되었고, 아도니야 자신도 공공연히 자신이 이스라엘의 왕이 될 거라 떠들고 다닌 것이다.

그런데도 다윗은 이를 나무라거나 주의를 준 적이 없었어.
아도니야에게 상처 줄 순 없어. 난 이미 3명의 아들을 잃었다고.
아도니야는 군사령관 스루야의 아들 요압과 대제사장 아비아달과 의논했어.
군사적, 종교적으로 영향력이 큰 두 분이 좀….
요압
아비아달
그들은 아도니야를 지지했지.
군사령관과 대제사장인 두 분이 도와주시면 아주 큰 힘이 될 겁니다.
후후, 알겠네.
염려 마시게.

※시므이와 레이에 대해서는 알려진 바가 없다. 다윗을 저주했던 Link 4권 182p 시므이와는 다른 인물이다.

※브나야 : 다윗의 시위대 대장이다. Link 4권 203p

그러나 대제사장 사독과, 세 용사 중 한 명인 브나야(여호야다의 아들), 예언자 나단, 시므이, 레이, 그리고 다윗의 특별 경호대는 아도니야의 편을 들지 않았어.
내가 왕이 될 수 있도록….
무슨 말씀이시오? 다윗 왕의 허락도 없이!!
우리는 다윗 왕만을 따를 뿐입니다.
얼마 후 아도니야는 양과 소, 살진 송아지를 잡아 에느로겔 샘 근처 소헬렛 바위 옆에서 제사를 드리고, 자기의 모든 형제와 유다의 지도자들, 장로들을 초대했어.
이제 내가 왕이 돼 이 나라를 다스릴 것이오!!
와아아아
짝
짝
짝
짝

※에느로겔 샘 : 기드론 골짜기와 힌놈 골짜기의 인접 지역에 위치한 샘으로 느헤미야 2장 13절에 나오는 '용 샘' 혹은 '용 우물'과 동일시되고 있다.

※소헬렛 : 에느로겔 근처의 지명인 것 외에는 알려진 것이 없다. 다만 바위들이 넓고 평평했던 것으로 보인다.

tip 아도니야가 드린 제사

아도니야는 가축을 잡아 잔치를 베푼 것을 제사라는 종교 행사로 위장했다. 자신의 음모를 감추고, 가담자들의 결속을 다지기 위함이었다. 이 제사의 목적은 다음과 같았다.

① 다른 왕자와 신하 및 백성들에게 인심을 베풀어 환심을 산다.

② 잔치와 종교 의식을 통해 자신이 왕이 되었음을 공식적으로 선포한다.

그러나 나단과 브나야, 다윗의 특별 경호대와 동생 솔로몬은 초대하지 않았어.
아도니야의 소식은 들었습니까?
솔로몬
형이 왜요?
예언자 나단이 솔로몬의 어머니 밧세바에게 가서 말했어.
학깃의 아들 아도니야가 다윗 왕도 모르게 스스로 왕이 되었답니다. 그 사실을 알고 계셨습니까?
아뇨. 그게 무슨?
밧세바

당신과 당신 아들의 목숨이 위험하오. 제가 좋은 계획을 알려드릴 테니 그대로 하시오.
네… 말씀만 하세요!
왕에게 가서… 이러쿵저러쿵.
네네… 알았어요.
소곤 소곤
밧세바가 다윗의 침실로 찾아갔더니 수넴 여자 아비삭이 그의 시중을 들고 있었지.
그래, 무슨 일이오?
왕께서는 여호와의 이름으로 이 몸에서 태어난 솔로몬이 왕의 뒤를 이어 보좌에 앉을 거라고 말씀하셨지요.

※아도니야가 왕이 되면 정적인 솔로몬과 밧세바는 숙청될 게 분명했다.

그런데 지금 아도니야가 왕이 된 사실을 왕께서는 알고 계십니까?
뭐라고!?
아도니야가 가축들을 제물로 드리고, 왕자들과 대제사장 아비아달, 군사령관 요압을 초청했습니다. 왕의 종 솔로몬은 초청하지 않았고요.
왕이시여, 모든 이스라엘 백성이 왕께서 왕의 후계자를 결정해주기를 기다리고 있습니다. 그렇지 않으면 왕께서 돌아가신 후 저와 솔로몬은 반역자가 될 겁니다.
음… 그럴 수가!

그때 예언자 나단이 들어왔어.
예언자 나단이 오셨습니다.
나단이? 들라 하라!!
나단이 다윗에게 나아가 절을 했지.
내 주 왕이여, 아도니야가 왕의 뒤를 이어 보좌에 앉을 거라고 말씀하셨습니까?
도대체 그게 무슨 소리요?
오늘 아도니야가 왕자들과 대제사장 아비아달, 군사령관 요압을 초청해서 함께 먹고 마시며 '아도니야 왕 만세!'를 외치고 있습니다. 저와 사독, 브나야, 솔로몬 왕자는 초청하지 않았고요.
아도니야 왕 만세!
만세!
만세!

그 일을 왕이 하신 겁니까? 그렇다면 왜 제겐 알려주지 않으셨습니까?
안되겠군, 우선 밧세바를 불러라!

tip 그 일을 왕이 하신 겁니까?

나단의 이 말은 다음과 같은 의미를 지닌다.

① 다윗도 모르게 아도니야가 왕이 된 사건에 대해 책망하고 있다.
② 솔로몬에 대한 하나님의 뜻을 바로 자신이 다윗에게 전했는데, 하나님께 묻지도 않고 아도니야가 왕이 될 수는 없다고 경고하는 것이다.
③ 아도니야가 왕이 된 것이 다윗의 뜻이 아님을 시인하게 하기 위함이다.

※왕의 허락 없이는 제3자의 간섭이 허용되지 않았던 궁중 예법에 따라 밧세바는 자리를 떠났다.

왕이 된 솔로몬

밧세바가 앞에 서자 다윗이 맹세했지.
나를 모든 재난에서 구해주신 여호와 앞에서 맹세하오.
내가 전에 여호와의 이름으로 당신 아들 솔로몬이 내 뒤를 이어 왕위에 오르리라 약속했던 걸 오늘 이행하겠소.
정말요?

밧세바는 다윗 앞에 엎드려 절했어.
내 주 왕이시여! 만수무강하소서!
쩝, 보약이라도 좀 지어주고 그런 말을….
쿵

다윗은 대제사장 사독과 예언자 나단, 그리고 브나야를 불렀지.
내 아들 솔로몬을 내 노새에 태우고 기혼으로 가시오.
? ? ?

※기혼 : 시내라는 뜻. 예루살렘의 동문 밖 기드론 골짜기에 있다.

tip 노새

당시 이스라엘 사회에서 일반 백성은 대개 나귀를, 왕과 왕자들은 노새를 탔다. 노새는 이스라엘에서 사육하지 않았고 외국에서 수입했기 때문에 매우 귀했다. 솔로몬을 왕의 노새에 태웠다는 건 솔로몬이 왕의 후계자임을 공식적으로 선포하는 것이다. 참고로, 이스라엘에서 노새를 사육하지 않은 건 노새가 수나귀와 암말의 교배에서 태어나는 변종으로 모세 율법이 동물간의 이종 교배를 금했기 때문이다.

대제사장 사독과 예언자 나단은 그곳에서 솔로몬에게 기름을 부어 이스라엘의 왕으로 세우시오.
아, 알겠습니다!

※왕에게 기름 붓는 행위는 백성을 다스리는 통치권을 하나님께 위임받는다는 의미를 지닌다.

또 나팔을 불며 '솔로몬 왕 만세'를 외치시오.
그런 다음 솔로몬을 왕좌에 앉히시오. 내가 솔로몬을 이스라엘과 유다의 왕으로 세울 것을 명령하오.
옳습니다. 왕의 하나님께서도 그렇게 하시기를 바랍니다.

여호와께서 왕과 함께 계셨던 것처럼 솔로몬과도 함께하셔서 그가 왕보다 더 위대한 왕이 되기를 바랍니다.
이 책에 그렇게 된다고 나와 있소.
성경 2.0

사독, 나단, 브나야가 왕의 경호대인 그렛, 블렛 사람들과 함께 솔로몬을 다윗의 노새에 태우고 기혼으로 내려갔지.
무슨 일이야?
따각 따각
저벅 저벅
솔로몬님이 왕이 되는 행사를 한다던데?
엥? 다른 곳에선 아도니야님이 왕이 됐다던데?

※그렛, 블렛 사람들 : 브나야 휘하의 왕궁 경호대로 팔레스타인 해안의 토착민으로서 이스라엘을 도운 용병들로 보인다.

대제사장 사독이 성막에서 기름을 담은 뿔을 가져다 솔로몬의 머리에 부었어.
이제부터 당신이 이스라엘의 왕이십니다.
웅성 웅성

※기름 : 사람이나 물건을 거룩히 구별할 때 사용하는 관유를 말한다.

Link 2권 92p

사독이 나팔을 부니 모든 백성이 '솔로몬 왕 만세'를 외쳤지.
솔로몬 왕 만세!!
솔로몬 왕 만세!!
와아아
만세~
빰빠라~ 빠~
만세~
온 백성이 솔로몬을 따라 성으로 들어가며 피리를 불고 소리를 지르며 기뻐했어. 그 소리로 땅이 흔들릴 지경이었지.
만세!
솔로몬 왕 만세!!
새로운 왕이시다!!
빠~라빠빰
와아
따각
따각
아도니야와 그의 초청을 받은 사람들은 잔치를 마칠 무렵 그 소리를 들었어.
빰빠라~빠~
와아아~
이 나팔 소리는 뭔가? 왜 이리 성이 시끄러운가?
요압이 말을 마치기도 전에 대제사장 아비아달의 아들 요나단이 왔어.
어서 오시오. 그대는 좋은 사람이니 좋은 소식을 가져왔겠지요.
후다닥
아닙니다, 다윗 왕께서 솔로몬을 왕으로 세우셨습니다!
뭐라고?!
켁!!
허걱!!

※요나단 : 사독의 아들 아히마아스와 함께 궁중의 전령자로 활약했다. Link 4권 185p

다윗 왕이 사독과 나단, 브나야, 그리고 왕의 경호대와 함께 솔로몬을 왕의 노새에 태워 보냈습니다.
그리고 사독과 나단이 기혼에서 솔로몬에게 기름을 부어 그를 왕으로 세웠습니다.
지금 그들이 흥분에 들떠 성으로 들어가고 있는데, 이 떠들썩한 소음은 바로 그 소립니다.

솔로몬이 왕이 된 것을 신하들이 모두 축하하고 있습니다.
드디어 후계를 정하셨군요.
왕의 하나님께서 왕보다 솔로몬을 더 높여주시길 바랍니다.
다윗 왕은 침대에서 여호와께 절하고 이렇게 말했습니다.
여호와께서 오늘 제 아들 하나를 왕으로 삼으시고 제 눈으로 이를 보게 하셨으니 이스라엘의 하나님 여호와를 찬양합니다!

아도니야의 초청을 받았던 모든 사람이 이 말을 듣고 놀라 뿔뿔이 흩어졌어.
으아아!!
반역죄로 죽임을 당할지도 몰라!
큰일 났다!
아… 아니, 다들 어디 가는 거요?!
와당탕~
으악~
후다닥

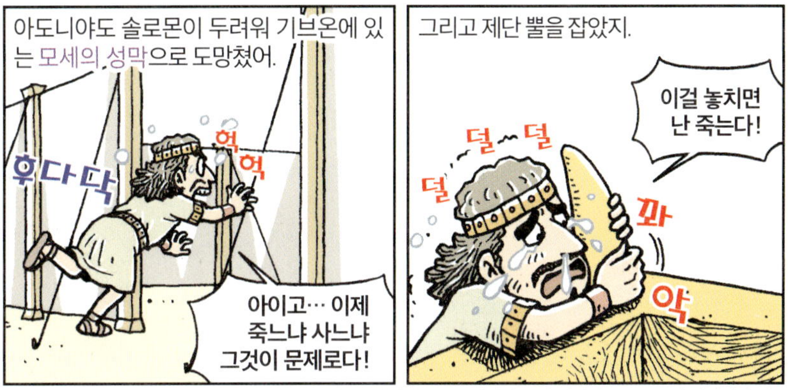
아도니야도 솔로몬이 두려워 기브온에 있는 모세의 성막으로 도망쳤어.
후다닥
헉헉
아이고… 이제 죽느냐 사느냐 그것이 문제로다!
그리고 제단 뿔을 잡았지.
이걸 놓치면 난 죽는다!
덜덜덜
꽈악

※모세의 성막 : 기브온에 있던 모세의 성막은 예루살렘에서 10km 떨어진 곳에 위치했으므로 두세 시간이면 갈 수 있었다.

tip 제단 뿔

제단 뿔은 번제단의 네 귀퉁이에 뾰족하게 돌출된 부분을 말한다. 성경에서 뿔은 힘과 권능을 상징하는데, 제단 뿔은 도피성처럼 죄인이 피할 수 있는 곳이었다. 제단 뿔을 잡는 행위는 권능의 하나님께 도움과 보호하심을 간구하는 상징이다. 따라서 아도니야가 제단 뿔을 잡은 것은 자기가 다윗과 솔로몬에게 반역죄를 지었음을 잘 알고 있었기에 하나님의 자비를 구한 것이다.

누군가가 솔로몬에게 아도니야의 소식을 전했어.
아도니야가 왕을 두려워해 제단의 뿔을 잡고 부탁했습니다.
그래, 뭐라고요?

솔로몬 왕의 종인 나를 칼로 죽이지 않겠다고 맹세해주시오! 그렇지 않으면 난 이 뿔을 잡고 이대로 죽을 것이오!!
부들부들
그가 믿을 만한 사람이라면 머리카락 하나도 땅에 떨어지지 않을 것이오! 그러나 악한 것이 발견되면 죽을 것이오!
그리 전하겠습니다!
솔로몬은 사람을 보내 아도니야를 끌어오게 했지.
안 돼! 싫어! 가면 난 죽을 거야!
우아앙
괜찮다니까요!

※믿을 만한 사람 : 왕권에 대해 미련을 버렸음을 의미한다.
※악한 것이 발견되다 : 반역의 생각이 있음을 의미한다.

아도니야가 와서 절하자 솔로몬이 말했어.
형님, 다른 맘 먹지 말고 집으로 가 계세요.
네~!
2장 다윗 왕의 유언
다윗은 죽을 날이 다가오자 솔로몬에게 유언을 했지.
난 이제 세상 모든 사람들이 가야 할 길로 간다. 너는 굳건한 왕이 되어라.
네, 아버지.
첫째, 네 하나님 여호와의 명령과 모세에게 주신 율법을 따르고, 주의 계명과 율례와 증거의 말씀을 잘 지켜야 한다.
성경2.0
어이구, 복잡해라. 성경2.0으로 먼저 감을 잡아야겠다.
그럼 네가 무엇을 하든지, 어디를 가든지 모든 일이 이루어질 것이며, 여호와께서 내게 하신 약속 Link 4권 152p 을 지켜주실 것이다.
네 자손이 정성과 마음을 다해 나를 따른다면 네 집안에서 이스라엘의 왕이 끊어지지 않을 것이다!
둘째, 스루야의 아들 요압이 내게 한 일을 기억해라.
알지? 군사령관 요압.
네, 압살롬 형도 이자가 죽였죠.
그는 이스라엘의 훌륭한 장군인 넬의 아들 아브넬 Link 4권 138p 과 예델의 아들 아마사 Link 4권 200p 를 죽였다.
안티요압
어이, 아마사 자네도?
요압은 평화로운 때에도 죄 없는 그들을 피 흘리게 해서 자신의 허리띠와 신발에 그 피를 묻혔다.
그러니 너는 지혜롭게 행동해 그가 늙어서 평안히 죽게 내버려두지 마라.
어째 으스스하지?

※다윗 왕이 요압을 처벌하지 못한 이유는 Link 4권 139p tip을 참고한다.

셋째, 길르앗 사람 바르실래의 자녀들에게 자비를 베풀어라. 그들이 네 식탁에서 함께 먹게 해라.
김함
쩝 쩝
내가 네 형 압살롬을 피해 도망갔을 때 날 도와준 이들이다. Link 4권 187p
소비
마길
바르실래
넷째, 내가 마하나임으로 가던 날 나를 저주한 시므이 Link 4권 182p 가 네 곁에 있음을 명심해라.
네, 아버지.

※바르실래 : 다윗 왕이 압살롬에게 쫓길 때 도움을 주었다. 그가 다윗 왕께 아들 김함을 부탁한 바 있다.

※마하나임 : 갈르엣과 얍복 강 사이에 위치한 성읍이다.

그가 나를 맞이하러 요단 강까지 왔기에 여호와 앞에서 그를 죽이지 않겠다고 약속했다.
그러나 그에게 죄가 없다고는 여기지 마라. 너는 지혜로우니 그를 어떻게 처리해야 할지 잘 알 것이다.
이야, 봐준다고 해놓고 뒤끝 작렬이네!
버럭
난 봐준다고 한 적 없소.
흥
그의 백발이 피로 물들어 죽게 해야 할 것이다.
그는 언제든 반란을 일으킬 자이니… 염려 마세요.
다윗은 이스라엘의 모든 지도자를 예루살렘으로 불러 모은 뒤,
각 지파의 지도자, 군사령관, 천부장, 백부장, 왕궁의 관리자, 환관, 전쟁 용사들 모두 빠짐없이 왔습니다.
웅성
웅성
역대상 28장 1절
일어서서 말했어.
모두 내 말을 들으시오!!
역대상 28장 2절
나는 언약궤를 모실 성전을 지을 준비를 해왔소. 그러나 여호와께서 내가 군인으로 너무 많은 피를 흘렸기에 성전을 지을 수 없다고 하셨소.
여호와께서는 모든 지파 중에 유다를 택하시고, 그중에 내 아버지의 가문을 뽑으셨으며, 그 아들 가운데 기꺼이 나를 이스라엘의 왕으로 세우셨소. 그리고 내게 많은 아들을 주시고 그중 솔로몬을 택해 주님의 나라인 이스라엘을 다스리게 하셨소.
여호와께서는 내 아들 솔로몬이 성전을 짓고 뜰을 만들 것이며, 그의 아버지가 될 것이라 하셨소. 또 그가 지금처럼 주의 율법과 명령을 잘 지키면 그의 나라를 영원히 세워줄 것이라 하셨소.
그러니 여러분도 우리 주 하나님 앞에서 그분의 명령을 잘 지키시오. 그러면 이 좋은 가나안 땅을 차지하는 것은 물론이고 자손들에게 영원히 물려줄 수 있을 것이오!
역대상 28장 2~8절

열왕기상

역대상

그리고 다윗은 아들 솔로몬에게 말했지.
네 아버지의 하나님을 온 마음을 다해 기쁨과 정성으로 섬겨라. 주께서는 모든 이들의 마음을 헤아리신다. 네가 그분을 따르면 만날 것이나 네가 그분을 버리면 그분도 널 영원히 버리실 것이다. 하나님께서 널 택하셨으니 최선을 다해 성전을 지어라.
역대상 28장 9~10절
그런 다음 다윗은 솔로몬에게 설계도를 주었어.
이 모든 건 여호와께서 친히 손으로 써서 주신 것이다.
성전 현관, 성전 건물, 창고, 다락방과 내실, 속죄판, 성전 뜰, 성전 주위의 모든 방, 성물들을 보관할 창고, 금수레… 에… 또….
역대상 28장 11~12, 19절
※친히 손으로 : 성령의 감동으로 만들어졌음을 의미하며 하나님께서 직접 쓰신 것은 아니다.
또한 다음의 일에 대해 설명했지.
탁
① 제사장과 레위 사람의 업무
② 여호와의 성전에서 해야 하는 모든 일
③ 성전 예배 때 쓰는 모든 물건
④ 성전의 물건에 쓰일 금, 은의 양
알겠냐? 시험 볼 거다!
넵, 열심히 배워서 만점짜리 왕이 되겠어요!
역대상 28장 13~18절
두려워 말고 담대해라. 성전 건축과 그 모든 일을 마칠 때까지 내 하나님께서 너와 함께하시며 도우실 것이다.
네, 아버지!!
역대상 28장 20절
제사장과 레위 사람들도 성전에 관한 일을 도울 것이며, 모든 기술자와 지도자와 백성들이 네 명령에 복종할 것이다.
그럼요!
우리만 믿으세요!!
와아아
역대상 28장 21절
성전 건축을 위해 바친 예물
다윗이 모든 백성에게 말했지.
하나님께서 택하신 솔로몬은 아직 어리고 경험도 부족합니다. 그런데 성전 공사는 매우 중요하지요. 하나님의 집을 세우는 일이니까요. 그래서 나는 온 힘을 다해 이 일을 준비해왔습니다.
역대상 29장 1~2절
금, 은, 동, 나무, 쇠는 물론이고, 마노와 옥, 온갖 색의 돌과 보석, 그리고 대리석도 많이 준비했습니다.
역대상 29장 2절
※마노 : 제사장의 에봇과 흉패에 붙였던 보석이다.
여기에 내게 있는 금과 은도 모두 바쳤습니다.
혹시 결혼 때 받은 금반지 못 봤어요?
어… 그, 그게….
슬금
슬금
역대상 29장 3절

역대상

오빌에서 가져온 금 3천 달란트와 은 7천 달란트로
성전의 벽을 입히고 기구를 만드는 등
기술자들이 하는 모든 일에 쓰일 겁니다.
역대상 29장 4~5절

그러니 오늘 기꺼이
여호와께 예물을 바칠
사람이 없습니까?
역대상 29장 5절

※오빌 : 소재지가 확실치 않지만, 학자들에 따라 인도의 해안 지역, 아라비아 해안 지역, 아프리카의 해안 지역 등으로 추측하고 있다.
※3천 달란트는 약 103톤, 7천 달란트는 약 240톤에 해당한다.

그러자 그곳에 모인 지도자들이 금 1만 다릭과 금 5천, 은 1만, 청동 1만 8천, 철 10만 달란트를 바쳤지.
와~ 역시
지도자들은 달라!
오오~
부우웅~
역대상 29장 6~7절

게르손 사람 여히엘이 관리하는 성전 창고에 보석을 바친 사람도 있었어.
창고
지도자들이 기쁜 마음으로
예물을 바치니 저와
백성들도 기쁩니다.
뭘,
이쯤이야.
허허!
역대상 29장 8~9절

※1달란트 : 약 34kg에 해당한다.
※1다릭 : 약 130g에 해당한다.

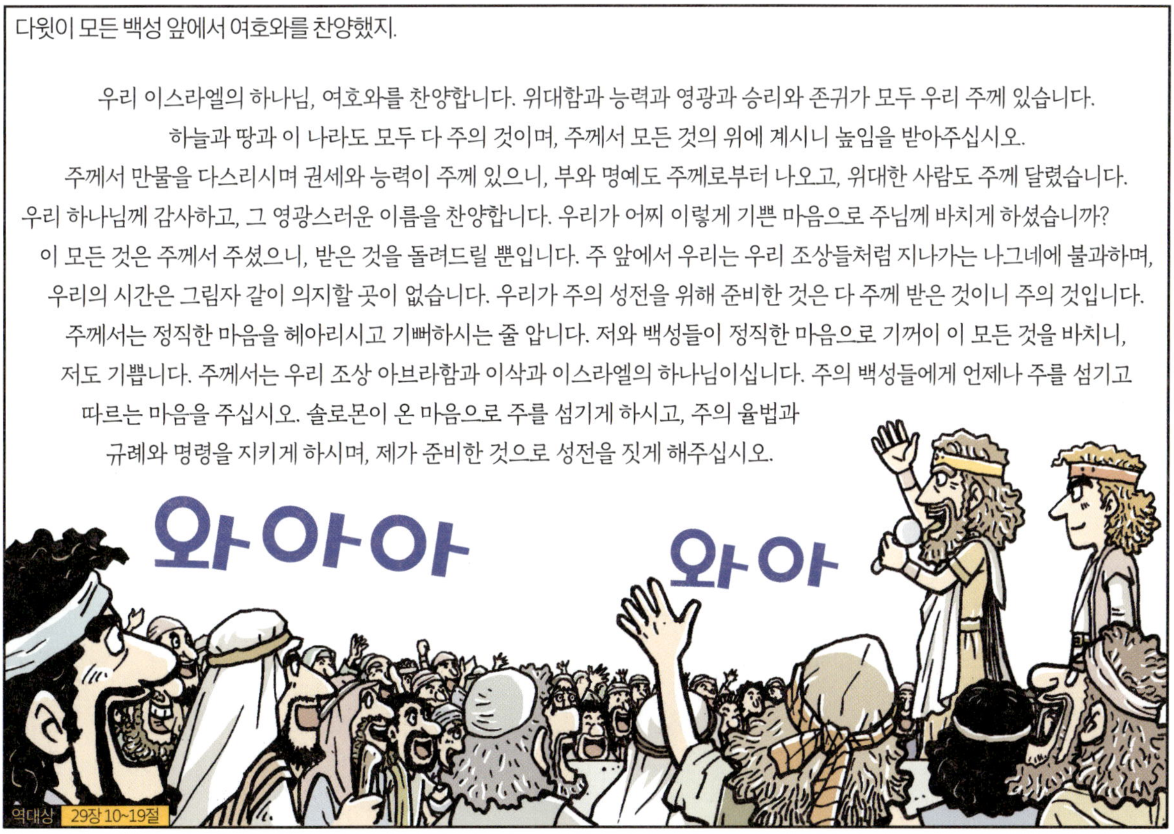
다윗이 모든 백성 앞에서 여호와를 찬양했지.
우리 이스라엘의 하나님, 여호와를 찬양합니다. 위대함과 능력과 영광과 승리와 존귀가 모두 우리 주께 있습니다.
하늘과 땅과 이 나라도 모두 다 주의 것이며, 주께서 모든 것의 위에 계시니 높임을 받아주십시오.
주께서 만물을 다스리시며 권세와 능력이 주께 있으니, 부와 명예도 주께로부터 나오고, 위대한 사람도 주께 달렸습니다.
우리 하나님께 감사하고, 그 영광스러운 이름을 찬양합니다. 우리가 어찌 이렇게 기쁜 마음으로 주님께 바치게 하셨습니까?
이 모든 것은 주께서 주셨으니, 받은 것을 돌려드릴 뿐입니다. 주 앞에서 우리는 우리 조상들처럼 지나가는 나그네에 불과하며,
우리의 시간은 그림자 같이 의지할 곳이 없습니다. 우리가 주의 성전을 위해 준비한 것은 다 주께 받은 것이니 주의 것입니다.
주께서는 정직한 마음을 헤아리시고 기뻐하시는 줄 압니다. 저와 백성들이 정직한 마음으로 기꺼이 이 모든 것을 바치니,
저도 기쁩니다. 주께서는 우리 조상 아브라함과 이삭과 이스라엘의 하나님이십니다. 주의 백성들에게 언제나 주를 섬기고
따르는 마음을 주십시오. 솔로몬이 온 마음으로 주를 섬기게 하시고, 주의 율법과
규례와 명령을 지키게 하시며, 제가 준비한 것으로 성전을 짓게 해주십시오.
와아아
와아
역대상 29장 10~19절

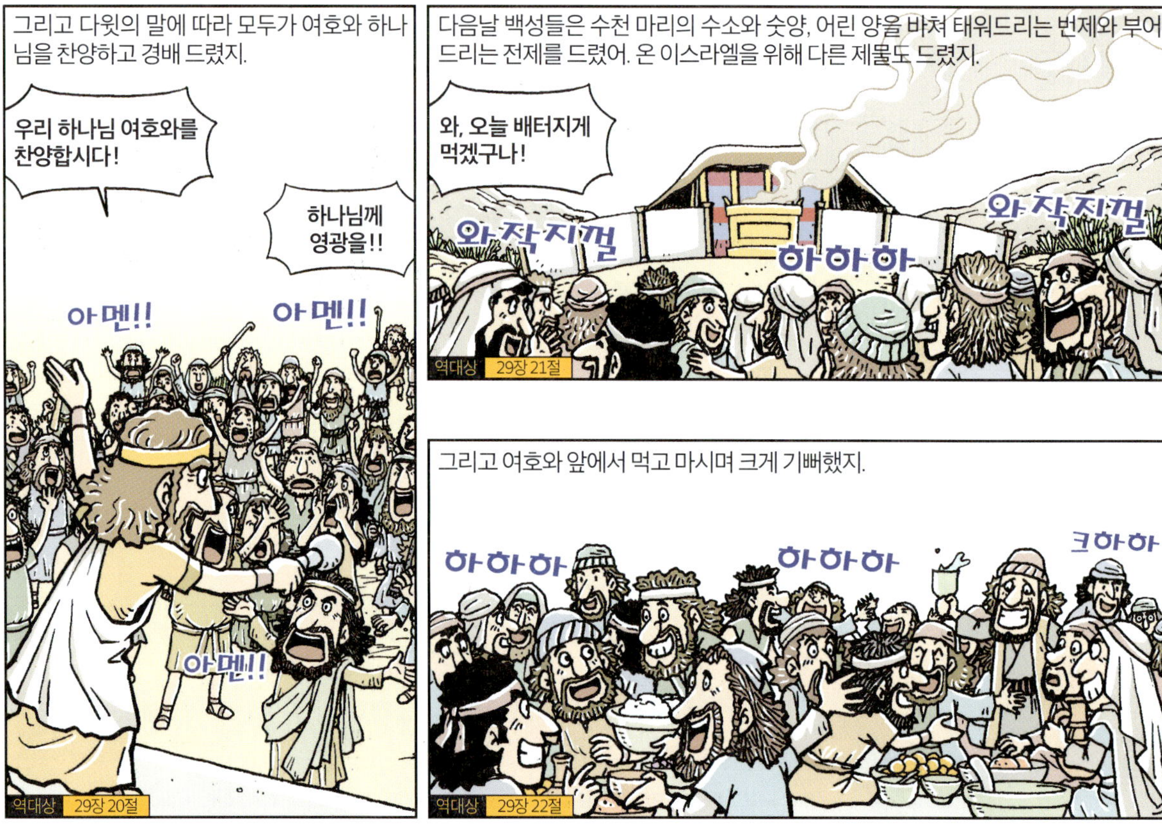
그리고 다윗의 말에 따라 모두가 여호와 하나님을 찬양하고 경배 드렸지.
우리 하나님 여호와를 찬양합시다!
하나님께 영광을!!
아멘!!
아멘!!
아멘!!
역대상 29장 20절
다음날 백성들은 수천 마리의 수소와 숫양, 어린 양을 바쳐 태워드리는 번제와 부어드리는 전제를 드렸어. 온 이스라엘을 위해 다른 제물도 드렸지.
와, 오늘 배터지게 먹겠구나!
와작지껄
하하하
와작지껄
역대상 29장 21절
그리고 여호와 앞에서 먹고 마시며 크게 기뻐했지.
하하하
하하하
크하하
역대상 29장 22절

백성들은 솔로몬에게 다시 기름 부어 그를 왕으로 세웠고,
새로운 왕 만세!
와아아
주르륵
역대상 29장 22절
사독에게도 기름을 부어 대제사장으로 세웠어.
와아아
역대상 29장 22절
솔로몬이 다윗의 뒤를 이어, 여호와께서 허락하신 왕좌에 앉았어.
아버지, 거긴 이젠 제자리인데요.
아… 그, 그래.
쿠쿡
주춤
역대상 29장 23절

※대제사장 : 사독은 아비아달과 함께 이미 대제사장이었지만 Link 4권 151p 아비아달이 아도니야와 함께 반역을 꾀한 이후 사독만이 대제사장이 된다.

솔로몬이 나라를 잘 다스리자 온 이스라엘과 모든 지도자, 군인은 물론, 다른 형제들도 그를 따랐어.
왕이시다!
솔로몬 만세!
역대상 29장 23~24절
여호와께서 솔로몬을 크게 높여주셨고, 예전의 어떤 왕도 누리지 못한 영화를 베풀어주셨지.
우리 주 여호와와 이스라엘의 영광을 위하여!
건~배!
위하여~
와하하
역대상 29장 25절

그 후, 다윗은 죽어 그의 조상들과 함께 다윗성에 묻혔어.
아들아, 잘 있어라.
아버지!!
훌쩍
다윗은 이스라엘을 40년 동안 다스렸는데 헤브론에서 7년, 예루살렘에서 33년 동안 다스렸지.
안녕! 이스라엘~!
왕위를 계승한 솔로몬
솔로몬은 다윗의 뒤를 이어 나라를 굳건히 세웠지.

어느 날, 아도니야가 솔로몬의 어머니 밧세바를 찾아갔어.
조, 좋은 일로 왔느냐?
그렇습니다.
드릴 말씀이 있습니다.
말해 보아라!
알다시피 왕좌는 원래 제 것이었고, 모든 백성이 제가 왕이 되기를 원했습니다. 그런데 여호와께서 동생을 선택하셔서 그가 왕이 된 거죠.
흠, 끝난 게임이지.

※솔로몬 왕의 정적이던 아도니야가 밧세바를 찾은 일은 의외였고, 의심을 살만했다.

이제 한 가지 부탁을 드리니 거절하지 말아주십시오. 왕은 당신의 말이라면 거절하지 않을 겁니다.
뭐, 그렇긴 하지.
으쓱
수넴 여자 아비삭을 제 아내로 삼게 해주십시오.
응? 아비삭을?
어차피 왕이 아내로 삼을 것도 아니지 않습니까?
Ok! 왕에게 말해보겠다.

※아비삭 : 다윗 왕이 죽기 전에 그의 수발을 들었던 여인이다.

밧세바는 솔로몬을 찾아갔어.
어머니, 어쩐 일이십니까?
호호! 아들 보러 왔지 뭐.
솔로몬은 자신의 오른편에 밧세바를 앉게 했어.
한 가지 작은 부탁이 있는데 거절하지 말아다오.
말씀하십시오. 거절하지 않겠습니다.
수넴 여자 아비삭을 네 형 아도니야의 아내로 삼게 해다오.
뭐라고요??
깜짝

그는 내 형이니 아예 왕좌도 주라고 하시지요? 내친 김에 대제사장 아비아달과 스루야의 아들 요압까지 챙겨주시지요?!
감히 아도니야가 그런 부탁을 했으니, 그를 살려둔다면 여호와께서 제게 큰 벌을 내리실 겁니다!
뭐가 어찌 돌아가는지…?
여호와께서는 약속하신 대로 제게 아버지의 왕좌와 이 나라와 백성을 주셨습니다!
버럭
누가 아니라니?

주님의 살아계심을 두고 맹세합니다! 주님의 뜻을 거스른 아도니야는 오늘 반드시 처형당할 겁니다!
그냥 장가 좀 가겠다는 거 아냐?
갸우뚱
부르르
솔로몬은 여호야다의 아들 브나야를 보내 아도니야를 죽였어.
왜 욕심을 버리지 못했습니까?
크윽!!

tip 아도니야의 음모

아도니야가 다윗의 후궁이라 할 수 있는 아비삭을 아내로 삼으려던 이유는 단지 그녀가 탐난 때문만은 아니다. 당시는 선왕의 첩을 취함으로써 백성으로부터 자신의 왕권을 인정받는 관습이 있었는데 압살롬이 그랬던 것 Link 4권 184p 처럼 아도니야도 왕권을 얻기 위해 아비삭을 원했던 것이다. 이 계획에 대제사장 아비아달과 군사령관 요압이 동참한 것으로 보인다. 솔로몬도 그런 동정을 눈치 채고 있었기에 결정적인 증거를 포착하자 여지없이 저들의 음모를 분쇄하기로 한 것이다.

그리고 아비아달을 제사장 자리에서 쫓아냈지.
고향 아나돗으로 돌아가시오. 당신은 내 아버지 앞에서 여호와의 궤를 메었고 Link 4권 180p 내 아버지가 고난 받을 때 늘 함께 했기에 지금은 죽이지 않겠소.
덜 덜
이리하여 여호와께서 실로에서 제사장 엘리의 집안을 두고 하신 말씀이 Link 4권 26p 모두 이루어졌어.
훌쩍
결국 하나님 말씀대로 우리 집안은 끝장났구나.
한편, 그 소식에 두려워진 요압은 모세의 성막으로 도망쳐 제단의 뿔을 잡았지.
으아앙
힝! 아도니야 편을 드는 게 아니었는데….
요압에 대한 소식도 솔로몬의 귀에 들어왔어.
요압이 기브온 모세의 성막에 있는 제단 뿔 옆에 있습니다.
뿔을 잡았다는 건 자신의 죄를 스스로 인정했다는 거다!
솔로몬은 여호야다의 아들 브나야를 요압에게 보냈지.
가서 요압을 죽이시오!
네!!

※아나돗 : 베냐민 지파의 땅 가운데 레위 지파에게 할당된 성읍. 예루살렘 북쪽 약 4km에 위치한다.

브나야가 모세의 성막으로 가서 요압에게 말했지.
왕명이오, 밖으로 나오시오!
차라리! 내가 여기서 죽겠다!
요압은 자기보다 의로운 이스라엘의 사령관 아브넬과 유다의 사령관 아마사를 내 아버지 몰래 죽였소!
그들을 죽인 죄는 요압과 그의 자손에게 영원히 돌아갈 것이고, 다윗의 집안과 왕좌에는 여호와께서 주시는 평화가 영원토록 있을 것이오!
그러지 말고 배운 사람답게 말로 하자, 말로!
쳐라!
후덜덜
브나야는 솔로몬의 명령대로 요압을 죽였지.
다윗 왕의 시대를 풍미했던 장군인데….
브나야가 돌아가서 이 일을 전하자 솔로몬이 말했어.
요압의 말대로 그를 죽이시오! 그가 흘린 죄 없는 사람들의 피를 여호와께서 그에게 돌려줄 것이오!
요압은 광야 근처에 있는 자기 집에 묻혔어.
원래 이런 중죄인의 시체는 들판에 버리는 거 아냐?
그렇긴 한데 이스라엘의 공신이라 왕께서 예우를 해준 거래.
덜컹

※거룩한 장소인 성막이 피로 더럽혀지는 걸 주저해 밖으로 나오라고 한 것이다.

※광야 : 예루살렘과 헤브론 사이의 유다 광야를 가리킨다.

솔로몬은 요압 대신 브나야를 군사령관으로, 아비아달 대신 사독을 대제사장으로 세웠지.
이제 내가 권력의 핵심이라고!
아비아달이 하던 일도 Link 4권 151p 내가 이어받게 됐지.
짝짝
짝 짝
그리고 솔로몬은 시므이를 불렀어.
그대는 예루살렘을 한 발짝도 벗어나면 안 되오! 만약 기드론 골짜기를 건너간다면 반드시 죽을 것이오!
덜
덜
네!!

※기드론 골짜기 : 예루살렘 다윗성의 동쪽에 위치한 계곡이다.

내 명령을 지키지 않아 죽으면 그건 그대 책임이오!
왕의 말씀이 옳습니다. 분부대로 하겠습니다.
그렇게 3년이 지날 무렵, 시므이의 종 2명이 가드 왕 마아가의 아들 아기스에게 도망쳤어.
우리가 왜 도망치지?
몰라, 성경에도 이유가 안 나와!
후다닥
시므이는 자기 종들이 가드에 있다는 말을 듣고 직접 그곳을 찾아갔지.
이놈들이 감히 도망을 쳐?!
따다닥
따다닥

※가드 : 블레셋의 5대 주요 성읍 중 하나이다.
※아기스 : 사울을 피해 도망치던 다윗을 보호해준 블레셋 왕이다. Link 4권 115p
※마아가 : Link 4권 115p 에 나온 아기스의 아버지 마옥과 동일 인물이다.

그리고 종들을 데리고 왔어.
젠장, 어떻게 우릴 찾은 거지?
이놈들아, 성경2.0에 나와 있잖아!
한편 솔로몬은 시므이가 예루살렘을 떠나 가드에 다녀왔다는 소식을 들었지.
시므이가 왕명을 어겼습니다.
드디어 걸렸군.
후훗
솔로몬은 시므이를 불렀어.
너는 왜 주님께 한 맹세와 내 명령을 어긴 것이냐?!
그, 그게 도망친 건 아니고… 종만 잡아오려고….
그대가 내 아버지께 저지른 악한 짓은 잘 알고 있겠지? 이제 여호와께서 그 죄를 갚아주실 것이다!
그게 언제 적 일인데…!
허걱
나는 복을 받았다. 다윗의 왕좌도 주 앞에서 영원할 것이다!
크악
아, 아니, 제발…!
결국 브나야가 시므이를 칼로 쳐서 죽였지.
체, 뒤끝 작렬이네!

※악한 짓 : 다윗을 저주한 일을 가리킨다. Link 4권 182p

이리하여 솔로몬은 나라의 권력을 완전히 장악했어.
이로써 아버지께서 말씀하신 걸림돌은 모두 치웠다!

3장 솔로몬 통치 초기의 배경

솔로몬은 이집트 왕 바로와 조약을 맺고 그의 딸과 결혼했지.
비록 동맹을 위한 정략결혼이지만 잘 살아봅시다.
와아아아

그리고 그녀를 다윗성으로 데려왔어.
내 궁전과 여호와의 성전, 예루살렘 성벽이 완성될 때까지 일단 여기에서 삽시다.
충성!
부우웅

여호와의 성전이 아직 지어지기 전이므로 백성들은 각자 산당에서 제사를 드렸지.
예배드릴 장소가 없으니 산당에서라도….

tip 산당

이스라엘의 산당은 원래 가나안 원주민들이 자신의 신들에게 제사를 지내던 곳으로 높은 언덕 위에 있었다. 그러던 곳이 이스라엘 백성이 가나안에 정착한 이후부터 하나님께 제사 드리는 장소로 사용됐다. 원래 이스라엘은 성막에서만 제사를 지내게 돼 있었는데 당시엔 성막제도가 잘 지켜지지 않았고, 또 성전을 짓기 전이므로 산당에서 제사 드리는 게 잠시 묵인된 것으로 보인다. 하지만 산당은 하나님께서 무너뜨리라고 명령하신 Link 3권 56p 곳으로 산당 예배는 옳지 않다.

여호와를 사랑하고 다윗의 법도를 따르던 솔로몬마저도 산당에서 제사를 드리며 향을 피웠지.
어서 성전을 지어야지.

솔로몬이 지혜를 구하다

어느 날, 솔로몬은 이스라엘의 모든 천부장, 백부장, 재판관, 지도자들과 함께 기브온의 가장 큰 산당에서 제사를 드렸어.
왜 기브온까지 가는 거야?
모세의 성막과 번제단이 거기에 있잖아.
역대하 1장 2~3절
그때 여호와의 궤는 예루살렘의 다윗의 성막 Link 4권 149p 에 있었지만,
여호와의 궤는 기럇여아림 오벳에돔의 집에서 예루살렘 Link 4권 146p 으로 옮겨졌어.
역대하 1장 4절

※기브온 : 예루살렘 북쪽 약 10km 지점. 예루살렘과 함께 이스라엘 2대 성소로 꼽히며 모세가 만든 성막이 있었다.

브살렐 Link 2권 95p 이 놋으로 만든 번제단은 여전히 기브온, 모세의 성막 앞에 있었거든.
나 기억해?
작가도 까먹고 있을 텐데?
오홀리압
브살렐
움찔
역대하 1장 5절
솔로몬과 지도자들은 기브온 산당에서 천 마리의 제물을 번제로 드렸어.
천 마리를 한꺼번에 태우다니… 이런 건 처음이야!
쿵
쿵
아이고~
사독
그날 밤, 여호와께서 솔로몬의 꿈에 나타나셨어.
네가 원하는 것이 무엇이냐? 내게 구하라!
헉!! 당신은?
벌떡

※천 마리의 제물은 너무 많은 수였기 때문에 번제를 드리는 데 7~8일 정도가 소요되었다.

제 아버지 다윗이 진실과 공의와 정직으로 주님을 대하니 주께서 큰 은혜와 자비를 베푸셨고 그의 아들인 저를 왕좌에 앉히셨습니다.
아직 어려서 옳고 그름을 판단할 수 없는 제게 주님께서 수많은 백성을 맡기셨지요.
이제 제게 지혜를 주셔서 옳고 그름을 분별하게 해주십시오. 그렇지 않으면 어떻게 주님의 백성을 다스릴 수 있겠습니까?
여호와께서는 지혜를 구한 솔로몬에게 흡족하셨어.
너는 장수나 부를 구하지 않았고, 원수를 갚아달라고도 하지 않았다!
대신 옳고 그름을 분별하는 지혜를 구했다. 나는 네게 지혜와 총명을 주겠다. 너처럼 지혜로운 사람은 전에도 없었고 앞으로도 없을 것이다!
나는 네가 구하지 않은 부귀영화도 주겠다. 네 평생 너에 비길 만한 왕은 없을 것이다!
그리고 네 아버지 다윗처럼 나를 따르고 내 율법과 명령을 지킨다면 너는 오래도록 살게 될 것이다!

※어려서 : 이때 솔로몬의 나이는 약 20세 정도. 하나님 앞에서는 아이처럼 작은 자라는 겸손의 표현이다.

그런데 솔로몬이 깨어보니 꿈인 거야.
꿈이었나?
솔로몬은 그 길로 예루살렘의 언약궤 앞에서 번제와 화목제를 드리고,
모든 신하에게 잔치를 베풀었지.
왕께서 좋은 꿈을 꾸셨다는군.
오, 그래?
와하하
하하하

솔로몬의 지혜로운 판결

어느 날 창녀 두 명이 솔로몬을 찾아왔어.
이 여자와 저는 한집에 살고 있는데 제가 아이를 낳고, 3일 뒤 이 여자도 아이를 낳았습니다.
저희 집엔 다른 사람이 없었지요.
그런데 이 여자가 밤에 자기 아이를 깔고 자는 바람에 아이가 죽었고, 제가 자는 동안 제 아이와 자기의 죽은 아이를 바꿔치기 했습니다. 다음 날 일어나 보니 아이가 죽어있었는데 자세히 보니 제가 낳은 아이가 아니었습니다.
헉!
이 거짓말쟁이야!
여인들은 솔로몬 앞에서 다퉜어.
살아있는 아이가 내 아들이야!
거짓말!! 살아있는 아이는 내 아들이라고!!
버럭
꽈악
응애~
응애~
흠, 둘 다 살아있는 아이가 자기 아들이라고 주장하는군.
내 아들 내놔!!
웃기지 마! 내 아이라니까!!
씩
씩
우씨
응애~
응애~
거기 칼을 가져오너라!
?!
멈칫
신하들이 솔로몬에게 칼을 가져왔어.
저 아이를 반으로 잘라 두 여자에게 사이좋게 나눠줘라.
네?
뜨악!
뭐해? 빨리 잘라.
내, 내 주여! 아이를 죽이지 말고 저 여자에게 주십시오!
그래요, 차라리 그냥 나눠주세요!
흥!
됐다, 아이를 양보한 여자에게 아이를 줘라. 그녀가 아이의 어머니다.
네?
헉! 어떻게…?

어떤 어머니도 자기 아이가 죽는데 태연할 순 없다!
감사합니다, 감사합니다!
끄벅

모든 이스라엘 백성이 이 소식을 듣고 왕을 두려워하게 됐어.
아이고, 사, 살려주세요!
왕 앞에서 허튼 짓을 하면 안 되겠군!
왕에게 정말 하나님의 지혜가 있어.

4장 솔로몬 왕의 관리들

솔로몬은 모든 이스라엘을 다스렸어.
새롭게 내각을 개편해야겠어! 전국을 12행정으로 나누면 효과적이겠지.

솔로몬의 신하들은 다음과 같아.

이름	직책
아사리아(사독의 아들)	제사장(총리대신)
엘리호렙, 아히야(시사의 아들들)	서기관
여호사밧(아힐룻의 아들)	사관
브나야(여호야다의 아들)	군사령관
사독, 아비아달	대제사장
아사리아(나단의 아들)	관리장
사붓(나단의 아들로 솔로몬의 친구)	대신(고문)
아히살	궁내 대신
아도니람(압다의 아들)	감역관

앞으로 나를 잘 도와주시오.

tip 솔로몬의 신하들

아비아달은 아도니야의 반역 때 솔로몬에 의해 면직되었으나 지난날의 공을 인정받아 솔로몬 치하에서 잠시 임무를 수행했던 것으로 보인다. 그리고 나단의 아들 사붓은 '제사장' 또는, '대신'이라는 직분으로 기록돼 있는데, 왕의 친구라는 말로 보아 그의 직무는 제사장보다는 왕의 일이나 문제를 상담해주는 대신에 가깝다고 추정된다.

※제사장(총리대신) : 사독과 아비아달은 이미 대제사장 직을 수행하고 있었다. 여기에서는 총리대신의 의미로 쓰인 것으로 보인다.
※감역관 : 노역하는 사람들을 관리하는 직책이다. ※관리장 : 지방을 다스리는 12명의 관리의 수장이다.

또 이스라엘 지방에 12명의 장관을 두었는데, 그들은 해마다 한 달씩 돌아가며 왕실에서 쓸 음식을 책임졌지.

지역	장관	지역	장관
에브라임 산지	벤훌	마하나임	아히나답(예언자 잇도의 아들)
마가스, 사알빔, 벧세메스, 엘론벧하난	벤데겔	납달리 지역	아히마아스
아룹봇, 소고, 헤벨	벤헤셋	아셀, 아롯 지역	바아나(후새의 아들)
높은 지대인 돌	벤아비나답	잇사갈 지역	여호사밧(바루아의 아들)
다아낙, 므깃도, 사르단에서 가까운 벧스안(벧산) 모든 지역	바아나(아힐룻의 아들)	베냐민 지역	시므이(엘라의 아들)
길르앗 라못의 야일의 마을과 바산에 있는 아르곱의 땅	벤게벨	아모리 왕 시혼과 바산 왕 옥이 다스리던 길르앗	게벨(우리의 아들)

※마가스, 엘론벧하난, 아룹봇, 헤벨, 아롯 : 정확한 위치를 알 수 없다.

tip 인물 추가 설명

① 벤아비나답 : '벤'은 아들이라는 뜻으로 아비나답의 아들을 뜻한다. 솔로몬의 사촌이며 솔로몬의 딸 다밧과 결혼했다.
② 벤게벨 : 길르앗 라못의 야일 마을과 바산에 있는 아르곱 땅의 큰 성 육십 개를 다스렸다. Link 2권 210p
③ 아히마아스 : 사독의 아들로 솔로몬의 딸 바스맛과 결혼했다.
④ 시므이 : Link 5권 19p에 등장하는 시므이와 동일 인물.

솔로몬의 나라

유다와 이스라엘 백성의 수가 바닷가의 모래알처럼 많아졌어.
우리는 먹고 마실 게 풍족했지.
왕이 나라를 잘 다스린 결과야.

솔로몬은 유프라테스 강 딥사에서부터 블레셋 사람들의 땅 가사와 이집트의 국경에 이르기까지 온 나라를 다스리며 평화롭게 지냈지.
딥사
하맛
솔로몬이 확장한 구역
시돈
단
다마스쿠스
다윗의 통치구역
예루살렘
가사
이집트
가데스바네아
마음을 다해 여호와를 따르니 내게 이런 영광을 주셨어.

각 지역이 솔로몬에게 조공을 바치며 그를 섬겼고…,
비켜! 우리가 먼저 왕께 바쳐야겠다!
우리가 먼저 왔다고!
씩 씩
단에서부터 브엘세바까지 모든 이스라엘 백성이 각자 자기의 포도나무와 무화과나무 아래에서 평화롭게 살았어.
와하하
하하하
와아~

※단에서부터 브엘세바까지 : 이스라엘 전 영토를 나타내는 표현. 단은 최북단, 브엘세바는 최남단에 위치한다.

솔로몬에게 바치는 하루 분량의 음식은 다음과 같아.

고운 밀가루	약 6.6kℓ	양	100마리
굵은 밀가루	약 13.2kℓ	기타	수사슴, 노루, 암사슴, 살진 새
살진 소	10마리		
들에서 기른 소	20마리		

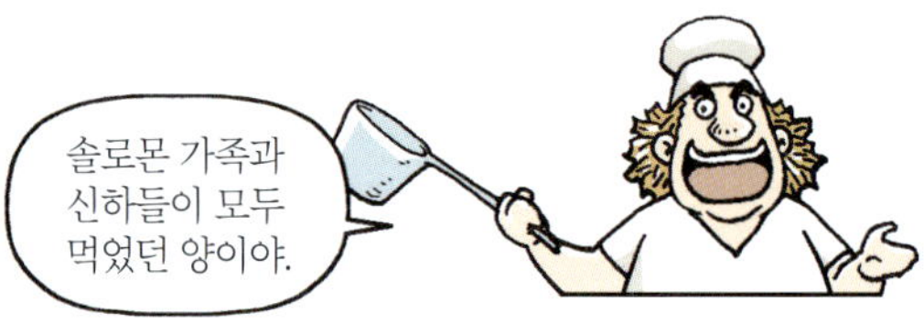
솔로몬 가족과 신하들이 모두 먹었던 양이야.

솔로몬에게는 전차용 말을 위한 마구간이 4천 개, 전차를 타는 군인이 1만 2천 명 있었지.
평화를 위해서는 군사력도 중요해!

※4천 개의 마구간 : 열왕기상 4장 26절에는 4만 개로 나오지만, 역대하 9장 25절과 70인 역 사본에 따라 4천 개로 표기한다.

각 지방의 장관들은 자기가 맡은 달에는…
너 딱 걸렸다!
화들짝
왕궁 사람들이 먹을 음식이 부족하지 않게 충분히 조달했지.
오늘 저녁 가져왔어요!
모자라면 말해요. 먹고 죽을 만큼 있으니.
또 말들에게 먹일 보리와 짚도 각자 맡은 만큼 가져왔어.
너무한 거 아냐? 보관하는 것도 골치 아프네.

솔로몬의 명성

하나님께서는 솔로몬에게 지혜와 총명, 그리고 넓은 마음을 주셨지.
오! 하나님께서 선물을?
자비
총명
넓은 마음

솔로몬의 지혜가 동방과 이집트의 어느 누구보다도 뛰어나자 그의 명성이 온 나라에 퍼졌어.
솔로몬?
멘사 출신 이라던데?
천자문을 세 살 때 떼었다더군!
에스라 사람 에단보다도, 마홀의 아들 헤만과 갈골, 다르다보다도 더 지혜롭다는군!

※넓은 마음 : 다양한 부문의 지식들을 포함하는 지적 능력을 가리킨다.

tip 동방과 이집트의 현인들

동방이란 가나안 동편에 살던 아라비아 민족을 가리키며 격언적인 지혜, 천문학과 점성학 등에 뛰어났다. 이집트 사람들은 기하학, 수학, 천문학, 점성학 등 과학적이고 물리적인 학문으로 유명했다. 여기서 솔로몬의 지혜를 돋보이게 하기 위해 비교된 에단이나 헤만, 갈골, 다르다는 지혜로 명성이 높은 가문 사람들로 보인다.

솔로몬은 지혜로운 가르침 3천 개와 1천5편이나 되는 노래를 지었지.
잠언과 시편을 내가 썼지~
띵가
띵가

그는 레바논의 백향목부터 돌담에 자라는 우슬초까지 온갖 식물과 짐승, 새, 기는 것, 물고기에 대해 가르칠 수 있었어.
인터넷 검색보다 당신이 더 빠르고 정확하다던데?
후훗, 인터넷 따위야 뭐.

※지혜로운 가르침 : 구약의 잠언을 가리킨다.

그 소문을 들은 모든 민족과 왕들이 솔로몬의 지혜를 들으려고 몰려왔지.
날 좀 봐줘요!
사랑해요!
꺄아아~
꺅~
오빠~

5장 성전 건축 준비

솔로몬이 다윗의 뒤를 이었다는 소식을 들은 두로 왕 히람이 신하들을 보냈어.
히람
내 친구 다윗의 아들 솔로몬이 왕위를 이었다고 하니 다녀오너라.
네!!

tip 두로 Link 4권 145p

두로는 이스라엘의 북쪽 지중해 연안에 있는 항구 도시로 페니키아의 수도였다. 경작지가 좁아 수확량이 적어 식량의 대부분을 이스라엘에 의존했고, 이스라엘은 두로에서 나는 양질의 백향목이 필요했다. 따라서 두 도시는 오랫동안 우호적인 동맹관계를 유지할 수 있었다.

※다윗 왕 때까지만 해도 이스라엘의 문화 수준은 주변국에 비해 떨어졌다. 그런데 이제 오히려 주변국에 전파할 정도로 크게 높아진 것이다.

그때, 솔로몬은 여호와의 이름을 위해 성전과 자신의 왕궁을 짓기로 했지.
흠, 많은 백향목이 필요한데….
역대하 2장 1절

두로의 히람 왕이 사절단을 보냈습니다.
맞다! 두로 왕 히람은 아버지의 친구였지!!

솔로몬은 두로 왕 히람에게 사람을 보냈어.
나의 아버지 다윗 왕은 원수들을 다 물리칠 때까지 전쟁을 하며
많은 피를 흘렸기에 여호와의 성전을 지을 수 없었습니다.
그러나 이제 여호와께서 이 나라에 평화를 주셔서
적은 사라지고 나쁜 일도 없습니다.
여호와께서 내 아버지 다윗의 뒤를 이어 그 아들이 왕이 되고
그가 여호와의 이름으로 성전을 지을 것이라고 하신 대로
이제 제가 제 하나님 여호와의 성전을 지으려고 합니다.
그러니 성전 건축에 쓸 레바논의 백향목을 보내주십시오.
제 종들이 왕의 종들과 함께 일할 것이며,
그 종들의 품삯은 왕께서 정하시는 대로 주겠습니다.
우리 쪽에는 시돈 사람처럼 벌목에 능숙한 사람이 없습니다.

※레바논 : 이스라엘 북부 산악지대로 백향목의 주요 산지. 이곳의 일부가 히람의 통치권 아래 놓여 있었던 것으로 보인다.
※시돈 : 두로와 함께 페니키아를 구성하는 중요 도시. 시돈과 두로의 구분 없이 '시돈 사람'이라 불렀다.

두로 왕 히람은 크게 기뻐했지.
다윗에게 이 큰 나라를 다스릴 지혜로운 아들을 주신 여호와를 찬양하라.
그리고 솔로몬에게 답장을 보냈어.
백향목과 잣나무까지 원하시는 만큼 드리겠습니다. 내 종들이 레바논부터 욥바까지 나무를 보내겠습니다. 그곳에 나무가 도착하면 가져가시고 그 값으로 나의 왕실에서 쓸 음식을 주십시오.
이스라엘·두로 FTA가 성사되면 모두에게 좋은 일이 될 것입니다.
좋다! 당장 조약을 체결하자!!
텟!

※히람이 여호와를 찬양한다고 말한 건 의례적인 인사였다.　※욥바 : 예루살렘 서북쪽 56km 지점에 위치한 이스라엘 항구 도시이다.

이리하여 히람 왕은 솔로몬에게 백향목과 잣나무를 제공했고 솔로몬은 히람 왕에게 속한 모든 사람이 먹을 양식을 제공했지.
솔로몬이 해마다 밀 약 4,400kℓ와 맑은 올리브기름 약 440kℓ를 보내주기로 하니 든든하구나.
여호와께서 솔로몬에게 지혜를 주셔서 솔로몬과 히람 왕 사이에 평화가 있었어.
시돈
다마스쿠스
두로
단
예루살렘
가사

솔로몬은 이스라엘에서 일꾼 3만 명을 불러 모았어.
왕께서 품삯을 많이 준대.
흑흑! 엄마 나 드디어 취직했어.
그들은 번갈아가며 한 달은 레바논에서, 두 달은 본국에서 일을 했지.
아자, 내일이면 집에 간다!
하하하!
그들의 감독은 아도니람이었어.
너 영화 찍냐?
아, 이 감독이 아닌가?
아도니람

※일꾼들이 가정을 돌보고 불만이 쌓이지 않도록 레바논에서 일하는 기간을 한 달로 정했다.

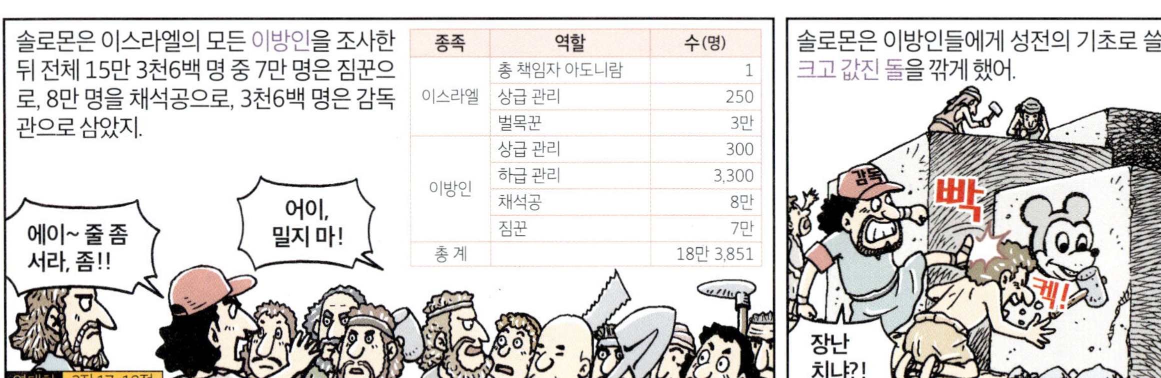
솔로몬은 이스라엘의 모든 이방인을 조사한 뒤 전체 15만 3천6백 명 중 7만 명은 짐꾼으로, 8만 명을 채석공으로, 3천6백 명은 감독관으로 삼았지.
에이~ 줄 좀 서라, 좀!!
어이, 밀지 마!
역대하 2장 17~18절
솔로몬은 이방인들에게 성전의 기초로 쓸 크고 값진 돌을 깎게 했어.
감독
빡
켁!
장난 치냐?!

종족	역할	수(명)
이스라엘	총 책임자 아도니람	1
	상급 관리	250
	벌목꾼	3만
이방인	상급 관리	300
	하급 관리	3,300
	채석공	8만
	짐꾼	7만
총 계		18만 3,851

※이방인 : 가나안 족속들을 말하며 이스라엘에 정복당하면서 그들의 노예가 되었다.

※크고 값진 돌 : 대리석 같은 고급 건축 석재. 이 기초석의 크기는 8규빗(약 3.65m)~10규빗(4.56m)이었다.

솔로몬과 히람 왕의 건축가들, 그발 사람들은 돌을 다듬고 성전에 쓸 돌과 나무를 준비했지.

※그발 : 베이루트 북방에 위치한 두로의 최북단 지역이다.

6장 솔로몬이 성전을 건축함

이스라엘이 이집트에서 나온 지 480년, 솔로몬이 왕이 된 지 4년 째 되는 해 2월(시브월), 솔로몬은 성전을 짓기 시작했어.
위잉

※시브월 : 유다 종교력으로 2월, 태양력으로는 4, 5월에 해당된다.

솔로몬이 여호와의 성전을 건축한 장소는 예루살렘의 모리아 산이야!
모리아 산은 내가 이삭을 하나님께 바쳤던 곳 Link 1권 73p 이야!
아브라함
역대하 3장 1절

그곳은 여부스 사람 아라우나의 타작마당 Link 4권 216p 으로 다윗이 성전 터로 준비한 장소이기도 했지.
이곳은 이스라엘의 중심지가 될 것이오.
성전을 짓고 나면 지하철도 개통될 텐데 너무 싸게 팔았나?
아라우나
역대하 3장 1절

※아라우나 타작마당과 번제물로 다윗이 지불한 값은 사무엘하 24장 24절에는 은 50세겔 Link 4권 217p 이라 나오는데, 역대상 21장 25절을 보면 금 600세겔로 나온다. 아마도 타작마당이 포함된 모리아 산 전체를 산 값으로 보인다.

성전 외부 건축

성전에 사용된 돌은 채석장에서 다듬어 가져왔기 때문에 성전에서는 망치나 정 등 연장 소리가 들리지 않았어.
쾅
위이잉

여호와께서 솔로몬에게 말씀하셨어.
드디어 성전을 짓는구나. 네가 나의 율법과 계명을 잘 지키면 내가 다윗에게 약속했던 것을 네게 이루어주겠다. 또 내가 이스라엘과 함께 살며 내 백성 이스라엘을 결코 버리지 않을 것이다!
…라고 하셨습니다.
부들
부들
감사 합니다.

※여호와의 말씀은 예언자 나단을 통해 전해진 것으로 보인다.
※다윗에게 약속했던 것 : Link 4권 152p 에서 하나님이 다윗에게 하신 약속을 말한다.

tip 여호와의 말씀

하나님께서 성전 건축 도중에 솔로몬에게 다윗과의 언약을 재확인해주신 이유는 다음과 같다.

① 성전 건축의 진정한 의미를 다시 언급함으로써 하나님이 원하시는 것이 성전 자체가 아님을 알려주기 위함이다.
② 성전 건축에 정열을 쏟고 있던 솔로몬에게 힘과 용기를 주기 위함이다.

※채석장 : 하나님과 인간의 화해 및 평화를 상징하는 성전에서 살생을 상징하는 쇠 소리가 나지 않도록 예루살렘 부근의 채석장에서 돌을 다듬은 뒤 가져왔다.

성전 내부 건축

솔로몬은 성전 외부 건축을 마치고 내부 공사를 시작했지!

쾅쾅
쓱싹
쓱싹

성전 공사는 솔로몬 재위 11년째 되는 해 8월(불월)에 완성됐어. 설계한 그대로 지어졌지.

휴! 7년이 걸렸구나.
이젠 좀 쉬자!
만세!
난 하와이로 휴가나 다녀와야겠다.
와아아

※불월 : 태양력으로 10, 11월에 해당한다.

7장 솔로몬의 왕궁 건축

솔로몬은 그 후 13년 동안 자신의 왕궁을 지었어.

자, 이젠 왕궁을 멋지게 지어보자! 레바논 숲의 궁과 재판장, 뜰, 현관을 이렇게 짓고….
아이고, 이제 좀 쉬자고요.
케!
휘청
휴, 휴가는?

히람이 성전의 기물을 만들다

솔로몬은 두로 사람 히람을 불러 놋에 관련된 모든 일을 맡겼지.

이제 내가 활약할 차례군!
흠, 두로의 왕과 이름이 같군!
히람
탁

※히람 : 두로의 왕 히람과는 동명이인이다.

히람의 어머니는 이스라엘 납달리 지파 출신의 과부였고 그의 아버지는 두로 사람으로 놋을 다루는 대장장이였어.

부모님이 국제결혼을 하신 셈이지!

※놋 : 당시 이스라엘에서 구하기 힘든 대단히 중요하고 비싼 금속이었다.

놋을 다루는 기술과 지식은 물론, 지혜가 있었던 히람은 두 개의 놋 기둥을 만들어 성전 현관에 세웠지. 제단과 바다, 물두멍, 물두멍 받침대, 솥, 부삽, 대접 등도 만들었어.

오른쪽 기둥은 야긴, 왼쪽 기둥은 보아스라고 해야지!

※야긴(야킨) : '하나님이 세우시다'라는 뜻.
※보아스 : '권능이 있다'라는 뜻.

히람은 솔로몬이 시킨 모든 일을 마쳤어.
기둥, 기둥머리, 장식 그물 각각 2개씩, 석류 400개, 받침대 10개, 대야 10개, 바다, 바다를 바치는 황소 12마리, 솥, 부삽, 대접, 접시… 빠진 거 있나?
솔로몬은 많은 기구를 요단 강 근처 숙곳과 사르단 사이에서 진흙 틀에 부어 만들게 했는데,
히람이 얼마나 많은 성전 기구를 만들었는지 솔로몬은 그 무게를 알지 못했어.
사용된 놋쇠가 얼마나 되는지 알 수도 없군.
저도 몰라요.

※숙곳과 사르단 사이 : 요단 강과 가까운 이 지역은 찰흙과 숯을 만들기에 좋은 나무가 많았다.

그 후 솔로몬은 성전 내부에 둘 여러 가지 물건을 금으로 만들었지.
금세공은 이스라엘의 기술로도 충분해.
먼저 제단과 상, 등잔대 10개, 꽃 장식, 등잔, 부집게를 만들었고, 등잔대는 성소 안 좌우에 5개씩 놓았어. 대접과 불집게, 주발과 숟가락, 불 옮기는 그릇, 지성소 문과 성전의 바깥 문에 다는 돌쩌귀들을 만들었지.

※꽃 장식 : 등잔대 위에 올리는 장식. ※부집게 : 등잔 심지에 불꽃을 돋우는 등잔대.
※등잔 : 등잔대 위에 놓인 기름과 심지가 담겨 있는 그릇.

이렇게 솔로몬은 여호와의 성전을 모두 완성했어.
뿌우우우~
와아아
와아
이젠 진짜 다 끝났다!
여호와를 찬양하라!
만세!
만세!

그리고 다윗이 거룩하게 해 여호와께 드린 모든 금, 은, 기구를 성전 창고에 넣었어.

8장 언약궤를 성전으로 옮김

솔로몬이 여호와의 언약궤를 다윗성, 곧 시온에서 성전으로 옮기려고 이스라엘의 모든 지도자들(장로, 각 지파의 지도자, 각 집안의 어른)을 예루살렘으로 불렀어.
왕께서 언약궤를 성전으로 옮기려 하신다네.
그런 일에 초청받다니, 영광스러운 일이야.

※성전 창고에 보관된 보물은 제사장들이 사용하는 성전과 관련된 물품으로 보인다.

tip 시온

시온은 예루살렘 전체를 의미하기도 하지만 원래는 예루살렘 남동쪽에 위치한 구릉을 가리킨다. 이곳엔 여부스 족의 산성이 있었는데 다윗이 이곳을 빼앗은 후 '다윗성'이라고 불렀으며, Link 4권 145p 다윗은 이곳에 성막을 만들고 여호와의 언약궤를 안치했다. Link 4권 147p 언약궤의 성전 안치와 성전 봉헌식은 모세의 성막을 새로 지은 성전으로 바꾸는 막중한 행사이며 솔로몬은 그 일에 지도자들을 소집한다.

그리고 이스라엘 모든 남자들이 에다님월 곧 7월 절기에 솔로몬 앞에 모였어.
이제 시작하지요?
넵!
이스라엘 모든 장로가 모인 뒤 제사장들이 언약궤를 메고 옮겼지.
많은 국민이 지켜보는 가운데 엄숙히…,

※에다님월 : 유대 종교력 7월을 가리킨다.
※7월 절기 : 장막절을 말한다. 절기 기간은 7월 15~21일이다. Link 2권 202p

제사장과 레위 사람들은 기브온의 성막과 거룩한 물건들도 옮겼어.
이제 이곳도 안녕이군!
KS Express
솔로몬과 이스라엘의 모든 백성이 궤 앞에서 셀 수 없이 많은 양과 소를 제물로 바쳤어.

※기브온 : 예루살렘 서북쪽 약 10km 지점에 위치한 성읍이다.
※성막 : 모세와 이스라엘 백성이 광야에서 만들었던 성막을 말한다.
※이 제사는 언약궤 안치식에 앞선 정결제이며 언약궤 안치로 인한 기쁨을 함께 나누는 감사제였다.

그 뒤 제사장들이 지성소 안 2개의 그룹 아래에 언약궤를 두었지. 펼쳐진 그룹들의 날개로는 언약궤와 채를 덮었어.
천천히, 조심, 조심.
언약궤 2개의 채는 그 끝이 지성소 정면의 성소에서 보일 만큼 길었지만, 성소 밖에서는 보이지 않았어. 그 채는 오늘날까지 그곳에 놓여 있어.
자, 이젠 휘장을 쳐라.
아, 네!

※채(pole) : 언약궤를 메기 위해 사용됐던 긴 장대를 말한다.
※오늘날까지 : 이스라엘이 멸망하고 성전이 완전히 파괴된 포로시대, 즉 열왕기가 쓰인 시대를 말한다.

언약궤 안에는 이스라엘 백성이 시내 산에서 하나님과 언약을 맺을 때 모세가 넣었던 두 개의 돌판만 있었어. Link 2권 88p
여기에 꼭꼭 숨겨둬야지.
성전의 뜰에서는 제사장들이 순서 상관없이 몸을 깨끗이 한 뒤 기다리고 있었지.
언약궤를 제자리에 놓고 곧 나오실 거다!
역대하 5장 11절

※언약궤 안에는 만나를 담은 항아리와 함께 아론의 싹 난 지팡이도 있었지만 아론의 지팡이는 블레셋에게 언약궤를 빼앗겼을 때 Link 4권 32p 없어진 것으로 보인다.

음악가인 레위 사람 아삽, 헤만, 여두둔과 그들의 아들들과 친족들이 모시옷을 입고 심벌즈, 비파, 수금을 들고 제단 동쪽에 섰어. 나팔 부는 제사장 120명도 함께 서 있었지.
역대하 5장 12절
언약궤를 놓은 뒤, 모든 제사장이 성소를 나올 때,
앗, 나온다! 준비!
역대하 5장 11절

※아삽과 헤만, 여두둔 : 다윗 왕이 임명한 3대 악사이다. Link 4권 149p

나팔 부는 사람과 노래하는 사람들이 한목소리로 여호와께 찬양과 감사를 드렸고, 모든 악기가 한데 어우러졌지.
여호와는 선하시다~
그 인자하심은 영원하다~
뿌우우우~
역대하 5장 13절
그때, 구름이 여호와의 성전을 덮었지.
엇? 구, 구름이?
앗, 저건…?
우아아…

구름은 여호와의 성전에도 가득 찼어.
오오! 하나님이 내려오셨다!
흑흑! 여호와께서 우리에게로 오셨도다!

여호와의 영광이 성전 안에 가득 차 제사장들은 일을 계속할 수 없었지.
앞이 보여야 뭘 하지.

tip 여호와의 영광

여호와의 영광이 성전에 가득 찼다는 말은 성전에 하나님이 임재(임재 : 하나님이 인간에게 나타나는 일)하셨음을 가리키는 말로 성경에서 그 상징물은 종종 구름으로 나타난다. 구름이 성전 안에 가득 찼다는 것은 여호와께서 지난 출애굽 당시 성막을 인정하셨던 것처럼 Link 2권 109p 솔로몬 성전을 자신의 상징적 처소로 인정하셨음을 의미한다.

※일 : 성전에서 향을 피우고 등잔대에 불을 밝히는 등의 일을 말한다.

솔로몬의 연설

여호와께서는 캄캄한 구름 속에 계시겠다고 말씀하셨지만 저는 주를 위해 웅장한 성전을 지었습니다. 이곳은 주께서 영원히 계실 곳입니다.

그런 다음 솔로몬은 모든 이스라엘 백성을 둘러보고 축복하며 말했어.
이스라엘의 하나님이신 여호와를 찬양합시다! 여호와께서는 내 아버지 다윗에게 약속하신 모든 것 Link 4권 152p 을 이루어주셨습니다!
여호와께서 우리 조상을 이집트에서 이끌어내실 때 그들과 언약을 세우셨는데 이제 그 언약이 담긴 궤를 둘 곳을 이렇게 마련했습니다!
와아아
와아

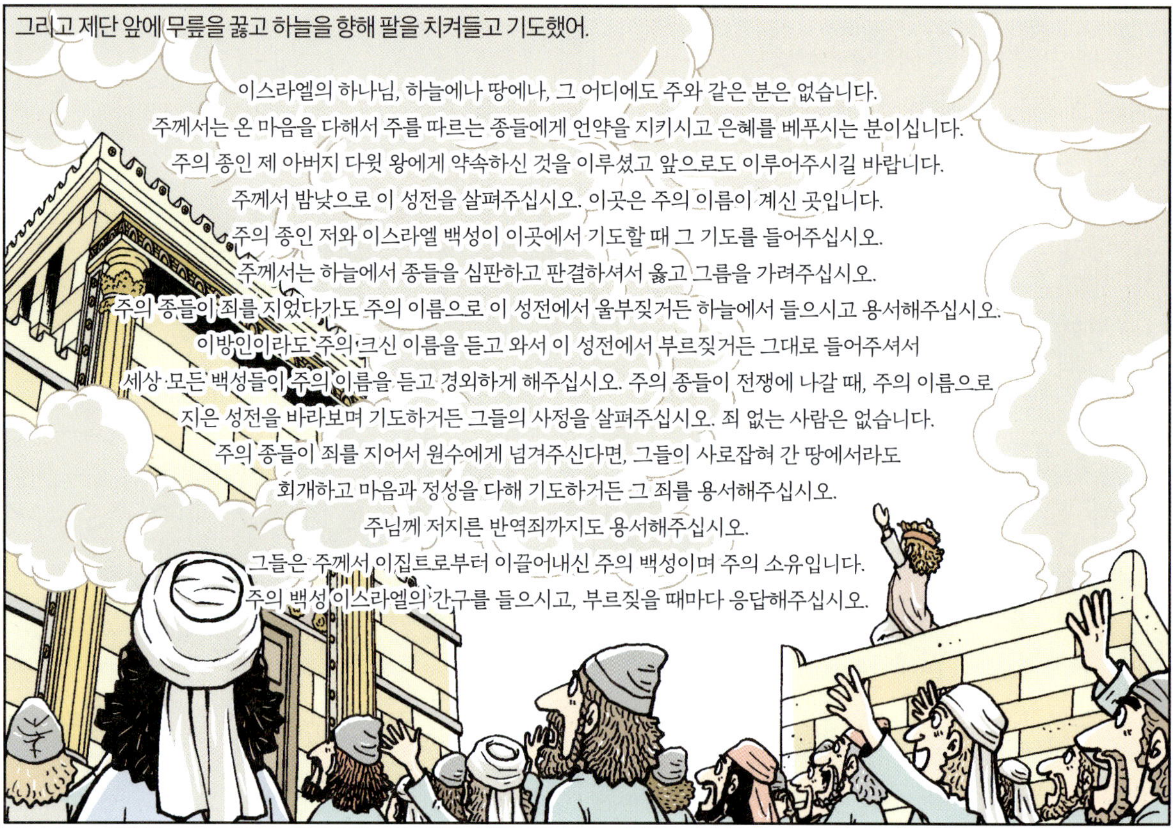
그리고 제단 앞에 무릎을 꿇고 하늘을 향해 팔을 치켜들고 기도했어.
이스라엘의 하나님, 하늘에나 땅에나, 그 어디에도 주와 같은 분은 없습니다.
주께서는 온 마음을 다해서 주를 따르는 종들에게 언약을 지키시고 은혜를 베푸시는 분이십니다.
주의 종인 제 아버지 다윗 왕에게 약속하신 것을 이루셨고 앞으로도 이루어주시길 바랍니다.
주께서 밤낮으로 이 성전을 살펴주십시오. 이곳은 주의 이름이 계신 곳입니다.
주의 종인 저와 이스라엘 백성이 이곳에서 기도할 때 그 기도를 들어주십시오.
주께서는 하늘에서 종들을 심판하고 판결하셔서 옳고 그름을 가려주십시오.
주의 종들이 죄를 지었다가도 주의 이름으로 이 성전에서 울부짖거든 하늘에서 들으시고 용서해주십시오.
이방인이라도 주의 크신 이름을 듣고 와서 이 성전에서 부르짖거든 그대로 들어주셔서
세상 모든 백성들이 주의 이름을 듣고 경외하게 해주십시오. 주의 종들이 전쟁에 나갈 때, 주의 이름으로
지은 성전을 바라보며 기도하거든 그들의 사정을 살펴주십시오. 죄 없는 사람은 없습니다.
주의 종들이 죄를 지어서 원수에게 넘겨주신다면, 그들이 사로잡혀 간 땅에서라도
회개하고 마음과 정성을 다해 기도하거든 그 죄를 용서해주십시오.
주님께 저지른 반역죄까지도 용서해주십시오.
그들은 주께서 이집트로부터 이끌어내신 주의 백성이며 주의 소유입니다.
주의 백성 이스라엘의 간구를 들으시고, 부르짖을 때마다 응답해주십시오.

성전 낙성식

솔로몬이 기도를 마치고 제단 앞에 서자 하늘에서 불이 내려와 번제물과 희생 제물을 태웠지.
화르륵
헉!
저, 저건?!
역대하 7장 1절
여호와의 영광이 성전에 가득 차서 제사장들도 그곳에 들어갈 수 없었어.
이럴 땐 무조건 납작하게 엎드려!
역대하 7장 2절
이 광경을 본 모든 이스라엘 백성이 돌이 깔린 광장에 엎드려 여호와께 경배하며 감사를 드렸지.
여호와는 선하시다!
그 인자하심은 영원하다!
오!! 하나님께서 나타나셨다!
역대하 7장 3절
솔로몬이 일어서서 큰 소리로 이스라엘의 모든 백성을 축복했어.
주님께서는 약속대로 저희에게 안식을 주시고 모세에게 하신 선한 말씀을 모두 이루어주셨으니 주를 찬양합니다! 하나님! 저희 조상과 함께 계셨던 것처럼 저희와도 함께 계시고 우리를 버리지도, 포기하지도 말아주십시오!
와아아아아

※불 : 하늘에서 불이 내려와 제물을 살랐다는 것은 하나님께서 솔로몬 왕이 지은 성전과 그의 기도를 기쁘게 받으셨다는 징표이다.

우리 마음을 주님께 기울게 하시고 주님의 길과 계명, 법도, 율례를 지키게 해주십시오! 오늘 이 기도를 밤낮으로 기억해주시고 날마다 저희 형편에 맞게 자비를 베풀어주십시오! 그래서 세상의 모든 백성이 주님만이 하나님이시고 다른 신은 없다는 것을 알게 해주십시오!
와아아아아
그런 다음 솔로몬과 이스라엘 백성이 여호와께 제사를 드리며 성전을 바쳤는데 제단이 너무 협소한 거야.
화목제로 준비된 소가 2만 2천 마리, 양이 12만 마리라고요.
어이구, 이렇게 많은 걸 어떻게?
흠…!
메에에
메에에

※화목제 : 하나님과 경배자 간의 화목과 화친을 상징하는 제사이다.

그래서 솔로몬은 성전 앞뜰을 거룩히 구별하고 거기서 번제와 곡식제와 화목제의 기름을 바쳤지.
성전 앞뜰을 임시 제단으로 쓰다니!
쿠쿠! 아이디어 괜찮죠?
메에에

열왕기상

역대하

이때는 장막절 기간이었어. 북쪽으로는 하맛 어귀에서 남쪽으로는 이집트 시내에 이르기까지 많은 이스라엘 사람이 모였지.
예루살렘엔 무슨 일로 오셨죠?
장막절 Link 5권 42p 을 지켜야 하잖아요.
찰칵
그들은 7일은 성전 봉헌식, 7일은 장막절로 모두 14일 동안 절기를 지켰어.
웅성
아, 이번 절기는 너무 감동이야.
웅성
여호와께서 오신 것도 봤으니.
15일째 되던 날 솔로몬은 백성들을 돌려보냈지.
자자, 이제 끝났습니다!
에이, 내일부터 출근해야 하는군.
집에 가자!
그들은 솔로몬에게 복을 빌어주고, 여호와께서 베푸신 온갖 은혜에 기뻐하며 집으로 돌아갔지.
왕씨, 대박 나세요!
로또 맞으세요!!
빠~바이~
어, 모두들 잘 가~!
부우웅~

※하맛 : 시리아의 주요 도시로 이스라엘의 북방 경계에 있다. ※이집트 시내 : 가사 밑 지중해에서 바란 광야로 들어가는 강을 말한다.

9장 하나님이 나타나시다

솔로몬이 성전과 왕궁 건축 등 모든 일을 마치니,
또 뭘 지을까?
헉! 이, 이젠 그만!
여호와께서 기브온에서처럼 Link 5권 33p 솔로몬에게 나타나셨지.
큰 쇼핑몰도 지어야….
음냐 음냐
솔로몬아~!
앗, 하나님!! 또 어쩐 일로…?!
벌떡
내가 네 기도를 들었다!

※기브온 : 예루살렘 서북쪽 약 10km 지점. 모세의 성막이 있던 곳이다.

내 이름으로 지은 성전을 거룩하게 구별했으니 내가 항상 그곳에 있을 것이다!
하나님 계세요?
어, 있으니까 들어와!
너는 네 아버지 다윗처럼 내 명을 실천하고 내 율법과 명령을 온 마음을 다해 지켜라. 그럼 다윗과 약속한 대로 네 왕좌를 영원히 지켜주겠다!
아들아, 주 하나님을 믿고 온 마음으로 의지해라!
네! 아버지.

하지만 너와 네 자손이 불순종하고 우상을 숭배한다면 이스라엘을 멸망시키고 나를 위한 이 성전도 헐어버릴 것이다!
콰르릉
헉! 서, 성전이 무너진다!
으아악
그러면 이스라엘은 모든 민족에게 한낱 웃음거리가 될 것이며, 한때 이 성전이 아무리 높임을 받았더라도 사람마다 놀라고 탄식할 것이다!
어휴, 여호와께서 왜 이렇게 하셨지?
이스라엘 백성이 하나님을 버리고 우상을 숭배했기 때문에 하나님이 온갖 재앙을 내리신 거래.

솔로몬의 다른 업적

20년에 걸쳐 여호와의 성전과 왕궁을 완성한 솔로몬은 두로의 히람 왕에게 갈릴리에 있는 20개의 마을을 주었지.
제가 원했던 백향목과 잣나무, 금을 준 것에 대한 감사의 뜻입니다.
하하! 일단 감정 평가를 해볼까요?
히람 왕이 마을들을 둘러보았으나 마음에 들지 않았어.
내 형제여, 금만 120달란트를 보냈는데 겨우 이런 성읍들을 준 거요?
엥? 맘에 안 들어요?

※갈릴리 : 이스라엘 북부지방(동서 약 40km, 남북 약 100km)을 갈릴리라 하며 지중해 해안에서 갈릴리 바다까지 포함된다.

※두로에 필요한 땅은 농경지였는데 솔로몬이 준 마을은 산지였으므로 농사에 적당하지 않았다.

※120달란트 : 약 4.11톤에 해당한다.

히람 왕이 한 그 말 때문에 지금까지 그곳을 가불 땅이라고 부르고 있지.
이곳은 가불, 쓸모없는 땅이란 뜻이에요!
그래서 솔로몬은 그 마을을 고쳐서 이스라엘 백성들이 살게 했어.
괜찮은 곳인데….
가불… 가불…
긁적 긁적
역대하 8장 2절

솔로몬의 건축사업

솔로몬은 일꾼을 동원해 Link 5권 38p 성전과 자신의 왕궁과 밀로 궁, 예루살렘 성벽을 쌓았고 하솔과 므깃도, 게셀의 성도 재건했어.

게셀의 성은 이집트 왕 바로가 점령 후 성에 살던 가나안 사람들을 다 죽이고 불로 태워버린 곳이야.
꺄아~

※게셀 : 이스라엘의 가나안 정복 시 에브라임 지파에게 분배되었으나 솔로몬 당시까지 정복되지 못한 성읍이었다.

바로 왕은 그 성을 솔로몬과 결혼한 자기 딸에게 선물로 주었지.
솔로몬과의 결혼 Link 5권 32p 선물로 저 성을 주마!
애걔걔… 잿더미잖아요.

또 낮은 지대에 있는 벧호론과 바알랏, 유다 광야에 있는 다드몰에 마을과 성벽도 세웠지.
모든 군사 요충지에 성을 세웠으니 이제 까딱없다.
크하하

tip 재건한 성들

① 밀로 : 예루살렘 북쪽 언덕에 세운 성채. 다윗이 요새화한 것을 재건했다. Link 4권 145p
② 하솔 : 갈릴리 해 북쪽 14km 지점에 위치한 군사적 요충지.
③ 므깃도 : 이스르엘 평원과 샤론 평원 사이의 통로에 위치함.
④ 게셀 : 블레셋 경계에 위치한 성읍.
⑤ 벧호론 : 예루살렘 북방 16km 지점, 산맥 비탈에 위치함.
⑥ 바알랏/다드몰 : 정확한 위치를 알 수 없다.

솔로몬은 곳곳에 국고성과 전차를 두는 성, 기병들을 위한 성을 세웠어.
어이, 저 전차가 아니잖아.
크르르르르

※국고성 : 곡식과 그 밖의 물건을 저장해둘 수 있는 성을 말한다.

솔로몬은 예루살렘과 레바논, 그리고 모든 영토에 원하는 것을 다 지었지.
꾸벅
꾸벅
내일부터 쇼핑몰을 지어볼까?
I need a vacation.

하지만 이스라엘은 이방인들을 완전히 멸망시키지 못해서 아모리, 헷, 브리스, 히위, 여부스 사람들과 함께 살았는데 솔로몬은 그들을 노예로 삼았지. Link 5권 38p
띠리리링
감독
쳇, 솔로몬은 이스라엘 백성은 노예로 삼지 않아.
Section 8
당연한 거 아냐? 동족인데?

※아모리, 헷, 브리스, 히위, 여부스 사람들 : 가나안 땅에 살던 원주민이다.

반면 군인, 신하, 장교, 전차 지휘관, 전차병은 이스라엘 사람들이 맡았어.
힘든 일은 노예들이 하니까.

또 하맛소바를 공격해 그곳을 점령하고 국고성을 세웠어.
우리는 최강 이스라엘이다!!
와아아아
역대하 8장 3~4절

※하맛소바 : 시리아 하맛 지방 남쪽에 있다.

솔로몬의 일을 지휘하는 감독은 550명으로 작업장에서 일꾼들을 감독했어.
어이, 8구역! 네 뒤에서 두 명이 잡담하고 있잖아.
감독

※550명 : 이스라엘의 상급 관리 250명과 이방인의 상급 관리 300명을 합한 수다. Link 5권 38p

이집트 왕 바로의 딸은 다윗성에서 솔로몬이 완공한 밀로 궁으로 갔지.
이제야 이사 가는군요.
사다리차는 왜 이리 안 와!

※밀로 : 예루살렘 북쪽 언덕에 세워진 성채. 다윗이 요새화한 것을 다시 재건했다. Link 4권 145p

솔로몬은 1년에 세 번씩 성전 제단에서 번제와 화목제를 드렸어.

※1년에 세 번씩 : 이스라엘의 3대 절기인 유월절, 칠칠절, 장막절을 말한다.

또 에돔의 홍해 해안 엘롯 근처의 에시온게벨에서 배를 만들기도 했지.
드르르…

※에돔 : 야곱의 형 에서의 후손들이 세운 나라로 모압의 남쪽에 위치. 다윗에 의해 이스라엘의 속국이 되었다. Link 4권 155p
※엘롯 : 에돔의 최남단에 위치한 항구 도시이다.

두로 왕 히람은 바다를 잘 알고 있는 뱃사람 들을 솔로몬에게 보냈어.
솔로몬을 도와 배를 만들어라!
넵!
두로의 뱃사람들은 솔로몬의 사람들과 함께 오빌에 가서 금 420달란트와 백단목과 보석들을 많이 가져왔지.
무역을 통해 큰 이익을 거두었다고!

※바다를 잘 알고 있는 뱃사람 : 이들은 선박 제조에 뛰어난 기술과 지식이 있었다.

※오빌 : 소재지는 확실치 않으나 학자들에 따라 인도의 해안, 아라비아 해안, 아프리카의 해안 등으로 추정된다.

※420달란트 : 약 14.38톤에 해당한다.

솔로몬은 백단목으로 성전과 왕궁 계단 등을 만들었고 노래하는 사람들을 위해 하프와 비파도 만들었어.
와~ 이렇게 좋은 백단목은 듣도 보도 못했어!!

10장 스바 여왕의 방문

스바의 여왕이 솔로몬의 명성을 듣고 그를 시험해보려고 찾아왔어. 수많은 신하와 함께 많은 향료와 보석을 가지고 왔지.
와, 엄청난 행렬이다!

※백단목 : 열대산 귀한 나무로 보이는데 현재의 어떤 나무인지는 알 수 없다.

tip 스바 Link 1권 179p

스바의 위치는 학자들 사이에서 논쟁이 있으나 대다수 학자들은 아라비아 반도 남서쪽 오늘날의 예멘 지역에 있던 왕국이라고 주장한다. 그러나 정확한 위치는 알 수 없다. 금, 보석, 향료 등 타국과의 활발한 무역으로 인해 다른 아라비아 국가들보다 부유했다.

여왕은 솔로몬에게 생각했던 모든 문제를 물어보았어.
ax²+bx+c=0 (a,b,c는 상수)일 때 근의 공식은?
x= −b±√(b²−4ac) / 2a
후훗!
솔로몬은 여왕의 모든 물음에 막힘없이 대답했어.
달리기를 하는데 2등을 제치면 몇 등?!
2등!!
휘익
탁

여왕은 솔로몬의 뛰어난 지혜를 확인했어.
흠, 너, 천재구나!
후훗! 이쯤이야.
스윽
또 솔로몬의 왕궁, 요리, 신하들과 관리들의 모습, 그들이 입은 제복과 술잔을 올리는 시종들을 보았지.
와~ 정말 인테리어도 훌륭하고 모든 게 환상적이네요.
하하하하
우걱

성전에서 드리는 번제를 보고도 너무나 놀랐지.
왕의 업적과 지혜에 대한 뉴스가 모두 사실이군요.
성경2.0의 신뢰도는 높지요.
믿지 않았는데 직접 보니 소문은 사실의 절반도 안 되는군요. 왕께서는 소문보다 훨씬 지혜롭고 복이 많습니다. 늘 왕을 섬기며 지혜를 배우는 왕의 백성과 신하들이 참으로 행복하겠습니다.
다 하나님 덕분입니다.
하하하

왕의 주 하나님을 찬양합니다. 그분이 이스라엘과 왕을 영원히 사랑하셔서 왕을 왕좌에 앉히시고 공평과 정의로 이 나라를 다스리게 하셨습니다.
우리 하나님이 최고이지요.
여왕은 솔로몬에게 금 120달란트와 많은 향료와 보석들을 선물로 주었어.
이거 다 가지세요!
아이고, 이렇게 많은 향료를 가져온 분은 처음이군요.
솔로몬도 여왕에게 관례에 따라 답례품 외에도 그녀가 원하는 것을 다 주었고,
아무거나 골라 가시오!
헉! 통도 크셔!

※120달란트 : 약 4.11톤에 해당한다.

여왕은 신하들과 함께 돌아갔지.
호호! 이거 남는 장사네.
헤헤! 성공이네요.
솔로몬의 부와 명성
솔로몬은 해마다 세금으로 금 666달란트를 받았지.
아, 귀찮은 금덩어리들!
이젠 쌓아둘 곳도 마땅찮아.
그 밖에도 무역상과 상인들, 아라비아 왕들과 각 지방의 장관들이 바치는 금도 있었어.
금을 가져 왔…,
작작 좀 가져와, 귀찮아 죽겠다!
버럭

※666달란트 : 약 22.82톤에 해당한다.

※무역상과 상인들의 금 : 항해하는 선박 혹은 무역 상들의 통행 관세로 여겨진다.

솔로몬은 금을 입힌 큰 방패 200개와 작은 방패 300개를 레바논 숲의 궁에 두었지.
큰 방패는 600세겔, 작은 방패는 3마네의 금이 들어갔어!
또 상아로 된 왕좌에 금을 입혔는데 어떤 나라도 이렇게 멋지지 않았어.
흠, 멋지네.
솔로몬은 그릇을 순금으로 만들었고 은으로 된 건 하나도 없었어.
레바논 숲의 궁에 있는 그릇도 다 금이야.
금도 귀찮은데 은 따위야.

※레바논 숲의 궁 : 레바논 나무로 지은 궁으로 무기 창고로도 사용되었다.
※600세겔은 약 6.84kg, 3마네는 약 1.7kg에 해당한다.

다시스 배와 히람 왕의 배를 함께 보내 해상무역을 했는데, 그들은 3년에 1회씩 금, 은, 상아, 원숭이, 공작새를 싣고 돌아왔어.
다시스로 갔던 배가 돌아왔다!!
솔로몬은 세상 어떤 왕보다 재산과 지혜가 많았지. 온 세상 사람들이 해마다 그에게 선물을 들고 하나님의 지혜를 듣고자 찾아왔어.
사람들이 끝도 없구먼!
퇴근도 못하고…
난 금과 은을 가져왔지.
난 옷, 무기, 향료, 말, 노새.
따각
따각

※다시스 배 : 스페인 지역의 섬인 다시스로 배가 다녔다.

솔로몬은 전차와 기마병을 모아 전차를 두는 성과 예루살렘에 배치했어.
전차 1천4백 대, 기마병 1만 2천 명입니다!
당시 예루살렘에는 은이 돌만큼 흔했고, 백향목은 뽕나무처럼 흔했지.
에잇, 은만도 못한 놈들!
솔로몬의 왕실 무역상은 이집트 근처 구에에서 말을 사들였으며,
전차는 대당은 600세겔, 말은 한 필당 150세겔이오.

※뽕나무 : 이스라엘 당시 건축 자재로 흔히 쓰던 나무다.

※구에 : 이집트인과 이스라엘 상인이 접촉하던 이집트의 변경 지대로 세관이 있던 장소로 보인다.

수입한 전차와 말을 헷과 아람의 왕들에게 되팔기도 했지.
일종의 중개무역이지.
11장 솔로몬의 타락
솔로몬은 여러 나라의 여자들을 좋아했어. 이집트 왕의 딸뿐만 아니라 모압, 암몬, 에돔, 시돈, 헷 여자도 좋아했어.
다 나라를 위해서야. 주변 나라의 공주들과 정략결혼을 한 거라고.
호호호
어머! 사실은 좋으시면서…
그래도 후궁이 700명, 첩이 300명이면 너무 심한 거 아니에요?
호호호

※헷 : 가나안 7족속 중 하나로 블레셋 족속에게 밀려나 시리아 북부 지역에서 소왕국을 이루었다.

※아람 : 고대 오리엔트 무역을 좌우하는 상업 도시국가였다.

여호와께서 이방인들과 결혼하지 말라 Link 2권 102p 고 한 명령을 솔로몬이 어긴 거야.
이방인과 결혼하지 말라. 그들은 너의 마음을 돌려 우상을 섬기게 할 것이다!
걱정 마세요! 제가 다 주님을 믿도록 만들게요.
호호, 맞아요!
우리도 하나님을 섬길 거예요.
하지만 그녀들은 솔로몬의 마음을 하나님에게서 멀어지도록 했고 그가 늙어서는 우상을 섬기게 했지.
우리 아세라 여신 어때요?
무슨 소리, 밀곰이 짱이야!
우리 그모스 신은 장식용인 줄 알아?
헤~
지름신이 강림하셨다! 모두 경배하라!

※밀곰 : 암몬의 신 몰렉, 혹은 몰록을 가리킨다. Link 2권 124p

결국, 솔로몬은 여호와께 악한 짓을 저질렀고 다윗만큼 여호와를 참되게 섬기지 못했어.
자자, 차례대로 가봅시다.
멋쟁이!
호호
솔로몬은 시돈 사람의 여신 아스다롯과 암몬 사람의 신 밀곰을 섬겼으며,
닥치는 대로 섬겨보지 뭐.
그래요.
호호
이방인 아내들의 신들에게 향을 피우고 제사를 지냈지.
※시돈 : 페니키아의 주요 도시 국가. 지중해 연안에 위치해 무역이 매우 활발했다.
예루살렘 동쪽 산에 모압과 암몬 사람의 혐오스러운 우상인 그모스와 몰렉의 산당도 지었어.
헐! 말도 안 돼! 이방 신이라니.
맙소사!
※동쪽 산 : 예루살렘 동쪽에 있는 감람산을 말한다.
tip 아스다롯, 밀곰(몰렉), 그모스
아스다롯은 바알과 짝을 이루는 신으로 시돈과 블레셋의 달의 여신이다. 이 우상들의 예배 절차에는 음행이 포함된다.
밀곰(몰렉)과 그모스는 각각 암몬과 모압의 우상으로 이 신을 숭배하는 자들은 자기 자식을 제물로 바쳤다.
솔로몬의 악한 행동에 여호와께서 진노하셨지.
콰르릉
꿈에서 두 번이나 다른 신들을 따르지 말라고 하셨는데…, 화나셨나?
괜찮아요. 몰렉 신께서 지켜주실 거니까.
넌 나와 맺은 언약과 명령을 어겼다! 그러니 내가 반드시 네 나라를 빼앗아 네 신하에게 주겠다! 네 생전에는 네 아버지 다윗을 봐서 그냥 두겠지만 네 아들이 왕이 될 때 이 나라를 갈라놓겠다! 그러나 나의 종 다윗과 내가 선택한 예루살렘을 봐서 한 지파만은 네 아들에게 주겠다!
우르릉
크, 큰일 났다!
도대체 몰렉 신은…?!
덜 덜 덜
솔로몬의 적-① 하닷
그 뒤 여호와께서는 에돔의 왕손 하닷을 일으켜, 솔로몬의 적이 되게 하셨지.
크르르…
예전에 다윗이 에돔과 싸울 때 군사령관 요압이 전사한 병사들을 묻으러 갔다가 에돔의 모든 남자를 죽인 일이 있었어.
전쟁 중에 죽은 용사들의 복수를 해줘야겠지?
그럼요. 에돔의 씨를 말려버리지요.
요압은 이스라엘 군대와 6개월 동안 머물며 에돔의 모든 남자를 죽였지.
에돔 놈들을 모두 죽여라!
네놈들 손에 죽은 동료에 대한 복수다!
크윽!

아직 어렸던 하닷은 자기 아버지의 신하 몇 명과 이집트로 도망쳤어.
어서!
타다닥
두고 보자, 이스라엘 놈들!
하닷
그들은 미디안에서 출발해 바란에 이르렀고,
이집트
바란
아라비아
헉 헉
헉 헉
거기서 몇 사람을 데리고 이집트 왕 바로에게 갔어.
다 왔습니다.
겨우 도망쳐 왔구나.

※미디안 : 에돔의 남쪽, 엘란만 동쪽에 위치한 지역이다.
※바란 : 아라비아 반도 최남단. 동으로는 아라비아, 서로는 이집트, 북으로는 가나안 남부 지역과 경계를 이룬다.

바로 왕은 하닷에게 집과 땅을 주고 먹을 것도 주었어.
땅문서와 집문서다. 이곳에서 머물라!
감사합니다!
하닷이 마음에 든 바로 왕은 자기 아내 다브네스의 동생을 그와 결혼시켰지.
처제를 잘 부탁하네.
염려 마십시오!
형부, 다녀올게요.
하닷은 아들 그누밧을 낳았고, 다브네스는 그누밧을 왕의 자녀들과 함께 궁전에서 길렀어.
깔깔
타타타

어느 날 하닷은 다윗과 요압이 죽었다는 소식을 듣고 바로 왕에게 말했어.
저를 제 나라로 보내주십시오.
왜 돌아가려 하느냐? 부족한 것이 있느냐?
아닙니다. 그냥 고향이 그리워서… 향수병인가 봐요.
내 나라를 다시 일으켜 이스라엘에게 복수해야죠!
글썽
솔로몬의 적-② 르손
하나님께서는 솔로몬의 또 다른 적, 엘리아다의 아들 르손을 일으켰어. 그는 자기의 주인인 소바 왕 하닷에셀 Link 4권 159p 에게서 도망친 사람이었지.
르손
왕은 나만 미워해! 삐뚤어질 테다!
다윗이 소바 왕을 물리쳤을 때 Link 4권 160p 르손은 작은 무리를 만들어 그들의 지도자가 되었어.
모두 이제 날 따르라!
와아아아
그리고 다메섹으로 가서 살다가 마침내 다메섹의 왕이 되었지.
만세!!
르손 왕 만세!!

※소바 : 유프라테스 강 근처에 위치한 아람 족속의 소왕국이다.
※르손이 하닷에셀로부터 도망친 이유는 알려진 바가 없다.
※다메섹 : 아람 지역에 위치한 지명, 다마스쿠스라 불린다.

솔로몬이 살아있는 동안, 아람을 다스리던 르손 왕은 하닷에게 시달리고 있던 이스라엘을 끊임없이 괴롭혔지.
후훗! 남쪽은 하닷, 북쪽은 나 때문에 골치 아플 거다.
아람의 원수를 살려두지 마라!
솔로몬 말년이라 영 허술해졌어.
와아아
솔로몬의 적-③ 여로보암
느밧과 스루아의 아들 여로보암은 에브라임 지파의 스레다 사람으로 솔로몬의 신하였지.
감히 날 반역해?!?!!
크윽, 예언 때문이라고요!!

※아람 : 메소포타미아 북부에서 시리아에 걸친 지역에서 고대 오리엔트 무역을 좌우하는 상업 도시국가.

※스레다 : 사르단과 같은 지명으로 요단 강 강줄기 중앙에 있다.

여로보암이 솔로몬에게 반역을 도모한 적이 있어.
예언이라니 무슨 헛소리냐?
진짜라고요!!
솔로몬이 밀로 성을 짓고 다윗성의 갈라진 성벽을 수리할 때였어.
뭐야? 여긴 H빔을 넣고 해야지!
똑바로 못해?!
솔로몬은 능력 있는 용사인 여로보암이 일하는 것을 보고는,
제법인데? 요셉 가문의 일꾼들을 감독하는 일을 맡아라!
감사합니다! 저 승진하는 건가요?

※밀로 : 예루살렘 북쪽의 언덕에 세워진 성채. 다윗이 요새화한 밀로를 재건한 것으로 보인다.

※용사 : 여기서 용사는 부를 소유한 상류 계층의 사람을 의미한다.
※요셉 가문 : 에브라임 지파와 므낫세 지파를 말한다.

어느 날 여로보암이 예루살렘을 나오다가 실로 사람 예언자 아히야를 만났지.
누, 누구시죠?
아히야
처억
들에는 두 사람만 있었는데 아히야는 자신의 새 옷을 12조각으로 찢었어.
쉬익
휙
쉭
헉! 왜 옷을?!
자, 10조각은 당신이 가지시오! 주 이스라엘 하나님 여호와께서 말씀하셨소!
장난치나? 멀쩡한 옷을….
누, 누구라고요?
딸꾹

※실로 : 예루살렘 북쪽 30km 지점에 위치한 성읍이다.

※아히야 : 예언자 나단이 죽은 후 활동한 예언자.

내가 솔로몬에게서 나라를 빼앗아 열 지파를 네게 주겠다. 그러나 한 지파는 내 종 다윗과 내가 선택한 예루살렘을 위해 솔로몬에게 남겨줄 것이다!
헤헤! 영감님 뭔 장난을….
버럭
장난 아니니까 똑바로 들어!
그건 솔로몬이 나를 버렸기 때문이다. 그는 우상을 섬기며 나의 율법과 계명을 지키지 않았다!
으다으그아…!
맞소, 그분의 말씀이오.

tip 솔로몬에게 남겨준 한 지파?

이스라엘은 모두 12지파이기 때문에 10개의 지파를 여로보암에게 준다면 2개의 지파가 남아야 한다. 여기서 솔로몬에게 남겨질 1개의 지파는 유다 지파와 베냐민 지파를 말한다. 베냐민은 사사 시대의 전쟁 Link 3권 178p 으로 인구가 크게 줄었기 때문에 유다와 함께 한 지파로 취급되곤 했다.

그의 아버지 다윗을 봐서 솔로몬 생전에는 그냥 두겠지만 그의 아들이 왕이 될 때 열 지파를 네게 주고, 남은 한 지파는 그의 아들에게 줘서 내 이름을 기리도록 하고 예루살렘에서 내 종 다윗의 후손이 계속 이어지게 할 것이다!
여로보암아, 내가 너를 이스라엘의 왕으로 삼아 네가 원하는 모든 곳을 다스리도록 할 것이다! 그러니 너는 다윗처럼 내 율법과 계명을 지켜라. 그리하면 내가 너와 함께 할 것이다!
또한 내가 다윗 왕조를 견고히 세운 것 같이, 네 왕조도 견고히 세워서 이스라엘을 맡길 것이다! 솔로몬의 죄 때문에 다윗의 후손들에게 벌을 주겠지만, 그것이 영원하지는 않을 것이다!
얼마 후, 솔로몬이 그를 죽이려 했어.
그, 그 예언을 듣고 반역을 일으킨 겁니다!
이 멍청아, 내가 죽어야 한다잖아!
여로보암은 이집트 왕 시삭에게 도망쳤고 솔로몬이 죽을 때까지 그곳에 있었지.
아이고, 잘못했어요!
이노옴!!
타다닥

※시삭 : 이집트 22대 왕이다.

솔로몬의 죽음

솔로몬의 나머지 행적과 지혜는 솔로몬의 역사책에 적혀있어.
솔로몬의 역사
성경 2.0
솔로몬은 예루살렘에서 40년 동안 이스라엘을 다스렸지.
에휴! 막판에 우상만 섬기지 않았어도 완벽했는데….
솔로몬은 죽어서 예루살렘, 곧 다윗성에 묻혔고,
세상 모든 것을 가졌지만 죽음 앞에 다 헛되구나.

※솔로몬의 역사책 : 솔로몬의 지혜와 영광을 기록한 전기로 현재는 전해지지 않는다.

솔로몬의 뒤를 이어 그의 아들 르호보암이 이스라엘의 왕이 되었어.
르호보암
와아아아

tip 솔로몬의 죽음

솔로몬의 후기 행적이 생략되고 곧 바로 그의 죽음이 언급되므로 솔로몬이 말년에 다시 여호와께로 돌아왔는지에 대해 많은 논란이 있다. 그러나 솔로몬이 말년에 쓴 전도서의 내용을 볼 때 그가 죽기 전에 신앙을 회복했던 것으로 보인다. 왜냐하면 전도서에는 하나님과 인간의 관계가 회복돼야만이 인생의 가치와 의미를 찾을 수 있음을 말하고 있기 때문이다.

2. 분열 왕국 전반기

12장 이스라엘의 반란

이스라엘의 모든 백성이 솔로몬의 아들 르호보암을 왕으로 세우기 위해 세겜에 모였어. 르호보암도 세겜으로 갔지.
이것들이 왕을 뭘로 보고 오라 가라야!
그러게 말입니다. 버르장머리 없이.
르호보암

※세겜 : 예루살렘 북쪽 약 49km 떨어진 곳. 여호수아 때는 종교, 정치의 중심지였다.

tip 세겜으로 가는 르호보암

여기서 이스라엘의 모든 백성이란 유다와 베냐민을 제외한 북쪽 10지파 백성을 말한다. 원래 북쪽 10지파는 다윗의 집안(유다 지파)에 감정이 좋지 않았다. 그럼에도 이스라엘이 단일 왕국을 유지할 수 있었던 건 이스라엘이 하나님을 경외하는 신앙으로 단결했고, 다윗이 공과 의로, 솔로몬이 하나님의 지혜로 잘 다스렸기 때문이다. 그러나 솔로몬 통치 말부터 신앙적으로 나태해졌고, 건축 사업에 따른 지나친 노역과 세금으로 인해 불만이 누적돼 있었다. 그래서 솔로몬의 뒤를 이은 르호보암은 잃어버린 북쪽 민심을 되찾기 위해 세겜으로 가게 된 것이다.

한편, 솔로몬을 피해 이집트로 갔던 여로보암이 이 소식을 들었어.
솔로몬이 죽고 르호보암이 왕이 됐으며 세겜에서…,
오~! 드디어!
여로보암

그때 여로보암도 이스라엘 백성과 함께 세겜에 갔지.
우리를 대신해서 입장을 말해주시오.
알겠소!
세겜

넌 반역을 일으켰던 놈 아니냐?!
진정하시고 제 말을 들어 보십시오.

※우리를 대신해서 : 여로보암은 이미 이스라엘 사람들의 지도자로 부각되었던 것으로 보인다.

왕의 아버지는 우리에게 너무나 혹독한 노역을 시켰습니다. 더 이상 강제노동을 시키지 않고 우리의 짐을 덜어주신다면, 그대를 왕으로 섬기겠습니다.
으음…

3일 후에 다시 와라. 그때 결정된 걸 말해주겠다.
알겠습니다.

르호보암은 우선 솔로몬을 섬겼던 원로들에게 조언을 구했지.
어떤 대답을 해야 할지, 충고를 듣고 싶소.
왕은 백성의 종이 돼서 그들을 섬겨야 합니다. 좋은 말로 요구한 것을 들어준다면, 그들은 평생 왕을 섬길 것입니다.

그러나 르호보암은 그들의 충고가 마음에 들지 않았어.
뭐? 백성의 종이 되라고? 내가 왕인데?
씩씩
그래서 자신과 함께 자란 젊은 신하들에게도 조언을 구했지.
너희는 어떻게 생각하느냐?
원로들의 의견이 마음에 들지 않았나보군.
젊은 신하들이 대답했어.
초반부터 밀리면 안 됩니다.
이렇게 말하십시오!
흠흠
3일 후, 여로보암과 백성들이 오자 르호보암은 가혹하게 말했지.
흥! 내 새끼손가락이 아버지의 허리보다 굵다!
??
원로들의 조언을 무시하고 젊은 신하들의 말을 따른 거야.
내 아버지께서 너희에게 힘든 노동을 시켰다고? 나는 더 힘든 일을 시킬 것이다! 내 아버지는 가죽 채찍으로 쳤지만 나는 쇠 채찍으로 칠 것이다!
크아악!
온 이스라엘은 르호보암이 자신들의 요구를 묵살하자 그에게 외쳤어.
이제 우리는 다윗과 아무 관계도 아니다!
왕은 개뿔!
넌 더 이상 우리 왕이 아니다!

※내 새끼손가락이 아버지의 허리보다 굵다 : 이 말은 '르호보암의 약한 정책이 부친의 강한 정책보다 셀 것이다' 라는 의미다.

그리고 집으로 돌아갔지.
이스라엘 백성아, 모두 자기 집으로 돌아가라!
헉!
다윗의 아들아, 넌 이제 네 집안이나 돌봐라!
오직 유다에 사는 이스라엘 백성들만이 르호보암의 통치 아래 남았어.
어, 어째 시나리오가 영….
그래도 저희가 있잖습니까?
걱정 마십시오!!
르호보암이 뒤틀린 판단을 내린 건 여호와가 계획한 일이었어.
이건 하나님이 르호보암의 악함을 내버려두셨다는 얘기야.
우씨

※유다에 사는 이스라엘 백성들 : 유다 지파는 아니나 유다 지역에 사는 다른 지파 사람들을 말한다.

여호와께서 아히야를 시켜 여로보암에게 하신 예언 Link 5권 54p 을 이루시려는 거지.
르호보암은 강제 노역을 관리하던 아도니람을 여로보암에게 보냈어.
괘씸한 반역자들이지만 잘 타일러 보거라!
네, 알겠습니다.
아도니람
그런데 백성들이 아도니람을 돌로 쳐 죽였지.
씩씩
씩씩
쿠궁
어디서 수작이야!

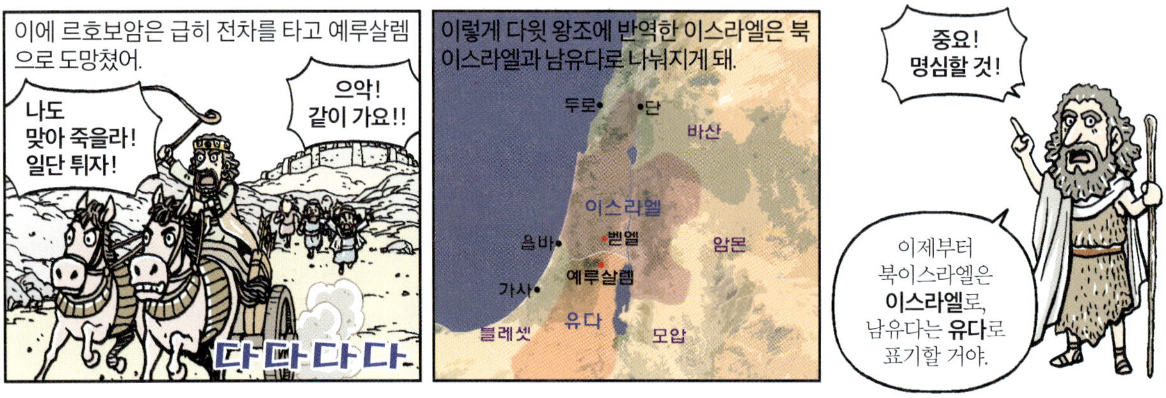
이에 르호보암은 급히 전차를 타고 예루살렘으로 도망쳤어.
나도 맞아 죽을라! 일단 튀자!
으악! 같이 가요!!
다다다다
이렇게 다윗 왕조에 반역한 이스라엘은 북이스라엘과 남유다로 나눠지게 돼.
두로
단
바산
이스라엘
욥바
벧엘
암몬
예루살렘
가사
유다
블레셋
모압
중요! 명심할 것!
이제부터 북이스라엘은 이스라엘로, 남유다는 유다로 표기할 거야.

이스라엘 1대 왕 여로보암

이 무렵 이스라엘 백성은 여로보암이 돌아왔다는 소식을 듣고, 그를 총회로 불렀어. 그리고 그를 온 이스라엘의 왕으로 세웠지.
와아아
여로보암
더 이상 강제 노동 따위는 없습니다! 복지공약을 실천하겠습니다!
여로보암 만세!
우리 왕 만세!

이제 유다 지파 외에 다윗의 집안을 따르는 지파는 없었어.
그래도 유다는 왕을 따를 것입니다.
너희들밖에 없구나.

※온 이스라엘 : 유다 지파와 베냐민 지파를 제외한 열 개 지파를 말한다.

예루살렘에 도착한 르호보암은 온 유다와 베냐민 지파에 동원령을 내려 18만 명의 병사를 모았지.
이스라엘과 전쟁을 해서라도 내 나라를 되찾고 말겠다!
서둘러!!
집합!!

그때 여호와께서 여호와의 사람 스마야에게 말씀하셨지.
스마야
르호보암과 유다와 베냐민, 그리고 나머지 모든 백성에게 내 말을 전하라!
척!
네! 그렇게 하겠습니다!

※스마야 : 유다의 왕 르호보암 시대에 활약한 예언자이다.

일이 이렇게 된 건 내 뜻이다! 그러니 너희 형제인 이스라엘과 싸우지 말고 모두 집으로 돌아가라!
여호와의 말씀을 따르시오!!
으음…!
하나님 말씀이라잖아.
어떡하지?
웅성
웅성
그러자 르호보암과 유다 병사들은 그 말씀에 순종해 집으로 돌아갔어.
뭐야? 맥 빠지게!
여호와께 여쭤보고 전쟁을 해야지.
왕도 하나님이 무서운 줄은 아는군.

벧엘과 단에 세운 금송아지

여로보암은 한동안 에브라임 산지의 세겜 성에 살다가,
이제부터 이곳을 이스라엘의 수도로 삼자!!
브누엘 성으로 수도를 옮겼어.
아, 거기가 아닌가 보다.
브누엘
어느 날 여로보암이 생각하길…,
흠, 백성이 제사를 지내려면 예루살렘에 있는 여호와의 성전에 가야겠지? 그러다 보면 옛 주인인 르호보암에게 마음이 기울지도 몰라.

※세겜 : 예루살렘 북쪽 약 49km에 위치. 여호수아 때는 종교, 정치의 중심지였다.

※브누엘 : 요단 강 동편 얍복 강에 위치한 군사적 요충지로 브니엘 Link 1권 119p 로도 불린다.

그럼 백성들은 날 죽이고 유다 왕 르호보암을 따르게 될 거야! 뭔가 수를 써야겠어!
크응~
??
그래서 고민 끝에 2개의 금송아지를 만들고는 백성에게 말했지.
예배드리러 예루살렘까지 가는 건 너무 번거롭다! 이집트에서 너희를 구해주신 신이 여기에 계신다!!
짜 잔
오오오!!
멋지다!!
오오~
와아
번쩍거리는 거 봐!!

그리고 금송아지를 벧엘과 단에 하나씩 두었어.
두로
단
이스라엘
욥바
벧엘
예루살렘
가사
유다
벧엘과 단에 우리 신을 둘 테니 그곳에서 예배하라!
백성은 벧엘과 단에 있는 금송아지를 섬겼는데 그건 여호와께 큰 죄가 되었지.
콰르릉
뭐야? 분위기가 안 좋네.
누가 죄를 지었나?
그러게.
게다가 여로보암은 높은 곳에 산당들을 짓고 일반 백성들을 제사장으로 세웠어.
많은 레위 사람이 금송아지에 반대해서 유다로 가버렸습니다.
그래? 그럼 아무나 제사장으로 세워!

※벧엘 : 예루살렘 북쪽에 위치. 아브라함이 단을 쌓았던 장소로 이스라엘의 종교적 성지였다.

※제사장은 레위 사람 중에서도 아론의 자손들만 맡아야 했다.

※단 : 이스라엘 북쪽 끝에 위치. 사사 시대 이후로 자체의 산당과 제사장이 있어서 Link 3권 173p 백성 사이에 신성한 곳으로 여겨졌다.

또 유다의 절기와 비슷하게 8월 15일을 절기로 정해 벧엘의 제단에서 금송아지에 제사를 드렸지.
유다와 완전히 분리되도록 모든 것을 바꿔야 한다.
맞습니다.
종교적 독립이 특히 중요하지요.
그리고 산당의 제사장들을 벧엘의 제사장으로 세웠어. 그는 자기 멋대로 정한 절기에 스스로 제단에 올라가 분향했지.
왕인 내가 직접 제사를 주관하기도 했지.

※유다의 절기 : 이스라엘 종교력 7월 15일(태양력 1월 15일)에 드렸던 장막절 Link 2권 202p 을 말한다.

tip 여로보암의 치명적 범죄

여로보암의 다음 죄들은 이스라엘이 패망할 때까지 우상숭배의 근원이 되었다.

① 율법의 제2계명 '우상을 만들지 말라'를 어겼다.
② 하나님이 택하신 성소(예루살렘 성전)를 무시했다.
③ 불법적인 제사장을 두었다.
④ 하나님이 정하신 절기를 어기고 다른 날에 제사했다.
⑤ 백성에게 우상을 섬기게 했다.

13장 하나님의 사람이 오다

여호와께서 하나님의 사람에게 명령했어.
유다를 떠나 벧엘로 가라!
벧엘
저기로군!
그가 벧엘에 도착하니 여로보암이 제단 곁에 서서 제물을 바치고 있었지.
흥! 미친놈들!

※하나님의 사람 : 정확히 누구인지는 알려진 바가 없다.

하나님의 사람이 그 제단을 보고 여호와께 받은 말씀을 외쳤어.
제단아, 제단아! 여호와께서 네게 말씀하셨다!
뭐야?
다윗의 집안에서 요시야라는 아들이 태어날 것이다! 그가 저 산당의 제사장들을 죽여 제물로 바치고 네 위에서 그들의 뼈를 태울 것이다!
저자는 누구냐?!
아니, 어디서 저런 막돼먹은 저주를?!
웅성 웅성
이 말씀의 증거로 이 제단이 갈라지고 제단 위의 재가 땅에 쏟아질 것이다!
뭐? 저 미친놈이 무슨 소릴 하는 거냐?!
제단 위에 있던 여로보암이 그를 가리키며 소리쳤지.
저놈을 잡아라!!
흥!!
그런데 여로보암의 팔이 마비돼 움직이지 않는 거야.
어, 어? 파, 팔이…?
와, 왕이시여!
왜 그러십니까?
덜…덜
그와 동시에 제단이 갈라지고 제단 위의 재가 쏟아졌어.
쩌억!
뜨악!
저, 정말 제단이?!
제, 제발 당신의 하나님께 내 팔을 고쳐달라고 기도해주시오!
흥! 우상을 숭배하던 주제에!
덜 덜

하나님의 사람이 여호와께 기도드리자 여로보암의 팔이 다시 움직였지.
하나님, 여로보암에게 은혜를 베풀어주소서!
어, 어! 파, 팔이 움직인다!!
휙
휙
당신은 진정 하나님의 사람이오! 내 집에 모셔서 피곤을 풀어주고, 선물도 주고 싶소.
왕이 재산의 절반을 준다 해도 나는 왕과 함께 갈 수 없소.
여호와께서 이곳에서는 절대로 먹거나 마시지 말라 하셨고 내가 온 길로 되돌아가지도 말라고 하셨소.
뭐라고?
그리고 그는 왔던 길과는 다른 길로 벧엘에 돌아갔어.
저놈을 그냥 보냅니까?
그러다 또 내 몸이 잘못되면 네가 책임질래?
그때 벧엘의 한 예언자가 아들들과 그날 일을 얘기했지.
오늘 유다에서 한 사람이 와서 예언을 하고 갔습니다.
그 사람이 말을 하자 제단이….
그래?
그가 어디로 갔느냐?
왔던 길과는 다른 길로 유다로 갔습니다. 아직 멀리 못 갔을 겁니다.
그를 대접해야겠다. 어서 나귀에 안장을 얹어라.
늙은 예언자는 하나님의 사람을 찾아 나섰고, 마침 상수리나무 아래에 앉아 있던 그를 발견했지.
오, 저기 있군!!
따각
따각
당신이 유다에서 온 하나님의 사람입니까?
그렇소만?
내 집에 가서 뭐 좀 드시고 가시지요.
안 됩니다. 주께서 이곳에서는 먹거나 마시지 말고 왔던 길로 돌아가지도 말라고 하셨습니다.
그런데 늙은 예언자가 거짓말을 했어.
나도 당신과 같은 예언자요. 근데 여호와의 천사가 그대를 내 집으로 데려가 음식을 대접하라고 하셨소.
정말이오?
그리하여 하나님의 사람은 늙은 예언자의 집으로 가서 함께 먹고 마셨지.
하하! 천천히 드세요.
진짜 배고팠거든요.
우걱
우걱

열왕기상

그때 여호와의 말씀이 늙은 예언자에게 내려왔어.
큭! 여, 여호와께서 말씀하셨소!
풉~
늙은 예언자가 유다에서 온 하나님의 사람에게 외쳤지.
넌 내 명령을 어기고 왔던 길을 되돌아가 먹고 마셨다. 그러므로 네 시체는 네 조상의 무덤에 묻히지 못할 것이다!
허억?!
덜덜
늙은 예언자는 자신의 나귀에 안장을 채워 하나님의 사람에게 주었어.
미안하오. 이걸 타고 가시오.
당신 때문에 이게 뭐야!
으아앙
하나님의 사람이 집으로 돌아가는 중에 사자 한 마리가 나타났어.
크아앙!
켁!
사자가 그를 죽인 뒤 길에 버려진 그의 시체 곁에 나귀와 함께 있었지.
길을 가던 사람들이 그것을 보았어.
어? 저게 뭐야?
사자랑 나귀가 친구였어?
저 시체는 뭐지?
그들은 늙은 예언자가 살고있는 성으로 가서 그 사실을 알렸지.
어떤 사람이 죽어있는데 나귀와 사자가 시체 옆을 지키고 있더라고요.
말도 안 돼.
웅성 웅성
나귀 탈을 쓴 사자인가?
그 소식을 들은 늙은 예언자는,
그 사람이 틀림없을 것이다. 여호와께서 말씀하신 대로 사자를 보내 그를 죽이신 것이다.
나귀를 타고 가서 길에 버려진 그 사람의 시체를 찾아냈지.
사자가 시체를 먹지도 않고 나귀를 죽이지도 않았구나!
늙은 예언자는 시체를 나귀에 싣고 성으로 돌아와,
터벅 터벅
슬퍼하며 그를 자기 집안 무덤에 묻었어.
내 형제여!! 나 때문에 죽다니!
그리고 아들들에게 말했지.
내가 죽으면 이 무덤에 나를 묻고 내 뼈를 그의 뼈 곁에 두어라!
네! 알겠습니다.

※무덤 : 이스라엘은 석회석 지질이라 동굴이 많았는데 주로 매장지로 사용되었다.

여호와께서 이 사람을 통해 벧엘의 제단과 사마리아 성읍 안에 있는 모든 산당을 두고 선포한 말씀이 그대로 이루어질 것이다.

※사마리아 : 예루살렘 북쪽 56km 지점에 위치한 성읍이다.

tip 이 시대에 사마리아는 어디?

여로보암 시대에는 사마리아라는 지명이 없었다. 다만, 이스라엘이 수도를 세겜에서 브누엘로 옮겼다가 Link 5권 59p 그 후 디르사를 거쳐 Link 5권 65p 사마리아로 옮기는데, 저자가 열왕기를 쓸 당시 이스라엘은 사마리아라고 부르기도 했다. 따라서 여기에 언급된 사마리아의 산당은 이스라엘 전체에 있는 산당을 가리킨다고 할 수 있다.

※저자 : 성경에서 엄밀한 의미의 저자는 성령 하나님이시다.

이런 일이 생긴 뒤에도 여로보암은 여전히 악한 일을 했어.
오늘도 금송아지 상에 제사를 드려야지.
에휴! 내 목숨이 헛되었구나!
룰루랄라~

※악한 일 : 금송아지 우상숭배를 말한다.

심지어 일반 백성 중에서 누구라도 원한다면 산당의 제사장으로 임명됐어.
제가 제사장이 되면 최선을 다해 금송아지에 광을 내겠습니다.
오! 그럼 너도 제사장!
빵 빵
여로보암의 집안은 그렇게 죄를 지은 결과 땅에서 흔적도 없이 사라지게 돼.
오래전에 여로보암이라는 멍청이가 살았던 곳이야.

14장 여로보암 가문에 대한 예언

그때 여로보암의 아들 아비야가 병이 들었어!
어떡하죠?
음.

당신이 내 아내임을 몰라 보게 변장하고 실로로 가시오. 그곳의 예언자 아히야는 내가 이 백성을 다스릴 왕이 될 거라고 말해준 사람 Link 5권 54p 이오.
아! 네!
그에게 빵 10덩이와 과자, 꿀 한 병을 가지고 가시오. 그가 이 아이의 운명을 알려줄 것이오.
알겠어요!!
여로보암의 아내는 그의 말대로 준비해서 아히야의 집으로 갔어.

※실로 : 예루살렘 북쪽 30km 지점에 위치한 성읍. 사사 시대 동안 이스라엘의 종교적 중심지였다.

아히야는 나이가 많아 사람을 잘 알아볼 수가 없었지.
에구, 눈이 영… 성경2.0 5권이 나왔다는데!
아히야
그런데 여호와께서 미리 아히야에게 하신 말씀이 있었어.
여로보암의 아내가 변장을 하고 와서 병든 아들에 대해 물을 것이다. 그때 내 말을 전해주어라!
넵!
곧 아히야는 여로보암의 아내가 들어서는 발소리를 들었지.
여로보암의 부인이 변장을 했군요. 들어오세요, 내가 좋지 않은 소식을 전해야겠소.

헉! 어떻게
내가 오는 줄…?
돌아가서 여로보암에게 전하시오.
이스라엘의 하나님 여호와께서 이렇게 말씀하셨소.
여로보암아, 나는 널 높이고 다윗의 나라를 쪼개 내 백성 이스라엘의 지도자로 세웠다! 그런데 넌 내 종 다윗처럼 내 명령을 지키지도, 정직하게 순종하며 살지도 않았다!
심지어 앞선 모든 왕들 가운데 가장 악한 일을 했다. 다른 신과 우상을 만들어 나를 배반한 것이다!
그러므로 내가 네 집안에 재앙을 내려 네 집안의 모든 남자는 종이든, 자유인이든 다 죽이겠다. 마치 쓰레기처럼 남김없이 다 쓸어버리겠다! 그중 성에서 죽은 사람은 개들이, 들에서 죽은 사람은 새들이 먹어치울 것이다!
아히야가 여로보암의 아내에게 말했어…
집으로 돌아가시오. 당신이 성문에 들어설 때 그 아들은 죽을 것이오.
아…!
툭
여호와께서 보시기에 여로보암의 집에서 착한 이는 오직 그 아들뿐이므로 그 아이만 유일하게 무덤에 묻힐 것이오.
흑흑
털썩
여호와께서 이스라엘에 새 왕을 세우실 텐데 그가 여로보암의 집안을 멸망시킬 것이오. 그 일이 곧 일어날 것이오.
그, 그럴 수가…!
여호와께서 이스라엘을 물가의 갈대가 흔들리듯이 칠 것이며,

※물가의 갈대가 흔들리듯 : 국력이 쇠해 약한 갈대처럼 강대국에게 시달릴 것을 의미한다.

그들이 아세라 상을 세워 여호와를 분노케 했으니 조상들에게 주신 이 좋은 땅에서 이스라엘을 뿌리 뽑아 유프라테스 강 저쪽으로 흩어놓을 것이오.

tip 유프라테스 강 저쪽으로 흩어지다

이스라엘 백성이 유프라테스 강 동쪽에 있는 앗시리아에 포로로 끌려가게 될 사건을 예언한 것이다. 이 예언은 북이스라엘 16대 왕 므나헴 때(B.C.748) 앗시리아의 1차 침략 Link 5권 188p 에 이어, 18대 왕 베가 때(B.C.733) 2차 침략 Link 5권 189p 을 통해 부분적으로 이루어졌고, 19대 왕 호세아 때(B.C.722) 3차 침략 Link 5권 197p 으로 이스라엘이 완전 멸망함으로써 완성되었다.

여로보암은 자신뿐 아니라, 이스라엘 백성에게도 죄를 짓게 했으므로 여호와께서 이스라엘 백성도 버리실 것이오!

※아세라 : 남신인 바알과 함께 풍요의 여신. 왕국이 분열된 후 이스라엘이 숭배했던 것으로 보인다.

여로보암의 아내는 일어나서 디르사로 돌아갔지.
쯧쯧…
그녀가 집 안에 들어서자 아들이 죽어있었어!
무, 무슨 일이냐?
와, 왕자님께서…!
백성들이 그의 죽음을 슬퍼하며 그를 묻어주었지. 여호와께서 아히야를 통해 하신 말씀대로 된 거야.
왕자님께서 돌아가셨대!
웅성 흐흑 웅성
흐흑
아직 어리신데…!

※디르사 : 세겜에서 북방 12km 지점에 위치. 여로보암이 이곳으로 수도를 옮긴 때는 알 수 없다.

여로보암의 나머지 행적은 이스라엘 왕들의 역사책에 기록돼 있지.
이거?
아니 그런 거 말고 그 옆에 것.
이스라엘의왕들

※이스라엘 왕들의 역사책 : 이스라엘의 궁중실록으로 현재는 전해지지 않는다.

여로보암이 22년 동안 이스라엘을 다스리고 죽자 그의 아들 나답이 뒤를 이어 왕이 되었어.
아버지, 제가 이스라엘을 잘 다스려보겠습니다.
잘해봐라, 내가 하도 사고를 많이 쳐놔서 잘 될지는 모르겠지만…!
나답

유다 1대 왕 르호보암

솔로몬의 아들 르호보암은 41세에 유다 왕이 되어 예루살렘에서 17년을 다스렸지.
나라가 반으로 쪼개진 것은 아깝지만 어쨌든 왕은 왕이니까!
르호보암

그의 어머니 나아마는 암몬 사람이었어.
어? 어머니, 어디 가세요?
산당에 가서 밀곰님께 제사 드리려고.
나아마

※암몬 : 가나안 동쪽 모압 윗 지역에 위치한 민족으로 오랫동안 이스라엘을 괴롭혔다.
※밀곰(몰렉) : 암몬 사람들이 믿는 신으로 사람을 제물로 바쳤다.

tip 왕들의 어머니

이스라엘과 달리 유다는 새로운 왕이 소개될 때마다 그 어머니의 출생지가 언급되곤 하는데, 이는 왕에게 미친 어머니의 영향력을 강조한 것으로 보인다. 어머니가 이스라엘 출신인 경우 왕은 여호와를 열심히 섬겼지만, 이방인일 경우는 우상숭배 정책을 펼친 경우가 많았다. 따라서 왕과 함께 소개되는 어머니의 출신지는 왕의 종교정책을 알 수 있는 중요한 단서를 제공한다.

르호보암은 예루살렘에 살면서 유다와 베냐민 지역에 있는 성읍을 요새로 만들고 자신의 통치하에 두었지.
적의 침입에 대비해서 베들레헴, 에담, 드고아, 벧술, 소고, 아둘람, 가드, 마레사, 십, 아도라임, 라기스, 아세가, 소라, 아얄론, 헤브론 성을 다 요새화해야겠다.
또 대규모 공사를?!
허걱!
역대하 11장 5~10, 12절
그리고 그곳에 책임자를 두어 양식과 기름, 포도주를 저장했으며, 창과 방패를 두어 성을 강화했어.
역대하 11장 11~12절

왕국이 남·북으로 나뉘자, 이스라엘의 제사장들과 레위 사람들이 자기 땅을 버리고 유다 왕 르호보암에게 왔어.
입국 목적은?
여로보암과 그 패거리들이 여호와를 섬기지 못하게 해서 망명하는 겁니다.
예루살렘 출입국장
예루살렘에 가면 차나 한잔…
역대하 11장 13~14절

여로보암이 따로 제사장을 세우고, 산당에서 자기가 만든 염소 우상과 송아지 우상을 섬기게 했기 때문이야.
금송아지에 절할 수는 없어.
그 따위가 무슨 하나님이라고.
괴상한 염소까지 만들어서 난리군.
웅성
웅성
역대하 11장 15절

※염소 우상 : 이집트의 '판' 신을 가리킨다. 여로보암이 이집트에 망명 생활을 하면서 알게 된 것으로 보인다.

그 외에도 여호와를 섬기려는 사람들이 레위 사람들과 함께 예루살렘으로 왔어.
에잇, 나라 꼬락서니 하고는…!
우리도 여호와께서 계신 곳으로 갑시다.
덜컹
덜컹
역대하 11장 16절

그들이 유다를 강하게 하고 르호보암의 왕권을 튼튼히 해주었지만 그런 기간도 고작 3년뿐. 르호보암은 다윗이나 솔로몬처럼 살지 않았어.
하나님을 잘 섬기니까 나라가 짱짱해지는 거요!
에휴, 그걸 알면서 달랑 3년이냐?
하하하
크하하하
역대하 11장 17절

※이스라엘에서 내려온 신앙 지도자들은 르호보암의 정책을 지지함으로써 3년 동안 유다의 정치, 경제, 종교, 군사적 부흥을 이끌었다.

르호보암의 왕실

르호보암은 마할랏과 결혼해 3명의 아들을 낳았고, 그 뒤 압살롬의 딸 마아가와 결혼해 4명의 아들을 낳았지.

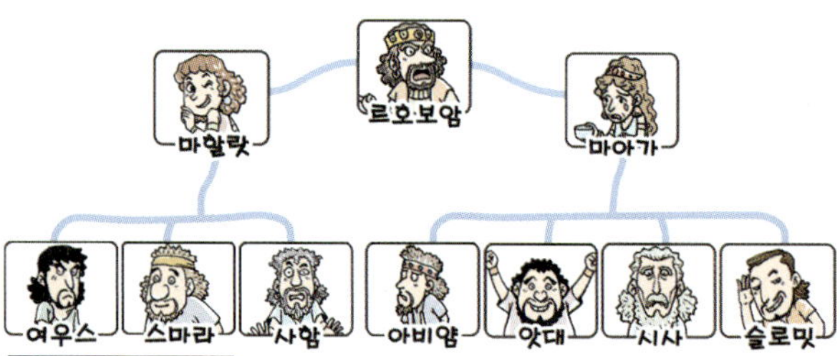
르호보암
마할랏
마아가
여우스
스마랴
사함
아비얌
앗대
시사
슬로밋
역대하 11장 18~20절

르호보암은 아내 18명, 첩 60명에게서 아들 28명, 딸 60명을 낳았는데,
오랜만이네요. 어서 오세요.
아, 뉘신지?
에이, 아빠의 53번 첩이잖아요.
바글
호호호
바글
역대하 11장 21절

※마할랏 : 여리못(다윗의 아들)과 아비하일(다윗의 형 엘리압의 딸) 사이에 난 딸이다.
※마아가 : 성경엔 압살롬의 딸이라고 표기되었지만 실제로는 압살롬의 손녀다.

그중 마아가를 가장 사랑해서 그녀의 아들 아비얌을 왕으로 세우려 했지.
미리 널 후계자로 정했으니 걱정할 것 없다.
아비얌
네! 아버지.
역대하 11장 21~22절

르호보암은 아비얌을 그의 형제들의 우두머리로 삼은 한편, 다른 아들들은 유다와 베냐민의 각 지역으로 보냈어.
네게 반역하는 이가 없도록 한 조치다.
역대하 11장 22~23절

그리고 그들에게 많은 양식과 아내들을 구해주었지.
지내는 데 불만은 없어야 하니까.
오~! 아버지, 지혜 짱!!
역대하 11장 23절

※아비얌 : 아비야라고도 부른다. 병들어 죽은 여로보암의 아들 아비야와는 다른 인물이다.

역대하

왕국의 타락

르호보암은 왕위와 나라가 튼튼해지자 여호와의 율법을 저버렸어.
휘릭
아, 귀찮아! 어차피 나라도 잘 돌아가잖아!
역대하 12장 1절
유다 백성들도 높은 산과 푸른 나무가 있는 곳마다 산당과 우상, 아세라 상을 만들어 세웠지. 산당에는 남자 창기들까지 있었어.
띵가
띵가
우리도 이제 제대로 우상질을 해보자고.
호호호
그럼, 그럼, 왕도 맘대로 하는데 뭐.
하하하
우리는 아세라 여신을 위해 준비된 사람들입니다.

※아세라 : 아세라를 예배하는 데는 성행위가 동반되었기 때문에 아세라를 모시는 산당에는 남자와 여자 창기들이 있었다.

유다 백성은 여호와께서 쫓아내신 이방 민족들의 악한 풍습을 그대로 따라했고, 과거 어떤 죄보다 더 악한 죄를 지어 여호와의 분노를 샀어.
아세라 짱!
하하하
깔깔
호호호

이집트의 왕 시삭의 공격

르호보암이 즉위한 지 5년째 되던 해, 이집트 왕 시삭이 예루살렘으로 쳐들어왔지.
시삭
이스라엘 먹고 냠냠! 아람 먹고 냠냠!

※이집트 왕 시삭이 쳐들어온 것은 유다 백성들이 여호와께 죄를 지었기 때문이다. 역대하 12장 2절 참조.

시삭 왕은 전차 1,200대, 기마병 6만 명과 리비아, 숩, 에티오피아의 수많은 군대를 이끌고 왔지.
물러서지 마라! 이 성을 점령하고 예루살렘까지 꿀꺽하자!
와아아아
역대하 12장 3절
시삭 왕은 유다의 요새들을 점령하고 예루살렘까지 쳐들어왔어.
저기가 예루살렘이다!!
와아아아
역대하 12장 4절
르호보암과 유다 지도자들은 시삭에게 쫓겨 예루살렘에 모여 있었지.
시, 시삭이 코앞까지 왔소!
아이고, 이제 어떡한단 말이오?!
부들
부들
부들
부들
역대하 12장 5절
그때 예언자 스마야가 찾아왔어.
여호와께서 이렇게 말씀하셨습니다.
스마야
우리 주 하나님께서!!
오~
오, 할렐루야!
역대하 12장 5절
너희가 나를 버렸으니 나도 너희를 버려 시삭의 손에 내주겠다!
크악!
쿠궁
컥
역대하 12장 5절

※리비아, 숩, 에티오피아 군대 : 이집트에 고용된 외국인 용병을 가리킨다.

※스마야 : 르호보암 시대에 활약한 예언자로 르호보암의 행적을 기록했다.

열왕기상

그러자 르호보암과 유다의 지도자들이 잘못을 뉘우치며 소리쳤지.
여호와께서는 항상 옳으십니다!
우상을 섬긴 우리가 잘못했어요!
엉엉
흑흑
역대하 12장 6절
그들의 뉘우침을 보시고 여호와께서 스마야에게 말씀하셨어.
저들이 잘못을 뉘우치니 멸망시키지는 않겠지만, 그들은 아주 간신히 구원받을 것이다!
아…!!
역대하 12장 7절
시삭을 통해 내 분노를 다 쏟지는 않겠으나 그들을 시삭의 종이 되게 해 나를 섬기는 것과 세상의 왕을 섬기는 게 어떻게 다른지 알게 할 것이다!
아이고!
흑흑
히잉
역대하 12장 7~8절

시삭 왕은 예루살렘을 공격해 여호와의 성전과 왕궁의 보물을 남김없이 털어갔지. 솔로몬 왕이 만든 금방패도 다 가져갔어.
와~ 대박이다!
완전 보물 많아.
금 방패라니!!
도둑놈들!

tip 솔로몬의 금방패

솔로몬이 부와 명예를 과시하기 위해 만든 큰 방패 200개와 작은 방패 300개 Link 5권 50p 를 가리킨다. 금방패는 유다의 번영을 상징하는 것으로 이를 빼앗겼다는 건 유다의 주권이 이집트에게 넘어갔고 그들에게 조공을 바치는 신세가 됐음을 의미한다.

역대하

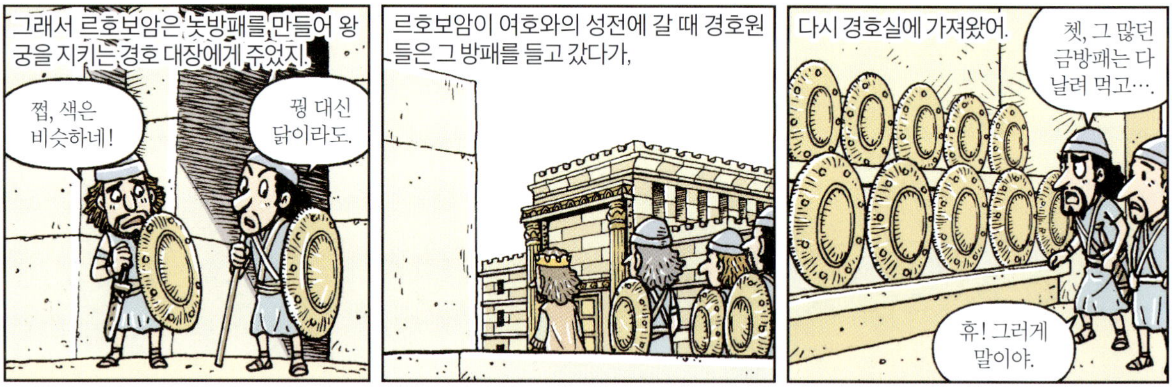
그래서 르호보암은 놋방패를 만들어 왕궁을 지키는 경호 대장에게 주었지.
쩝, 색은 비슷하네!
꿩 대신 닭이라도.
르호보암이 여호와의 성전에 갈 때 경호원들은 그 방패를 들고 갔다가,
다시 경호실에 가져왔어.
쳇, 그 많던 금방패는 다 날려 먹고….
휴! 그러게 말이야.

그때 르호보암의 뉘우침으로 그도, 나라도 구원받았지만 르호보암의 악행은 계속됐어.
눈물 질질 짜면서 빌 때는 언제고!
그러다 또 하나님께서 뿔나시면 어쩝니까?
우림과 둠밈으로 하나님의 뜻을 물어보는 게….
시끄러, 일단 골프나 치고 올 테니 내 침구를 아세라 풀세트로 만들어놔!
역대하 12장 12, 14절
르호보암과 여로보암은 살아있는 동안 늘 전쟁을 했어.
이놈! 같이 죽자!
이놈! 넌 죽고 난 살아야겠다!
씩씩
씩씩

※우림과 둠밈 : 대제사장이 하나님의 뜻을 물을 때 사용하던 제비뽑기 도구. Link 2권 199p

르호보암의 나머지 행적은 모두 유다 왕들의 역사책에 기록돼 있지.
이게 더 괜찮아 보이는데?
유다의 왕들
성경2.0
※유다 왕들의 역사책 : 유다의 궁중실록을 가리킨다.
르호보암은 죽어 예루살렘에 묻히고 그의 아들 아비얌이 왕이 됐어.
아싸! 영리한 우리 아빠 덕분에 드디어 내가 왕이다!
아비얌
※아비얌 : 아비야라고도 부른다. 병들어 죽은 여로보암의 아들 아비야와는 다른 인물이다.
15장 유다 2대 왕 아비얌
이스라엘의 왕 여로보암 제18년, 아비얌이 유다의 왕이 됐어.
하지만 난 예루살렘에서 겨우 3년 동안 유다를 다스리고 그만….
흑 흑
아비얌
뭐가 좋다고 그새 날 따라 오냐?
아비얌의 어머니는 아비살롬(압살롬)의 딸 마아가였지.
아이고 내 팔자야. 서방도 가고 아들 놈도 가고.
우걱 우걱
※압살롬의 딸 마아가 : 마아가는 압살롬의 외손녀다.
아비얌은 다윗과 달리 여호와를 따르지 않고 아버지 르호보암의 죄를 그대로 따라했어.
내 침구도 아세라 풀세트로 해줘.
그, 그건?!
그럼에도 여호와께서는 다윗을 봐서 예루살렘을 살피시고 왕위를 이을 아들을 세워 주셨어.
흠, 누구에게 임금질을 시킬까?
다윗은 여호와 보시기에 정직했고, 우리아의 일 Link 4권 165p 외에는 늘 여호와께 순종했거든.
끙! 그 일은 입이 열 개라도 할 말이 없어.
다윗
남북 전쟁
르호보암처럼 아비얌도 늘 여로보암과 전쟁을 했지.
헉헉! 아들! 이젠 네가 해치워!
이, 이봐! 비겁하게 둘이서?!
아비얌의 정예병 40만 명과 여로보암의 정예병 80만 명이 전쟁터에서 맞섰어.
여로보암과 모든 이스라엘은 내 말을 들어라!
역대하 13장 3절
※이 전쟁에 투입된 남북의 병사는 모두 120만 명으로 다윗이 조사했던 인구 Link 4권 214p 130만 명과 거의 일치한다.
아비얌이 에브라임 산지에 있는 스마라임 산 위에서 소리쳤지.
이스라엘의 하나님 여호와께서 다윗과 영원한 언약 Link 4권 152p 을 세우시고 다윗의 자손을 이스라엘의 왕으로 세우셨음을 잘 알 것이다!
그런데 솔로몬의 신하였던 느밧의 아들 여로보암이 건달과 불량배들과 함께 자기 주인을 배신하고 반역을 도모했다! 그러나 어리고 마음 약한 선왕 르호보암이 그들을 막지 못했다!
저 발칙한 어린놈이!
뭐? 불량배라고?
역대하 13장 4~7절
※스마라임 산 : 정확한 위치는 알 수 없으나 벧엘 근처인 것으로 보인다.

너희는 여로보암이 신이라고 한 금송아지들과 많은 인구를 내세워 감히 다윗의 자손이 다스리는 여호와의 나라에 대적하고 있다! 아론의 자손인 여호와의 제사장과 레위 사람들을 내쫓고, 이방 나라들처럼 마음대로 제사장을 뽑았다! 너희는 누구든지 수송아지 1마리와 숫양 7마리만 바치면, 허수아비 신의 제사장으로 삼는다지?
하하하
호호호
역대하 13장 8~9절
그러나 우리에겐 여호와만이 하나님이시고 우리는 그분을 저버리지 않았다! 제사장은 다 아론의 자손이며 레위 사람들도 맡은 일을 잘하고 있다! 너희는 우리와 달리 여호와의 명령을 어기고 그분을 저버렸다! 그러니!! 하나님은 우리와 함께 계시며 그분이 유다의 우두머리이시다! 그분의 제사장들이 비상 나팔을 불어 너희를 공격하게 할 것이다!
뿌우우~
역대하 13장 10~12절
※비상 나팔 : 제사장들이 전쟁터에서 부르는 나팔은 하나님께서 적을 물리치신다는 약속의 상징이었다.
여로보암은 이미 몰래 매복 부대를 유다 군대 뒤로 보냈어.
빨리, 빨리 움직여라!
역대하 13장 13절
그리고 주력 부대를 유다 군대 앞에 대치하게 했지.
이스라엘 자손아, 너희 조상의 주 여호와와 이길 수 없는 싸움을 하지 말라!
전쟁은 말이 아니라 칼로 한다는 걸 보여주자!!
공격!!
역대하 13장 12~13절
유다 병사들이 둘러보니 여로보암의 군대가 앞뒤 양쪽에서 공격해오는 거야.
뒤, 뒤에도 적이다!!
포위 당했다!!
와아아아
역대하 13장 14절
그들은 여호와께 부르짖었고 제사장들도 나팔을 불었어.
아이고, 하나님, 도와주세요!!
주여!!
뿌우우~
역대하 13장 14절

역대하

유다 병사들이 함성을 지르자, 하나님께서 여로보암과 이스라엘 군대를 치셨어.
와아아
오옷! 여호와께서 우리와 함께 계신다!
두려워하지 마라!
역대하 13장 15절
이스라엘 군대는 패해 도망쳤고 50만 명이 죽임을 당했지. 유다가 승리한 건 그들이 여호와 하나님만을 의지했기 때문이야.
와아아
여호와께 만세!!
역대하 13장 16~18절

※유다 병사들의 함성 : 여호와께 부르짖은 기도를 뜻한다.

아비얌의 군대는 여로보암의 군대를 뒤쫓으면서,
헉
헉 헉
피웅
엄마야!!
역대하 13장 19절
벧엘, 여사나, 에브론 성과 그 주변 마을들을 빼앗았어.
에브라임 산지
이스라엘
여사나
에브론 (오브라)
벧엘
스마라임 산(?)
미스바
기브온
유 다
예루살렘
역대하 13장 19절
여로보암은 아비얌 생전에 회복하지 못했고 결국 하나님께 벌을 받아 죽고 말았지.
난 그만 갈게. 내 관은 아세라 풀세트로….
이그! 인간아, 인간아!
역대하 13장 20절

반면 아비얌은 매우 강해졌지. 그는 14명의 아내와 아들 22명과 딸 16명을 두었어.
역대하 13장 21절
아비얌은 죽어 다윗성에 묻혔고, 그의 나머지 행적은 유다 왕들의 역사책에 기록돼 있지.
성경 2.0
유다의 왕들

tip 아비얌의 일생

열왕기에서는 아비얌을 부정적인 시각으로 보지만 역대기에서는 그렇지 않다. 아비얌과 여로보암의 전쟁을 하나님의 전쟁으로 보고, 금송아지를 섬기던 여로보암과 싸워 이긴 점을 높이 사서 아비얌을 긍정적으로 표현한다. 그가 악한 일을 했음에도 나름 좋게 살 수 있었던 건 하나님이 다윗에게 하신 언약 때문으로 볼 수 있다.

유다 3대 왕 아사

이스라엘의 왕 여로보암 20년, 아사가 유다 왕이 됐지. 그의 할머니는 아비살롬의 딸 마아가야.
전 아버지와 달리 우상을 섬기지 않을 것은 물론이고 우상을 용납하지도 않을 겁니다.
아! 그, 그래?
아사
그는 41년 동안 유다를 다스리며 다윗처럼 여호와께서 보시기에 올바른 삶을 살았어.
이방 제단과 산당을 없애고, 우상을 박살내라!!
사악한 우상을 쳐부숴라!
캉
위이잉

※아사 : 유다에 종교개혁을 가져온 4명의 왕(아사, 여호사밧, 요시야, 히스기야) 가운데 첫 번째다.
※아비살롬(압살롬)의 딸 마아가 : 실제로 마아가는 압살롬의 외손녀다.

아사의 1차 종교개혁

아사는 남자 창기들을 유다 땅에서 쫓아내고 조상들이 만든 모든 우상을 없애버렸지.
우상들의 씨도 남기지 마라!
쾅
악마의 자식들아, 이 땅에서 꺼져라!
후다닥
또 백성들에게 조상들의 주 여호와의 뜻을 찾고 그 율법과 명령을 실천하게 했어.
우리 주 여호와를 따라야 합니다!
와아아
옳소!
여호와 만세!
역대하 14장 4절

※아사는 남자 창기들을 다 쫓아내지 못했다. 남은 창기들은 훗날 그의 아들 여호사밧이 모조리 쫓아낸다. Link 5권 110p

아사가 산당과 우상을 없애버리자 여호와께서 유다 땅에 평화를 주셨지.
딩가~
딩가~
역대하 14장 5절
전쟁이 없자 아사는 유다 땅에 요새들을 짓기 시작했어.
우리가 하나님을 찾으니 주님께서 평안을 주셨습니다! 바로 이때가 전쟁을 대비할 적기이니 어서 성벽을 쌓고, 탑과 성문과 빗장을 만듭시다!
얼마 전 Link 5권 67p 에 이집트 똘마니 시삭이 쳐들어와서 식겁했었지.
역대하 14장 6~7절

아사에겐 유다 병사가 30만 명, 베냐민 병사가 28만 명 있었는데 모두 용감한 군인이었어.
유다의 병사들은 큰 방패와 창으로 무장했어.
베냐민의 병사들은 작은 방패와 활을 가지고 있었지!
역대하 14장 8절

이집트의 침입

※마레사 : 르호보암이 요새화했던 성읍의 하나 Link 5권 65p 로 예루살렘 남서쪽에 위치한다.

어느 날, 에티오피아 사람 세라가 수많은 군대와 전차 300대를 이끌고 마레사까지 쳐들어왔어.
유다를 접수하자!
마레사
두두두두
역대하 14장 9절

※세라 : 이집트의 군사령관으로 에티오피아 사람. 그의 군대는 이집트 사람, 에티오피아 사람, 리비아 용병들로 구성되었다.

그래서 아사도 마레사의 스바다 골짜기에 진을 치고는,
두두두두
적이 어마어마하군.
100만 명쯤 된다는데?
역대하 14장 10절

※베냐민 용사의 수가 28만 명에 달했다는 건 그들이 하나님의 언약에 동참함(다윗의 자손과 함께함)으로 인해 복을 받아 크게 번성했음을 알 수 있다.

하나님 여호와께 부르짖었어.
여호와께서는 숫자의 많고 적음이나 힘의 세고 약함이 문제 되지 않으십니다! 우리가 주님을 의지하고, 주님의 이름으로 싸우려 하니 사람이 주님을 이기지 못하도록 해주십시오!
아멘!!
역대하 14장 11절
그러자 여호와께서 에티오피아 군대를 치시니,
여호와께서 우리와 함께하실 것이다! 공격!!
와아아아
두두두두
역대하 14장 12절
그들이 도망쳤고 유다의 군대는 그랄까지 뒤쫓아갔지.
이스라엘
기브온
예루살렘
가드
블레셋
아스글론
세라의 침입
마레사
가사
헤브론
유다
그랄
역대하 14장 13절
그토록 많던 에티오피아 군대는 여호와와 그의 군대에 패해 한 사람도 살아남지 못했어.
역대하 14장 13절
반면 유다의 군대는 전리품을 두둑이 챙겼지.
오, 신형 스마트폰이다!
제다이의 광선검도 있네.
오~
역대하 14장 13절
여호와께서 그랄 주변의 백성들을 두렵게 하시니, 유다의 군대가 그 모든 성읍을 공격하고 약탈할 수 있었어.
크르르르르
타타타
하나도 남기지 마라!
역대하 14장 14절
그리고 가축 치는 사람들의 장막을 공격해 그들의 양과 낙타를 빼앗아 예루살렘으로 돌아왔지.
부우웅~
어마어마한 대승이다!
전리품 좀 봐!!
역대하 14장 15절
아사의 2차 종교개혁
어느 날, 오뎃의 아들 아사랴에게 하나님의 영이 들어갔어.
스륵~
오잉?
아사랴
역대하 15장 1절
아사랴가 아사를 만나서 말했지.
척!
아사 왕과 유다와 베냐민 백성은 내 말을 들으시오!
역대하 15장 2절
유다와 이스라엘은 오랫동안 참된 하나님 없이 살았소! 가르치는 제사장도, 율법도 없었소!
역대하 15장 3절

※에티오피아 군대 : 이집트, 에티오피아, 리비아 병사들로 구성된 군대이나 세라가 에티오피아 사람이기에 이렇게 칭한 것으로 보인다.

※성경에 언급은 없으나 블레셋의 그랄 사람들은 세라를 지원했던 것으로 보인다.

※가축 치는 사람들 : 이들이 누구인지는 알 수 없다.

※아사랴 : 이때 외에는 특별히 알려진 게 없다.

그때는 나라가 어지러워 마음 편히 다닌 자가 없었고 나라끼리, 성읍끼리 서로 싸웠소! 그건 주께서 온갖 고난과 고통 속에 그들을 내버려두셨기 때문이오!
역대하 15장 5~6절
그러나 그들은 어려울 때면 하나님을 찾으며 돌아왔고 주께서 그들을 만나주셨소! 당신들이 여호와를 떠나지 않으면 그분도 떠나지 않을 것이오! 당신들이 주를 찾으면 주께서 만나주시겠지만 주를 버리면 주께서도 당신들을 버리실 것이오!
역대하 15장 2, 4절

※그때 : 하나님을 버리고 우상을 섬길 때를 말한다.

그러니 낙심하지 말고 힘을 내시오! 당신들이 한 옳은 일에 상이 있을 것이오!
하하! 알겠습니다! 힘이 나네요!
하나님의 격려구나!
역대하 15장 7절

아사는 아사랴의 말을 듣고 용기를 내 유다, 베냐민, 에브라임 산지에서 빼앗은 성들에 있던 우상들을 없애버렸지.
이그! 징한 것들, 끝도 없네!
쾅
크르르릉
역대하 15장 8절
그리고 여호와 성전의 현관 앞에 있는 제단을 고쳤어.
쾅 쾅
만든 지 60년이나 돼서 보수가 필요해.
역대하 15장 8절
재위 15년 3월, 아사는 유다, 베냐민 그리고 함께 살고 있던 에브라임, 므낫세, 시므온 지파의 백성을 모두 불러 모았어.
왕께서 하나님과의 언약을 새로 세운대!
어서 가자!
역대하 15장 9~10절

tip 힘을 내시오

아사랴의 이 말은 종교개혁을 촉구하는 내용으로 우상을 없애라는 경고와 격려의 의미를 지닌다. 전쟁에서 대승을 거두고 돌아온 아사는 아사랴에게 축복 대신 경고의 말을 들었음에도 불구하고 불쾌하게 생각하지 않고 그의 충고대로 2차 종교개혁을 시작하게 된다. 아사랴의 말에 겸손히 귀를 기울이고 그의 말을 충실히 따른 것이다.

※에브라임 산지에서 빼앗은 성들 : 아비야이 여로보암과의 전투 Link 5권 69p 에서 빼앗은 성들 Link 5권 71p 을 말한다.

이때, 여호와께서 아사와 함께하시는 것을 본 많은 이스라엘 백성도 예루살렘에 왔지.
우린 갈릴리에서 소문 듣고 왔소.
이스라엘 사람들이군.
하나님이 아사 왕과 함께 계신다고 하더라고.
역대하 15장 9절
아사와 백성들은 전리품 중에 소 700마리와 양 7천 마리를 제물로 드린 다음 하나님과 언약을 맺었지.
마음을 다하고 정성을 다해 조상의 주 하나님만을 찾겠습니다!
여호와를 따르지 않는 자는 누구든 죽이겠습니다!
역대하 15장 11~13절

역대하

그리고 다 함께 큰 소리로 맹세하고 함성을 지르며 나팔을 불었지.
뿌우우~
와아아
우리 주 여호와여!!
역대하 15장 14절

유다 백성들이 기뻐하며 온 마음을 다해 여호와를 찾겠다고 맹세하자 주께서도 그들을 만나주시고 평화를 주셨어.
와아~
오오~
흑흑
흐흑
역대하 15장 15절

왕실 내부 개혁

아사는 할머니 마아가를 왕실에서 쫓아내고,
할머니를 혐오스러운 아세라 상을 만든 현행범으로 체포합니다!

※마아가 : 압살롬의 외손녀.

우상을 부숴 기드론 골짜기에서 불태웠어.
화르르
손자가 할머니에게 이럴 수가 있나…!

※기드론 골짜기 : 예루살렘 다윗성 동쪽 아래에 위치한다.

여호와를 향한 아사의 마음은 평생 변함이 없었지만 모든 산당을 없애지는 못했어.
덜컹
덜컹
산당 철거반
얼마나 산당이 많은지 끝도 없구나.

※수도에서 멀리 떨어진 지방의 산당까지는 제거하지 못했다.

아사는 자신과 아버지가 준비한 성물인 금, 은, 그릇들을 여호와의 성전에 바쳤지.
여호와께 바치는 성물이다! 조심해서 옮겨라!

tip 성물 (거룩한 물건)

유다의 초대 왕 르호보암은 이집트의 왕 시삭에게 성전과 왕궁의 보물, 솔로몬 왕의 금방패 500개를 빼앗겼다. 따라서 후대 왕으로서는 성전에 보물을 채우는 일이 급선무였던 것으로 보인다. '아버지가 준비한 성물'이란 아비얌이 여로보암과의 전쟁 때 Link 5권 69p 취한 전리품을, 아사 자신이 준비한 성물이란 에티오피아 사람 세라 Link 5권 73p 에게서 빼앗은 전리품을 뜻한다.

이후 유다 왕 아사 25년까지 전쟁이 없었지.
세라 이후 십년 정도 전쟁이 없었군.
후아암
월급 받기도 미안하네.
역대하 15장 19절

※25년 : 역대하 15장 19절의 35년이라는 기록은 잘못된 것이다. 아사 왕 26년에 바아사의 침략이 있었다.

아사 시대의 일들

유다 왕 아사와 이스라엘의 왕 바아사는 늘 전쟁을 했어.
잉? 언제 이스라엘 왕이 바뀌었지?
Link 5권 78p 를 보면 알아!
바아사

아사 26년, 바아사가 유다를 공격하며 라마의 성을 건축했지.
아무도 유다 왕 아사에게 갈 수 없게 여길 막아버려!

※아사 26년 : 역대하 16장 1절의 36년은 잘못된 기록이다. 필사자의 오류로 보인다.

tip 라마

라마는 본래 베냐민 지파의 땅에 속한 성읍으로 예루살렘 북쪽 약 6km 지점의 접경지대에 놓여있는 전략적 요충지이자 남북을 잇는 교통의 맥이었다. 그래서 바아사는 라마의 성을 건축함으로써 유다 정복의 전진 기지로 삼고, 이스라엘 사람들이 종교적·정치적 이유로 유다로 건너가지 못하게 막으려 했던 것이다.

이에 아사는 성전과 왕궁의 창고에 남아있던 모든 금과 은을 꺼내 신하들에게 주고,
흥!! 바아사가 라마에 진을 치는 꼴을 그냥 두고 볼 순 없지.
부르릉

다메섹에 있는 아람 왕 다브림몬의 아들 벤하닷에게 보냈어.
유다에서 선물을 가져왔소!

※아람 : 메소포타미아 북부에 위치한 상업 국가. 아람의 수도가 다메섹이었다.

신하들은 벤하닷 왕에게 아사의 말을 전했지.
나와 그대의 아버지가 동맹을 맺은 것처럼 우리도 동맹을 맺길 원하오. 여기 금과 은을 선물로 보내니 이스라엘의 왕 바아사와 맺은 동맹을 끊고, 그가 우리 땅을 떠나게 해주십시오.
흠~!
유다에서 가져온 보물이 엄청납니다요. 일단 보물은 챙기는 게….
크큭
벤하닷

벤하닷 왕은 아사가 바라는 대로 아람의 군대를 이스라엘로 보냈지.
흐흣! 이게 바로 꿩 먹고 알 먹고, 보물 챙기고 땅 빼앗고!

아람의 군대는 이욘, 단, 아벨벳마아가, 긴네렛, 납달리의 모든 지역을 공격했어.
아람
다메섹
이욘
두로
아벨벳마아가
단
납달리 지역
바산
긴네렛
와아아
꺄아악

※이욘 : 정확한 위치는 알 수 없다.
※아벨벳마아가 : 단의 북동쪽에 위치.
※긴네렛 : 갈릴리 호수의 서쪽 해안 지대에 위치.
※납달리 지역 : 납달리 지파가 받은 땅.

tip 아람과의 동맹

솔로몬과 아람 왕 르손은 적대 관계였다. Link 5권 53p 그런데 유다의 르호보암 왕은 이집트와 북이스라엘을 경계하기 위해 아람과 동맹을 맺고, 그의 뒤를 이은 아비얌도 아람 왕 다브림몬과 동맹을 맺는다. 또 그들의 아들 아사와 벤하닷도 동맹을 맺는다. 벤하닷은 남북으로 분열된 이스라엘과 양다리 외교를 전개했는데 아사에게 선물을 받고는 이스라엘과의 동맹을 끊게 된다.

이 소식을 들은 바아사는 라마 성에서 물러나 디르사로 돌아갔지.
뭐야? 벤하닷이?!
어서 아람을 막아야 합니다.
버럭

※디르사 : 세겜에서 북방으로 12km 지점에 위치. 이스라엘은 세겜, 브누엘을 거쳐 디르사로 수도를 옮겼다.

아사는 유다 백성들을 시켜 바아사가 라마에서 쓰던 돌, 나무를 가져오게 했어.
바아사가 허겁지겁 디르사로 돌아갔다고 합니다.
그래? 그럼 바아사가 미처 챙겨가지 못한 자재를 싹 쓸어오시오.
킥킥

그리고 그것으로 베냐민 땅에 있는 게바와 미스바 성을 고쳤지.
바아사에게 고맙다고 문자나 보내야지.
예쁜 이모티콘도 같이 보내세요.
톡
톡

※게바 : 예루살렘 북쪽 10km 지점에 위치.
※미스바 : 예루살렘 북서쪽 8km 지점에 위치.

그즈음 예언자 하나니가 아사에게 와서 말했어.
오~ 웬일이시오?
왕께서는 예전에…,
씩 씩
하나니
역대하 16장 7절
에티오피아와 리비아 사람들이 강한 군대를 이끌고 왔을 때 Link 5권 72p 여호와를 의지했기 때문에 주께서 유다에게 승리를 주셨습니다.
역대하 16장 8절
모든 땅을 살피시는 여호와께서는 온 힘을 다해 여호와께 매달리는 사람들을 강하게 해주시지요.
와아아아
역대하 16장 9절

※하나니 : 이후에 나올 예언자 예후 Link 5권 79p 의 아버지이다.

그런데 왕은 여호와가 아닌 아람의 왕을 의지했고, 그래서 아람의 군대는 왕의 손에서 벗어났습니다.
움찔
아, 아니 그건 말이네.
역대하 16장 7절

tip 아람의 군대가 왕의 손에서 벗어났다

원래 하나님은 아람의 군대를 아사의 손에 넘겨주려 했으나 이제 그럴 수 없게 되었다는 뜻이다. 더불어 아사와 동맹 관계에 있던 벤하닷 왕도 아사에 의해 멸망시키려 했으나, 아사가 하나님을 의지하지 않고 아람 왕 벤하닷을 의지하자 하나님은 아람의 군대를 남겨두시고 계속해서 유다를 괴롭히게 하신다.

왕의 어리석음 때문에 이제부터 왕은 전쟁에 늘 시달릴 겁니다.
뭐?! 말 다했어? 나하고 한번 해보자는 말이지, 엉?
씩 씩
역대하 16장 9절

아사는 몹시 화를 내며 하나니를 감옥에 가뒀지.
저놈을 당장 감옥에 처넣어라!!
거기 피자 배달되지?
역대하 16장 10절
또 이 일을 반대하던 백성을 학대하기도 했어.
이놈들도 같이 처넣어!
너 실수하는 거야!
역대하 16장 10절

※감옥 : 히브리어로 '뒤틀리게 하는 곳'이란 뜻으로 고문 장소였다.

tip 아사의 교만

아사는 세라와의 전쟁 뒤 예언자 아사랴의 책망을 겸손히 받아들였을 때와는 완전히 사람이 달라졌다. 오랜 평화와 계속된 전쟁의 승리가 그를 교만하게 만들었을 것이다. 예전 같았다면 그는 하나니의 질책을 듣는 순간 잘못을 깨닫고 회개하며 용서를 구했을 것이다. 결국 그는 전쟁에서는 승리하지만 하나님과의 관계에서는 크게 패배하게 된다.

재위 39년, 아사는 발에 아주 심한 병이 났지. 그러나 그는 여호와를 찾지 않고 의사들만 찾았어.
통풍으로 보이는데 이 시대에는 죽을 병인 것 같네요.
아이고~
역대하 16장 12절
그러다 왕이 된 지 41년째에 죽었지.
거봐요. 죽었죠?
흑흑
역대하 16장 13절

※발의 병 : 통풍으로 보인다.

역대하

백성들은 아사가 다윗성에 미리 파둔 무덤에 그를 장사 지냈는데,
아사의 묘
역대하 16장 14절

온갖 향이 가득한 침상에 그를 눕히고…,
역대하 16장 14절

그의 죽음을 애도하기 위해 매우 큰 불을 밝혔어.
흑흑
아사의 묘
역대하 16장 14절

※큰 불 : 매우 큰 향불을 뜻한다.

아사의 나머지 행적은 모두 유다와 이스라엘 왕들의 역사책에 적혀 있지.
유다의왕들
이스라엘의왕들
성경
역대하 16장 11절

※유다와 이스라엘 왕들의 역사책 : 역대기를 쓰면서 저자가 참고한 책으로 오늘날 전해지지 않는 문헌이다.

그리고 아사의 아들 여호사밧이 그 뒤를 이어 왕이 됐어.
이제 네 차례다. 잘해봐라.
여호사밧
그럴게요.

이스라엘 2대 왕 나답

유다 왕 아사 2년, 여로보암의 아들 나답이 왕이 되어 2년 동안 이스라엘을 다스렸어.
헉! 2년 이라니…!
나답

※여호사밧 : 유다에 종교개혁을 가져온 4명의 왕(아사, 여호사밧, 요시야, 히스기야) 가운데 두 번째다.

나답은 여호와께서 보시기에 악했어. 아버지 여로보암이 이스라엘 백성에게 죄를 짓게 한 악한 짓을 그대로 따라했거든.
아버지처럼 내가 직접 제사를 주관해야지.
히히

※악한 짓 : 우상숭배를 말하며 여로보암의 죄는 우상숭배의 대명사로 쓰인다.

나답 왕 2년, 나답과 모든 이스라엘 백성이 블레셋 사람의 마을인 깁브돈을 공격했지.
우리의 땅을 탈환하자!
와아아아

※깁브돈 : 가사에서 서쪽으로 약 5km 지점에 있는 군사적 요충지.

tip 깁브돈

블레셋 평야의 중요한 군사적 요충지로 일찍이 단 지파에게 분배된 땅이며 레위 자손을 위해 바쳐진 성읍이었다. 블레셋은 분열된 이스라엘이 서로 싸우는 틈을 타 힘을 길러 깁브돈을 차지하게 된다. 이에 나답이 깁브돈을 되찾기 위해 병력을 이끌고 출전한 것이다.

그곳에서 잇사갈 지파 아히야의 아들 바아사가 나답을 배신하고 죽였어.
이리하여 내가 왕이 된 거요!
흠! 배신으로 왕위를 찬탈했군.
크크큭
바아사

이스라엘 3대 왕 바아사

유다 왕 아사 3년, 아히야의 아들 바아사가 이스라엘의 왕이 됐지.
내 왕권에 방해가 되는 것은 모두 없애야겠지?
속전속결이 중요합니다!
그럼요.

※아히야 : 예언자인 실로 사람 아히야와는 다른 사람이다.

바아사는 여로보암의 집안사람들을 남김없이 죽였어. 여호와께서 그의 종 실로 사람 아히야를 통해서 하신 말씀 Link 5권 64p 을 그대로 이루신 거지.
꺄악
크악!
타다닥
여로보암과 관련된 사람의 씨를 말려라!

tip 왕이 된 바아사

나답이 깁브돈을 포위 공격할 때 바아사가 모반을 일으켜 그를 살해한 것으로 보아 바아사가 실제적인 군사권을 가지고 있었던 것으로 추정된다.
한편, 아히야의 예언대로 여로보암의 가문이 완전히 멸절됨으로써 이스라엘의 왕권은 정통성과 위엄을 잃게 되며 바아사 이후 평화적 정권 교체를 기대할 수 없게 된다. 이제 이스라엘 왕조가 교체될 때마다 반역이 발발하는 악순환이 계속된다.

여호와께서 이렇게 분노하신 이유는 여로보암이 자기뿐 아니라, 이스라엘의 백성까지도 죄를 짓게 했기 때문이야.
네가 우상숭배의 원흉이야!
이스라엘의 타락은 네게서 시작했어!
씩
씩
씩
힝~
나답의 나머지 행적은 모두 이스라엘 왕들의 역사책에 적혀있어.
고작 2년 만에 죽어서 쓸 것도 없더라고.
끄적
끄적
유다 왕 아사와 이스라엘 왕 바아사 사이에는 전쟁이 끊이질 않았지.
흥! 주인에게 반역해서 왕이 된 놈이군!
뭐야? 어쨌든 왕은 왕이라고!

유다 왕 아사 3년, 이스라엘에서는 아히야의 아들 바아사가 왕이 되어 24년 동안 디르사에서 다스렸지.
어디보자~!
어째 왕의 표정이 불길하지?
그러게.
바아사는 여호와께서 보시기에 악했어. 여로보암이 이스라엘 백성에게 죄를 짓게 한 악한 짓을 그대로 따라했거든.
자, 전통을 이어서 우상들을 숭배하자!
왕만 바뀌었지, 하는 짓은 똑같네.
뭐 어때! 예루살렘까지 안 가도 되잖아!

※디르사 : 세겜에서 북방으로 12km 지점에 위치.
이스라엘은 세겜, 브누엘을 거쳐 디르사로 수도를 옮겼다.

※악한 짓 : 금송아지 우상을 섬기게 하는 죄를 말한다.

16장 바아사에 대한 경고

여호와의 말씀이 하나님의 아들 예후에게 내려왔지.
예후
어? 하나님의 말씀이?!
예후가 바아사에게 가서 말했어.
유다 놈이 여긴 왜 왔냐?
여호와의 말씀을 전하기 위해 이 먼 곳을 왔소!
왕이 하는 짓을 봐서는 좋은 말씀은 아닐텐데.
역시 불길해.
내가 보잘것없던 너를 높여서 내 백성 이스라엘의 왕으로 삼았다!
엥? 내 힘으로 쟁취했는데?
흥! 착각하지 마쇼!

그런데 너는 여로보암처럼 내 백성 이스라엘이 죄를 짓도록 하면서 나를 화나게 했다!
화나셨다고, 왜?
참 나! 그 머리로 어떻게 왕이 됐소?
바아사야, 그러니 내가 너와 네 집안을 멸망시키겠다! 느밧의 아들 여로보암처럼 네 집안사람 중 성에서 죽는 사람은 개들이, 들에서 죽는 사람은 새들이 먹을 것이다!
안됐소.
하나님께서 농담도 잘하시네.

바아사의 나머지 행적은 모두 이스라엘 왕들의 역사책에 적혀있지.
내가 등장하니까 베스트셀러가 될 것 같지 않소?
전혀! 이 책이라면 모를까.
성경
바아사는 죽어 디르사에 묻혔고 그의 아들 엘라가 뒤를 이어 왕이 됐어.
아들, 잘해봐라.
네! 푹 쉬세요. 아버지!
엘라
여호와께서 예언자 예후를 통해 바아사와 그의 집안에 대해 말씀하셨지.
바아사의 집안은 여로보암처럼 여호와 앞에서 악했을 뿐 아니라, 여로보암의 집안을 치기까지 했으니 벌을 받을 거야.
우상숭배의 원흉 여로보암의 집안을 친 게 왜?

※디르사 : 세겜에서 북방으로 12km 지점에 위치. 이스라엘은 세겜, 브누엘을 거쳐 디르사로 수도를 옮겼다.

tip 여로보암의 가문을 친 바아사

바아사는 하나님의 명령에 따라 여로보암의 가문을 친 게 아니었다. 단지 권력에 눈이 멀어 모반을 일으켜 왕위를 찬탈하고 그 일족을 살해했을 뿐이다. 열왕기 저자는 바아사의 우상숭배와 왕위 찬탈뿐 아니라, 자기 욕심 때문에 많은 생명을 해친 죄를 지적하며 이에 하나님이 분노했다고 기록한 것으로 보인다.

이스라엘 4대 왕 엘라

유다 왕 아사 26년, 이스라엘에선 바아사의 아들 엘라가 디르사에서 2년 동안 다스렸어.
휘청
켁! 나, 나도 겨우 2년이라고?
어느 날, 이스라엘 군대가 깁브돈을 공격하려고 성 앞에 진을 치고 있었는데,
엄청 잘 버티네.
24년 전 Link 5권 78p 에 나답 왕도 실패했잖아.

※깁브돈 : 가사에서 서쪽으로 약 5km 지점에 있는 군사적 요충지.

엘라는 디르사 왕궁 관리인 아르사의 집에서 술에 취해 있었지.
전쟁이야 군인들이 하는 거지 뭐.
그럼요.
하하하
아르사
그런데 엘라의 전차 절반을 지휘하는 장군 시므리가 반역을 일으키고,
전쟁 중에 왕이 술이나 마시고 있다니!
허억!
켁!
시므리
뭐, 뭐냐?!
아르사의 집에서 엘라를 죽였어.
너 같은 게 무슨 왕이냐?!
크헉!
촤악
아이고!

유다 왕 아사 27년, 시므리가 엘라의 뒤를 이어 이스라엘의 왕이 됐지.
이제 내가 왕이다!!
덜
덜
이스라엘 5대 왕 시므리
시므리는 곧이어 바아사의 집안을 완전히 멸망시켰어. 여호와께서 예언자 예후를 통해 바아사에게 말씀하신 것이 그대로 이루어진 거야.
바아사 집안사람들을 한 놈도 남김없이 죽여라!!
크악!
퍽
타다닥
이 일은 바아사와 그의 아들 엘라가 저지른 모든 죄 때문에 일어난 거야.
크흑! 나랑 아버지가 무슨 죄를 저질렀다고…!
이게 아직도 정신 못 차리고!
쿡쿡
너랑 네 아버지는 둘이서만 죄를 지은 게 아니라, 우상을 만들어 이스라엘 백성까지 죄를 짓게 했다! 그것이 여호와를 노하시게 한 거라고!
빠각!
쉬익
컥!
엘라의 나머지 행적은 모두 이스라엘 왕들의 역사책에 적혀있어.
체! 고작 2년인데 쓸 게 뭐 있나?
나답
어이! 동지!
시므리는 이스라엘의 왕으로 7일 동안 디르사에서 이스라엘을 다스렸지.
7, 7, 7일?
우리는 2년이니까 장수했네 뭐.
켁!
쪽팔리게 7일이 뭐냐?
킥킥
이때, 블레셋에 속한 깁브돈에 진을 치고 있던 이스라엘 사람들은 시므리가 반역했다는 소식을 들었어.
뭐라고?
시므리가 왕을 죽여?!
그리고 군사령관 오므리를 왕으로 세웠지.
시므리 따위가 감히!
오므리 군사령관을 왕으로 세우자!
오므리
흣! 비상 상황이니 사양하지 않겠소!
오므리는 모든 이스라엘 군대를 이끌고 디르사로 쳐들어갔어.
쿠데타로 빼앗긴 왕권을 탈환하자!!
와아아아
시므리를 잡아라!
젠장, 왕 된 지 달랑 7일인데… 잡히면 죽이겠지?
시므리는 성이 점령되자 왕궁에 불을 질렀지. 그리고 그 불길 속으로 들어가 자기도 타죽었어.
화르르르
비록 7일이지만 나처럼 화끈했던 왕은 다시는 없을 거다!
어이구! 장하다.
진짜 화끈하네!
으아악

시므리는 여호와께서 보시기에 악했고 여로보암이 지은 모든 죄를 그대로 따라했거든.
화르르
엇, 뜨거! 으악! 시므리 살려!!
바보 아냐?

tip 시므리의 죄

7일 동안 통치했기 때문에 시므리가 우상숭배 정책을 펼쳤다고 볼 순 없다. 그럼에도 불구하고 '시므리가 여로보암이 지은 모든 죄를 따라했다'고 기록된 것은 아마도 이전의 그의 행적에 비춰본 것으로 보인다. 주인을 배반하고 왕위를 찬탈한 것 역시 여로보암의 죄와 같은 범주일 것이다.

시므리의 나머지 행적은 모두 이스라엘 왕들의 역사책에 적혀있어.
달랑 7일인데 그래도 왕이라고, 기특한 것들!
크크…

※여로보암이 지은 모든 죄 : 금송아지 우상을 섬기게 한 죄를 말한다.

이스라엘 6대 왕 오므리

이스라엘 백성은 둘로 나뉘었는데, 한 무리는 기낫의 아들 디브니를, 다른 무리는 오므리를 왕으로 삼길 원했어.
반란을 잠재운 오므리가 왕이다!
무슨 소리! 디브니가 왕이다!
정말 해 보자는 거냐?
버럭
씩 씩
씩씩

그런데 오므리를 따르는 사람들이 디브니를 따르는 사람들보다 더 강했지.
와아아
감히 어디 디브니 따위가!
크윽

※디브니 : 이스라엘 백성에게 큰 영향력이 있는 인물로 보이나 그 외에 알려진 것은 없다.

결국, 유다 왕 아사 31년, 오므리가 디브니를 죽이고 이스라엘 왕이 됐어.
이제 내가 왕이다!!
오므리 만세!!
와아 아아
우리 왕 만세!

오므리는 세멜에게서 은 2달란트를 주고 사마리아 산을 사서 그곳에 수도를 건설했어.
여기는 국회를 세우고… 여기는 정부 청사를…
크르릉

그리고 산의 원래 주인인 세멜의 이름을 따서 사마리아라고 불렀지.
참, 왕궁에 세콤 달았어?
이땐 그딴 거 없었으니까 일절만 하시지요.

※은 2달란트 : 약 68.54kg에 해당된다.

오므리는 디르사에서 6년, 사마리아에서 6년, 총 12년 동안 이스라엘을 다스렸는데 여호와 앞에서 이전의 왕들보다 더 악한 짓을 저질렀어.
내 취미가 우상 수집이야. 멋있지 않아?
참 가지가지 한다.

tip 사마리아

오므리는 디르사에서 사마리아로 수도를 옮겼는데 이는 사마리아가 지정학적으로 우수한 요새였기 때문이다. 사면의 경사가 급하며 많은 군사들이 주둔할 수 있는 고지였다. 그래서 북쪽으로는 아람을, 서쪽으로는 앗수르 제국을, 동쪽으로는 시리아를 견제할 수 있었다.

오므리는 여로보암이 지은 모든 죄를 따라 이스라엘 백성에게 죄를 짓게 해 여호와의 분노를 샀어.
자자! 뭐해? 빨리 절해야지!
오므리의 나머지 행적은 모두 이스라엘 왕들의 역사책에 적혀있어.
킥킥! 12년이면 아주 양호하네, 고작 7일을 왕 노릇한 멍청이도 있는데….
그래 너 잘났다!
시므리

오므리는 사마리아에 묻히고 그의 아들 아합이 뒤를 이어 이스라엘의 왕이 되었지.
아버지를 본받아 우상숭배의 극치를 보여줄게요.
어이구! 우리 아들 잘났네.
아합
이스라엘 7대 왕 아합
유다 왕 아사 38년, 이스라엘에선 오므리의 아들 아합이 왕이 되어 사마리아에서 22년 동안 다스렸어.
벌써 7번째잖아! 작작 좀 바꿔라! 정신없다!
독재는 나빠요. 돌아가면서 한 번씩 해먹어야지.
그 역시 여호와께서 보시기에 악했으며 이전의 왕들보다 더 심했지.
참 나! 갈수록 태산일세!

아합은 여로보암의 죄의 전철을 밟았을 뿐 아니라 그보다 더한 죄도 지었지.
기왕 하려면 일등 먹어야지!
후훗
그는 시돈 왕 엣바알의 딸 이세벨과 결혼한 후 사마리아에 바알 신전을 세워 제단을 쌓고 바알을 숭배했어. 아세라 우상도 만들어 섬겼지.
이참에 국교를 바알로 바꿔요.
바알 하나로 되겠소? 우상 경연대회를 열어서 열 개쯤 뽑읍시다.
이세벨
우하하

※시돈 : 페니키아의 주요 도시 국가.
※엣바알 : 바알 신전의 제사장이었으나 왕을 암살한 후 왕이 되었다.

아합은 과거의 어느 왕보다도 여호와를 더욱 노하게 했어.
봤지? 하나님 화나게 하는 데는 내가 최고~!!
경배하라!
여로보암
분하다! 졌다.
시므리
그 무렵 벧엘 사람 히엘이 아합의 명을 받아 여리고 성을 다시 세웠지.
500년 전에 여호와께서 이 성을 다시 세우면 재미없다고 하셨다는데?
지금 하는 말씀도 안 듣는 내가 500년 전 말씀을 들을 것 같소?
푸하하
히엘

※아합은 이세벨이 섬기던 바알을 이스라엘의 공식 종교로 받아들였다.
※벧엘 : 믹마스에서 북서쪽 약 5km 지점에 위치.

히엘은 여리고 성의 기초를 놓다가 맏아들 아비람을, 성문을 달면서 막내아들 스굽을 잃었어.
하나님께서 눈의 아들 여호수아를 통해 하신 말씀이 정말 이루어지다니…!
쩝!
머쓱
우아앙

tip 여리고 성

이곳은 유다와 접경 지역이며, 요단 강을 건너는 통로가 된다. 따라서 아합이 히엘을 시켜 이곳을 재건한 것은 전쟁에서 요단 강을 건널 통로를 확보하고자 함이었을 것이다. 히엘은 이 성을 재건하면서 2명의 아들을 잃었는데, 이는 일찍이 하나님께서 여호수아를 통해 500여 년 전에 하신 말씀 Link 3권 35p 이 이루어진 것이다.

17장 엘리야의 출현

길르앗 땅 디셉 사람 예언자 엘리야가 아합에게 가서 말했지.
넌 누구냐?
나는 이스라엘의 하나님 여호와를 섬기는 사람이오.
엘리야

※디셉 : 정확한 위치는 알 수 없으나 길르앗(요단 강 동쪽 지역) 북쪽으로 추정된다.

여호와의 살아계심을 두고 맹세하는데 내가 다시 명령할 때까지 앞으로 몇 년 동안 비는커녕, 이슬 한 방울도 내리지 않을 것이오.
....

아주 개그를 해라, 개그를!
아이고! 배꼽이야!!
으음…!
푸하하
오바댜
크크크
엘리야
바둥바둥

여호와께서 엘리야에게 말씀하셨어.
동쪽으로 가서 요단 강 동쪽 그릿 시냇가에 숨어서 그 물을 마시고 있어라. 먹을 것은 까마귀들을 시켜 날라주겠다!
휘익
다시 오면 목을 따버린다!
어디서 그딴 사기를 쳐?!

※그릿 시냇가 : 정확한 위치는 알 수 없다.

엘리야는 여호와의 말씀대로 그릿 시냇가에 숨어 지내면서,
휴! 이제야 도착했네.
하아 하아

까마귀들이 아침저녁으로 가져온 빵과 고기를 먹고 시냇물을 마셨어.
오! 내 밥이…
푸드득

그러나 비가 내리지 않자, 얼마 뒤에 시냇물도 말라버렸지.
아! 이제 어떻게 하죠?

여호와께서 말씀하셨어.
시돈 땅 사르밧으로 가서 지내라. 한 과부에게 너를 돌봐주라고 일러두었다!
시돈이면 바알 숭배의 중심지인데….

tip 시돈 땅 사르밧

시돈은 고대 페니키아의 번창했던 상업도시이자 두로와 함께 지중해 연안에서 가장 큰 항구도시였다. 또 이스라엘로 바알 숭배를 끌어들인 왕비 이세벨의 출생지이기도 했다. 그리고 사르밧은 두로와 시돈 사이에 있는 지중해 연안의 작은 마을이었다. 아합이 가뭄을 예언한 엘리야를 잡기 위해 혈안이 돼 있는 이때, 하나님은 오히려 바알 숭배의 중심부에 엘리야를 머물게 한다. 엘리야가 바알 숭배의 본거지인 시돈에 숨었을 거라고 아합은 상상도 못했을 것이다.

엘리야가 사르밧 성문으로 들어설 때 한 과부가 땔감을 줍고 있었지.
흠! 혹시 하나님께서 말씀하신 여인이 저 여인인가?

마실 물을 한 그릇만 떠다주시오, 커피나 콜라도 좋고….
과부가 물을 가지러 갈 때, 엘리야가 또 말했어.
음식도 조금만 주시오. 기왕이면 곱빼기로.
음식을?
과부가 대답했지.
당신의 하나님께서 살아계심을 두고 맹세하지만 전 빵 한 조각도 없어요. 밀가루 조금과 기름 조금뿐이에요.
그러니까 그걸로 만들어주면….

※목마른 나그네에게 물을 제공하는 것은 근동 지역에서 거의 신성한 의무처럼 여겨졌다.

tip 당신의 하나님

일부 학자들은 사르밧 과부가 하나님을 이미 알고 경외했거나, 이스라엘 출신일 것으로 추측하지만 사르밧 과부가 '당신의 하나님'이라고 한 것으로 보아 그건 지나친 추측이다. 지역 신 개념에 익숙했던 사르밧 과부는 이스라엘의 하나님 여호와의 이름을 알고 있었고 엘리야의 용모를 보고 그가 이스라엘 사람이며 여호와 숭배자임을 짐작하고는 자신의 말에 진실성을 부여하기 위해 '여호와'의 이름을 사용한 것으로 보인다.

사실 전 땔감을 주워서 저와 제 아들이 죽기 전에 마지막으로 먹을 음식을 만들려던 참이었습니다.
걱정 말고 집에 가서 방금 말한 대로 음식을 준비하시오!
하지만 음식을 내게 먼저 가져오시오. 당신과 당신 아들이 먹을 음식은 그 다음에 만드시오.
그, 그럼 우리가 먹을 게 없잖아요.

우리 주 여호와께서 이 땅에 비를 내려주실 때까지 항아리의 밀가루가 떨어지지 않을 것이며 병의 기름도 마르지 않을 것이라고 하셨소.
휘익
진짜죠? 만약 그냥 먹고 튀면 재미없어요.
과부는 엘리야가 말한 대로 했지.
어허! 이 아줌마가 속고만 살았나.
세상이 하도 흉흉해서.
그날 이후 여호와께서 엘리야를 통해 말씀하신 대로 되었어.
놀랍네요! 몇 달 동안 먹었는데도 밀가루도, 기름도 그대로 있어요!
하나님이 약속하셨잖소.

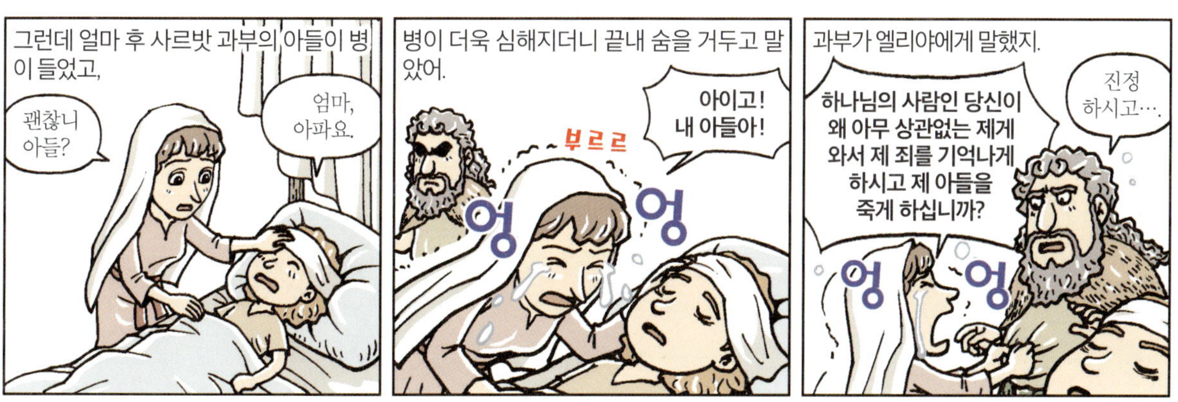
그런데 얼마 후 사르밧 과부의 아들이 병이 들었고,
괜찮니 아들?
엄마, 아파요.
병이 더욱 심해지더니 끝내 숨을 거두고 말았어.
아이고! 내 아들아!
부르르
엉 엉
과부가 엘리야에게 말했지.
하나님의 사람인 당신이 왜 아무 상관없는 제게 와서 제 죄를 기억나게 하시고 제 아들을 죽게 하십니까?
진정하시고….
엉 엉

tip 과부의 잘못된 신앙

과부는 신이 재앙을 주는 존재라고 믿었다. 아들이 죽자 엘리야가 자신의 죄를 깨닫게 했고, 그를 하나님의 재앙을 전달하는 사자로 여겼다. 과부가 아들의 죽음을 자신의 죄와 결부시켜 생각한 것은 당시 사람들이 질병이나 불상사를 죄에 대한 신의 형벌로 생각한 것과 관련이 있다.

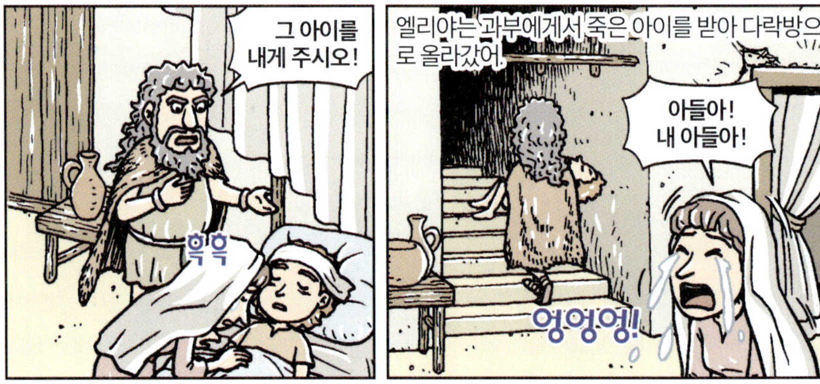
그 아이를 내게 주시오!
흑흑
엘리야는 과부에게서 죽은 아이를 받아 다락방으로 올라갔어.
아들아! 내 아들아!
엉엉엉!

그리고 자기가 머물고 있는 방 침대에 아이를 눕히고 기도한 뒤,
나의 주 여호와여! 어찌하여 제가 머물고 있는 이 집에 재앙을 내려서 이 아들을 죽게 하십니까?
아이의 몸 위에 세 번 엎드리고 다시 기도했지.
주여! 제발 이 아이가 다시 숨 쉴 수 있게 해주십시오!
여호와께서 엘리야의 부르짖는 기도를 들으셔서 아이가 다시 숨을 쉬기 시작했어.
오오! 주, 주여!!
으음…
움찔
엘리야가 아이를 안고 아래층으로 내려와 과부에게 돌려주며 말했지.
보시오, 당신 아들이 살아났소!
아아! 아, 아들아!
당신은 정말 하나님의 사람이군요! 당신의 말씀도 참으로 여호와의 말씀이고요!
헤헤
긁적
주르륵
18장 아합에게 다시 나타난 엘리야
가뭄이 든 지 3년째 되던 해, 여호와께서 엘리야에게 말씀하셨어.
가서 아합을 만나라! 내가 땅 위에 곧 비를 내리겠다!
아… 드디어…!
엘리야는 아합을 만나러 갔지.
어째, 이제 행복 끝 고생 시작일 것 같은….
조심히 가세요!
안녕~!
그 무렵, 사마리아에는 가뭄이 아주 심했어.
재앙이야, 재앙! 도대체 엘리야라는 자는 어디로 사라진 거야?
그래서 아합은 궁내대신인 오바댜를 불렀지.
모든 땅을 뒤져서 샘과 시내를 찾아보시오. 풀을 찾으면 가축들을 살릴 수 있을 거요. 가축들이 죽는 것을 이대로 두고 볼 수만은 없소.
네! 알겠습니다!

※사마리아 : 아합이 있던 이스라엘의 수도.

오바댜는 여호와를 경외하는 사람으로 이세벨이 여호와의 예언자들을 학살할 때,
여호와의 예언자들을 모두 죽여라!
네!!
예언자 100명을 50명씩 동굴에 숨기고 그들에게 빵과 물을 댔던 사람이야.
와! 피자다!
카드 되지?
PIZZA

tip 이세벨이 예언자들을 학살하다

그녀가 예언자들을 죽이려던 이유는
① 엘리야가 바알 숭배에 대해 정면 도전한 것에 대한 보복 조치
② 또는 바알 제사장들이 기근의 원인을 하나님의 예언자들에 대한 바알의 진노로 보고 그들을 모두 죽여야만 바알의 진노가 그쳐 국가적 재난이 끝날 것이라고 충동했기 때문으로 보인다. 한편, 여기서 말하는 예언자들은 예언자를 육성하는 학교의 학생들이었다.

아합과 오바댜는 땅을 둘로 나누고 각자 한쪽씩 자기가 맡은 곳으로 향했지.
난 이쪽으로 가겠소.
그럼 전 이쪽으로 가지요!
오바댜가 길을 가는데, 마침 자신을 만나려고 오던 엘리야를 보게 됐어.
당신은 나의 주 엘리야가 아닙니까?
그렇소, 당신 주인 아합에게 가서 내가 여기 있다고 말하시오.

tip 나의 주 엘리야

히브리인들에게 '주'는 보통 인간의 생사를 주관하시는 하나님을 부를 때 사용하는 호칭이다. 그런데 오바댜가 엘리야를 '주'라 칭한 것은 그가 엘리야를 하나님의 사자로 인식했고, 온 나라의 운명이 그의 손에 달렸음을 알았던 까닭이다.
오바댜는 엘리야가 일전에 아합에게 나타나 가뭄을 선포했을 때 Link 5권 84p 궁내대신으로 아합의 곁에 있었기 때문에 엘리야를 금방 알아볼 수 있었다.

아이고! 제가 무슨 죄를 지었다고 아합에게 죽게 하십니까?
그게 무슨 말이오?
당신의 하나님께서 살아계심을 두고 맹세하지만 아합은 당신을 찾으려고 온 왕국에 사람들을 풀었습니다!
현상수배
엘리야
이 자를 찾는데 결정적인 제보를 한 자에게는 후하게 포상함.
포상 내용 : 신형 4500cc 세단 한 대, 15박16일 해외여행(항공, 숙박권)
흉악범 인가?
인상 참 더럽군.
사람들이 돌아와 당신이 없다고 하면, 아합은 그 나라 왕까지 의심하며 맹세까지 하게 했습니다.
정말 없소! 맹세하오!
거짓말이면 죽는다!
켁!

그런데 지금 저더러 아합에게 가서 당신이 여기 있다고 말하라는 겁니까?
거 참! 말 많네.
제가 여길 떠나면 여호와의 영이 당신을 제가 알지 못하는 곳으로 데려갈 겁니다.
아! 아무데도 안 가고 여기 있을게, 됐지?
제가 아합에게 말하고 그가 여기 와서 당신을 찾지 못한다면 저를 죽일 겁니다.
아무데도 안 간다니까!!
버럭
우아앙~

전 어릴 때부터 여호와를 따랐습니다. 혹시 제가 한 일을 듣지 못하셨습니까?
찌릿
못 들었는데… 뉴스에 나왔소?
이세벨이 여호와의 예언자들을 죽일 때 저는 예언자 100명을 50명씩 동굴에 숨기고 먹을 것과 마실 것을 대주었습니다.
흠! 좋은 일 했네. 근데 그게 뭐?

tip 오바댜의 질문

오바댜가 예언자를 숨겨주고 양식을 공급한 일은 매우 극비리에 진행되었을 것이다. 그러나 그는 하나님의 능력을 입은 엘리야가 자신의 일을 이미 알고 있으리라 믿었던 것 같다. 그가 이처럼 자신의 비밀을 털어놓은 것은 자신의 행동을 자랑하거나 죽음이 두려워서라기보다는 자신이 아합의 신임에서 멀어지게 될 경우 예언자들을 보호하는 일에 악 영향을 끼칠 것을 염려했기 때문이다.

그런데도 당신은 저더러 아합에게 당신이 여기 있다고 말하라는 겁니까?
그건 당신 사정이고 빨리 가서 얘기나 해!
그럼 그는 틀림없이 절 죽인다니까요!
우아앙~
걱정 말게! 내가 섬기는 만군의 주 여호와께서 살아계심으로 맹세하네! 나는 오늘 꼭 아합을 만날 걸세!

엘리야 vs 바알 예언자들

오바댜가 아합에게 가서 엘리야의 일을 말했지.
엘리야가 저기에 있습니다.
정말이냐? 거짓이면 재미없다!
갑자기 어디서 나타났지?

아합이 엘리야를 만나러 갔어.
저놈이냐?
네, 다행히 그대로 있군요.
네가 바로 이스라엘을 괴롭히는 자냐?
뭐?!
이스라엘을 괴롭히는 건 내가 아니라 왕과 왕의 집안이오! 왕은 여호와의 계명을 버리고 바알을 따랐소!
뭐? 말 다했냐? 엉?!
스윽

닥치고! 이스라엘의 모든 백성을 갈멜 산에 모으고 이세벨에게서 녹을 먹는 바알의 예언자 450명과 아세라의 예언자 400명도 데려오시오!
어쭈? 명령이냐?
아이고! 그러다 가뭄이 계속되면 우린 죽습니다요.
아합은 모든 이스라엘의 백성과 그 예언자들을 갈멜 산으로 불러 모았지.
왕이 모이래.
에이! 내일까지 리포트 써내야 하는데.
웅성
웅성

※갈멜 산 : 히브리어로 '포도밭'을 의미한다. 므깃도 서쪽 지중해와 인접한 아주 넓은 지역을 가리키며 가장 높은 곳은 해발 600m에 이른다.

엘리야가 백성 앞에 서서 말했어.
여러분은 언제까지 여호와와 바알 사이에서 주저하며 양다리를 걸치고 있을 겁니까? 누가 여러분의 하나님인지 한쪽을 선택해서 따르시오!
그러나 백성들은 한마디도 대답하지 못했지.
조~용
쩝!
그러자 다시 엘리야가 말했어.
여호와의 예언자라고는 나만 홀로 남았소! 반면 바알의 예언자들은 450명이나 있소!
그런데 뭐?
부럽냐?
소 2마리를 가져와서 바알의 예언자들이 한 마리를 골라 여러 조각으로 나누고 불 피우지 않은 장작 위에 올려놓으시오.
나도 나머지 소 한 마리를 잡아서 불 피우지 않은 장작 위에 올려놓겠소.
당신들은 바알 신에게 기도하시오! 난 여호와께 기도하겠소! 그때 불을 내려주시는 신이 바로 하나님이시오!
어떤 신이 진짜인지 알 수 있겠군.
오오~
와아아
엘리야가 바알 예언자들에게 말했어.
당신들 수가 많으니 먼저 기도하시오. 그러나 불을 피우진 마시오.
좋다, 그렇게 하지!
각오해라!
그들은 소 한 마리를 잡아 아침부터 한낮이 될 때까지 바알에게 기도했지.
바알이여, 우리의 기도를 들어주십시오!
바알이여~!!
그러나 응답은 고사하고 아무 소리도 없었어.
삐질
그러자 그들은 제단 주위를 돌며 춤을 추었지.
우오~! 바알이여!
응답하소서!
아바바바~~

한낮이 되자, 엘리야가 그들을 조롱하며 말했어.
히히히
바알은 신이니까 바쁜 일이 있거나 똥을 싸고 있거나, 아니면 멀리 출장을 갔을지 모르오!
?!
어쩌면 퍼질러 자고 있는지도 모르니 깨우려면 더 크게 고함쳐야겠소?
윽, 저놈이!
지금 비웃는 거 맞지?
푸하하하
씩 씩
그들은 더 크게 소리쳤고 관습대로 칼과 창으로 몸을 찔러 피를 내기도 했지.
바알이여, 오소서!!
불을 주소서!!
크악
크윽!

저녁 제사를 드릴 시간까지 바알의 예언자들은 계속 미친 듯이 날뛰었어.
바아알이여~!
크오오오~
하지만 어떤 소리도,
후아~암
어떤 응답도,
하아
헉 헉
헥 헥
헥 헥

※저녁 제사 : 곡식을 드리는 제사인 소제를 말하며 오후 3시경에 해당한다.

어떤 움직임도 없었지.
씩 씩
부르르
헥 헥
헥 헥
이제 모두들 이리 가까이 오시오!
엘리야는 뭘 좀 보여주려나?
아무튼 바알은 엉터리가 분명해.
백성들이 모여들자 엘리야는 무너진 여호와의 제단을 고쳐 쌓았어.
에휴! 망가진 것 좀 봐라.

여호와께서 이스라엘이라고 이름을 고쳐 준 야곱 Link 1권 119p 아들들의 지파 수만큼 돌 12개로 제단을 쌓고,
영차!

tip 무너진 제단과 12개의 돌

갈멜 산에는 여호와의 단이 세워져 있었지만 아합과 이세벨이 여호와를 탄압하고 바알을 숭배하며 무너졌던 것 같다. 이 제단을 다시 쌓는 것은 이스라엘에 하나님을 회복시킨다는 상징적 의미가 있다. 12개의 돌을 쌓은 것은 이스라엘이 비록 남북으로 분열돼 있지만 북이스라엘은 여전히 하나님의 백성임을 말하려는 상징으로 보인다.

제단 둘레에는 2세아 정도의 곡식이 들어갈 넓이로 도랑을 팠지.

※2세아 : 약 15.2리터에 해당한다.

그리고 제단 장작 위에 조각난 소를 올려놓았어.
항아리 4개에 물을 가득 채워 제물과 장작 위에 부으시오!
어? 물을?
그럼 불이 붙으려나?
백성들이 항아리에 담은 물을 제단에 붓자 엘리야가 말했어.
두 번 더 부으시오!
물 때문이라는 핑계거리를 만들려고?
쏴아아
그렇게 세 번 부으니 제단의 물이 넘쳐 도랑을 가득 채웠지.
이렇게 물이 흥건해서야!
아주 가지가지 하네!
주르륵
저녁 제사를 드릴 때가 되자 엘리야가 제단 앞에 서서 기도했어.
아브라함과 이삭과 이스라엘의 하나님!
드디어!
과연…?
하나님! 제가 주님의 종이며 제가 오직 주님의 말씀대로 이 모든 일을 하고 있다는 것을 저들이 알게 해주십시오!
응답해주십시오! 이 백성들이 주께서 참 하나님이시며 주님이야말로 이들의 마음을 되돌리게 하시는 분임을 알게 하소서!
엇?!
응?!
그러자 하늘에서 여호와의 불이 떨어졌어. 그 불은 제물과 장작, 돌과 흙을 태우고 도랑 안의 물을 모두 말려버렸어.
화아아악
헉!
엄마야!!
와아!
우아악
크악
끄아악

모든 백성이 이것을 보고 엎드려 소리쳤지.
여호와가 하나님이시다!
진짜 하나님은 여호와시다!
크아악!
세상에, 진짜 이런 일이…!
바알 예언자들을 한 명도 놓치지 마라!
오오, 맙소사!!
후다닥
백성들이 그들을 사로잡았고,
이 사기꾼 놈들!!
잡아라!!
우와아
우아앙! 살려줘요!

엘리야는 그들을 기손 강가로 끌고 가서 모두 죽였지.
크윽!
엘리야가 아합에게 말했어.
이제 가서 먹고 마십시오. 곧 큰 비가 올 것이오.
저, 정말이오?
와아아
부들 부들
직접 보고도 믿기지가 않아.
하나님은 정말 계시네요.
백성들은 다 돌아갔습니다.

※기손 강가 : 갈멜 산의 북쪽 에스드렐론 평원을 거쳐 지중해로 37km 정도 흘러들어가는 강.

※먹고 마십시오 : 가져온 음식을 먹으라는 뜻. 갈멜 산의 대결을 보느라 점심을 먹지 못한 것으로 보인다.

엘리야는 갈멜 산 꼭대기에서 몸을 굽혀 기도했어.
비가 언제… 오려나?
엘리야가 자기 종에게 말했지.
올라가서 바다 쪽을 살펴보아라!
넵!
종이 아무것도 안 보인다고 하자 엘리야는 일곱 번을 더 다녀오게 했어.
다시 한 번 더 갔다오너라.
헥 헥
아이고, 나한테 무슨 감정 있으시나?

※바다 쪽 : 갈멜 산은 지중해 연안에 위치했기 때문에 산 위에 오르면 지중해를 내려다볼 수 있다.

일곱 번째 다녀온 종이 말했어.
사람 손바닥만한 작은 구름이 바다에서 올라오고 있습니다.
그래? 그럼 아합에게 내 말을 전해라!
엘리야께서 비가 와서 길이 막히기 전에 당장 전차를 타고 내려가라고 하셨습니다.
오오! 드디어 비가?!
빨리 가시죠.
그러는 동안 하늘은 먹구름으로 캄캄해졌고 바람이 불더니,
오오~!
보십시오! 하늘에 먹구름이!!
큰비가 오면 갈멜 산 아래의 기손 강이 범람해서 길이 막힐 겁니다.

큰비가 퍼부었고, 아합은 마차를 타고 이스르엘로 갔지.
쏴아아
비다! 드디어 비가 오는 구나!!
감사합니다! 하나님!!
촤악

여호와께서 함께하셨던 엘리야는 허리를 동여매고 아합을 앞질러 이스르엘로 달려갔어.
헉! 저, 저게?!
쏴아아
영화에서나 보던 장면이?!
파바바박

다, 다들 어디 갔지?

※이스르엘 : 아합의 별궁이 있던 곳으로 나사렛 남쪽 약 16km 지점에 위치.

19장 시내 산에서 하나님을 만나는 엘리야

아합은 이세벨에게 엘리야가 한 모든 일과 그가 바알의 예언자들을 죽인 사실을 말해주었어.
완전 스펙터클했다고!
씩
씩
뭐라고요?! 바알 예언자들이 다 죽었다고요?!

그러자 이세벨이 엘리야에게 사람을 보냈지.
당신은 왕비님한테 제대로 찍혔소!!
네가 바알 예언자들을 죽였으니 나도 너를 죽이겠다! 내가 내일 이맘때까지 너를 죽이지 못한다면, 신들이 무서운 벌을 내려도 좋다!
헉! 날 죽인다고?

엘리야는 그 말을 듣고 두려워서 도망쳤어.
제길, 뭔가 변할 줄 알았더니 오히려 협박이냐?
어? 어디 가세요?
허겁
지겁

tip 두려움에 도망치는 엘리야

엘리야는 갈멜 산에서의 승리의 여세를 몰아 이스라엘에서 우상숭배를 완전히 제거하고 여호와 신앙을 재건할 수 있을 것이라는 벅찬 기대감이 있었을 것이다. 그러나 기대와는 달리 이세벨의 경고를 듣는 순간 아합의 힘이 미치지 못하는 유다 지역으로 도피했고, 심한 좌절과 허탈감 속에서 죽음을 걱정하는 처지가 되고 만다.

엘리야는 자기 종을 유다 땅 브엘세바에 남겨두었지.
너는 여기 있어라. 나는 광야로 간다.
또 절 버리시는군요.
훌쩍

※브엘세바 : 이스르엘부터 남쪽으로 약 142km 떨어진 유다 왕국의 남방 접경 지대에 위치한다.

엘리야는 온종일 광야로 걸어갔어.
너무 더워.
헉
헉

그러다가 한 로뎀나무 밑에서 하나님께 죽여 달라고 기도했지.
여호와여, 이제는 더 이상 할 수 없습니다. 제 목숨을 거둬주십시오.
저는 제 조상보다 조금도 나을 게 없습니다.

그리고 누워 잠이 들었는데 그때 한 천사가 엘리야를 깨우며 말했지.
일어나 먹어라.
아웅~! 누구?

엘리야가 깨어보니 갓 구워낸 과자와 물 한 병이 머리맡에 있었어.
생수
벌떡
엥? 웬 먹을 것이?
그는 먹고 마신 뒤 다시 잠이 들었지.
여호와의 천사가 다시 나타나 그를 깨우며 말했어.
일어나 먹어라. 갈 길이 아직도 멀었다.
응? 응?
그래서 엘리야는 일어나 먹고 마셨지.
거 참! 이런 광야에서 도대체 누가?
두리번
두리번
그렇게 힘을 얻은 엘리야는 40일 밤낮을 걸어 하나님의 산인 시내 산(호렙 산)으로 갔어.
엘리야는 그곳의 한 동굴 속에서 밤을 지냈는데 그때 여호와께서 말씀하셨어.
엘리야야, 너는 여기서 무엇을 하고 있느냐?!
?!
엘리야가 대답했지.
저는 온 힘을 다해 만군의 주 하나님만을 섬겼습니다. 그러나 이스라엘 백성은 주님과 맺은 언약을 버리고 주님의 제단을 헐었으며, 주님의 예언자들을 칼로 죽였습니다. 이제는 저마저 죽이려 합니다.
여호와께서 엘리야에게 말씀하셨지.
너는 나가서 산 위, 내 앞에 서 있어라. 내가 네 앞을 지나가겠다!
네?
그때 강한 바람이 불어와 산을 쪼개고 바위를 부수었으나 그 바람 속에 여호와는 계시지 않았어.
콰콰콰쾅
헉!!
지진이 일어났는데 그 속에도 여호와는 계시지 않았어.
콰콰콰콰
으악!! 이, 이게 무슨 난리냐!!
그리고 불이 났지만 거기에도 여호와는 계시지 않았지.
화르르륵
꽤애액!
그런 후, 부드러운 목소리가 조용히 들려왔어. 엘리야는 겉옷으로 얼굴을 가리고 동굴 입구에 섰어.
쿨럭 쿨럭
밖에서 무슨 소리지?

※시내 산 : 모세가 십계명을 받았던 산 Link 2권 71p 으로 호렙 산이라고도 불렸다.

※겉옷으로 얼굴을 가리다 : 하나님의 얼굴을 보면 죽을 것이란 생각에서 한 행동이다.

그러자 어떤 소리가 들려왔지.
엘리야야, 너는 여기서 무엇을 하고 있느냐?!
넙죽
아, 주님!!
저는 온 힘을 다해 만군의 주 하나님만을 섬겼습니다. 그러나 이스라엘 백성은 주님과 맺은 언약을 버리고, 주님의 제단을 헐었으며, 주님의 예언자들을 칼로 죽였습니다. 이제는 저마저 죽이려 합니다.
끌끌! 날 보고서도 여전히 징징거리는구나!

tip 하나님이 임재하신 방법

하나님은 바람과 불, 지진을 일으켰지만 그 모든 것이 지난 후 세미한 음성으로 나타나셨다. 엘리야는 비를 내리게 하는 기적을 일으켰지만 사람들의 악한 마음을 변화시키지는 못했다. 사람을 변화시키는 것은 불이나 지진 같은 기적이 아닌 바로 하나님의 말씀임을 가르쳐주는 대목이다. 하나님의 반복된 질문에 같은 대답을 한 것은 여전히 변화되지 않은 엘리야를 보여준다.

여호와께서 엘리야에게 말씀하셨어.
네가 왔던 광야 길을 따라 다메섹으로 가서 하사엘에게 기름을 부어 아람 왕으로 세워라!
님시의 아들 예후에게도 기름을 부어 이스라엘의 왕으로 세워라!
그리고 아벨므홀라 사람 사밧의 아들 엘리사에게 기름을 부어 네 뒤를 이을 예언자로 세워라!
기호1 하사엘
기호2 예후
기호3 엘리사
기름 값 많이 들겠네.
하사엘의 칼을 피해 도망치는 자는 예후가 죽일 것이며, 예후의 칼을 피해 도망치는 자는 엘리사가 죽일 것이다!
우리가 누굴 죽일까요?

※다메섹 : 아람의 수도. ※예후 : 앞서 등장 Link 5권 79p 한 예언자 예후와는 다른 인물로 이스라엘의 장군이다. ※아벨므홀라 : 정확한 위치는 알 수 없다.

tip 하사엘, 예후, 엘리사

아람 왕 하사엘과 이스라엘 왕 예후는 서로 적대 관계이고, 엘리사는 이스라엘의 예언자이다. 이처럼 세 사람은 이해관계가 다르고 연합할 수 없는 성격들이다. 그럼에도 불구하고 이들이 같은 목적을 위해 일하는 것처럼 묘사된 것은 이들이 하나님의 도구로서 우상숭배하는 이스라엘을 심판하는 데 사용됨을 의미한다.

하지만 한 번도 바알에게 절하거나 입을 맞추지 않은 7천 명은 이스라엘에 남겨둘 것이다!
크흐흑!
그래도 7천 명은 남는군요.

엘리사의 등장

엘리야가 사밧의 아들 엘리사를 찾아갔어.
요것이 어디에 있을까?

엘리사는 밭을 갈고 있었는데 열두 쌍의 소 가운데 열두 번째 소 두 마리가 끄는 쟁기를 몰고 있었어.
이름표를 보니 쟤가 엘리사군!
엘리사
엘리야는 엘리사 곁을 지나가면서 입고 있던 겉옷을 던졌어.
휙
뭐야?

※예언자들의 겉옷은 예언자 직을 표시하는 상징이다. 따라서 엘리야가 겉옷을 엘리사에게 던진 건 그를 후계자로 지명한다는 의미다.

그러자 엘리사가 엘리야에게 말했지.
부모님께 작별 인사를 하고 당신을 따라가겠습니다.
다녀와라, 말리지 않겠다!

집으로 간 엘리사는 소를 잡고 소가 메던 멍에로 불을 지펴 고기를 삶은 뒤 사람들에게 주었어.
취직했다고 한턱내는 거냐?
네! 예언자로 취직했어요.
누가 널 데려가는지 고생 좀 하겠구나.
소도 잡아먹었으니 해고되면 할 게 없다. 꼭 붙어있어라.

그런 후 엘리야를 따라가 그의 제자가 되었지.
용돈 기대할게. 계좌번호 알지?

20장 아람이 이스라엘을 공격함

아람 왕 벤하닷이 모든 군대를 모았어. 그러자 32명의 왕이 기마병과 전차를 이끌고 모여들었지.
벤하닷 Link 5권 76p 의 아들인 나 벤하닷 2세를 따르시오!
와아
벤하닷

※아람 : 메소포타미아 북부에서 시리아에 이르는 지역. 고대 오리엔트 무역을 좌우하는 상업 도시국가이다.

tip 32명의 왕

아람에 속한 소규모 도시국가의 군주들을 가리킨다. 당시 아람은 통일된 제국이 아니라 여러 개의 소규모 도시국가로 구성돼 있었다. 그러던 중 다메섹의 벤하닷 왕이 그들 가운데서 주도권을 잡자 이들 소도시의 군주들은 벤하닷 왕과 주종 관계를 맺고 평상시에는 그들의 한정된 지역을 다스리며 조세를 바치고 전시에는 군사를 파병했다. 따라서 32명의 왕들은 벤하닷 왕과 동등한 위치에 있지 않고, 지방 영주 위치에 가까웠다.
한편 벤하닷 왕이 이스라엘을 침입한 목적은, 이스라엘의 왕 아합이 북으로는 시돈, 남으로는 유다와 동맹을 맺고 요단 동편의 옥토를 장악하려는 등 국토 팽창을 꾀하자 이를 미리 차단함은 물론 이스라엘을 종주국으로 삼아 근동 지역의 주도권을 잡고자 한 것이다.

벤하닷 왕은 사마리아로 가서 성을 포위하고 공격했어.
사마리아 성을 함락하라!!
공격하라!!
와아아

※사마리아 : 예루살렘 북쪽 56km 지점에 위치. 이스라엘의 수도였다.

벤하닷 왕이 성 안에 있는 아합에게 사자를 보냈지.
나의 왕께서 이렇게 말씀하셨소.
너의 은과 금뿐만 아니라 아름다운 아내들과 자녀들도 모두 내 것이다!
켁!
아합이 벤하닷 왕에게 대답을 하자,
아합이 이렇게 말했습니다.
내 주 왕이시여! 왕의 말씀대로 저와 제 모든 것이 다 왕의 것입니다.
헤헤
킥킥
분위기 파악할 줄 아는군.
벤하닷은 다시 아합에게 사자를 보냈어.
나의 왕께서 이렇게 말씀하셨소.
네 모든 것이 내 것이라 했으니 내일 이맘때 내 신하들이 네 집과 네 신하들의 집을 뒤져 마음에 드는 걸 다 가져갈 것이다.
크하하
헐! 완전 웃긴 놈일세.

※아합은 최대한 벤하닷 왕과 화친하려 했던 것으로 보인다.

아합이 모든 장로를 모아 놓고 말했어.
벤하닷은 나쁜 놈이오. 그자가 왕비들과 자녀들은 물론, 은과 금까지 요구하는데 어찌해야겠소?
수군 수군
그러자 장로들과 모든 백성이 말했지.
그의 말을 무시하십시오.
들어주지 마십시오.
어림 없습니다.
아합이 벤하닷 왕의 사자에게 말했어.
첫 번째 요구는 들어주겠지만, 두 번째 요구는 어림없다고 하시오.
음! 우리 왕은 뒤끝이 질긴데….

※모든 백성 : 이스라엘 백성 모두가 아니라 비상시국에 구성된 대책위원들로 보인다.

※첫 번째 요구는 금과 은이고, 두 번째 요구는 아내들과 자녀들을 말한다.

사자의 말을 들은 벤하닷 왕이 다시 아합에게 사람들을 보냈어.
사마리아 성을 잿더미로 만들고 깨진 조각 하나도 남기지 않겠다!
만약 내 병사들이 깨진 조각 하나라도 주우면, 신들이 내게 무서운 벌을 내려도 좋다!
자~알 해보슈!
메~롱
왕에게 진정한 군인은 갑옷을 입을 때가 아니라 벗을 때 자랑하는 법이라고 전해라.
알겠습니다.
근데 아합 말은 무슨 뜻이오?
헛소리 말고 전쟁이나 끝내고 큰소리치라는 거야. 히브리 속담이지.
우리 왕이 뒤집어지겠군!

벤하닷 왕은 장막에서 다른 왕들과 술을 마시고 있었는데,
아합이 이렇게 말했습니다.
이, 이놈이 감히!!
메~롱
사자의 말을 듣고 사마리아 성을 공격할 준비를 갖추게 했어.
당장 사마리아를 쓸어버리겠다! 공격준비를 해라!!
그때 한 예언자가 아합에게 와서 말했지.
여호와의 말씀이오!
내가 오늘 저 큰 군대를 네 손에 넘겨줄 것이다. 그럼 너는 내가 여호와인 줄을 알게 될 것이다!
오! 그래요??

※예언자 : 정확히 누구인지 알 수 없다.

아! 그런데 누굴 앞장세울까요?
여호와께서 지방 장관들의 젊은 장교들을 앞세우라고 하셨소.
총지휘는 누가 해요?
왕이 해야지요!
흥, 별 꼴이야.

※젊은 장교 : 장관들이 거느리고 다니던 호위병이나 무기를 든 청년들을 말한다.

tip 아합의 태도

얼핏 보면 아합은 하나님의 지시대로 전쟁을 수행하기 위해 예언자에게 일일이 묻는 것으로 보인다. 그러나 속마음은 자신이 직접 전투를 지휘하고 싶지 않았던 것 같다. 그의 이런 태도는 그의 유약함을 말해주기도 하지만 근본적으로 하나님을 신뢰하지 못했음을 말해준다.

아합이 보니 각 지방 장관들의 젊은 장교는 232명이었고 이스라엘 군대는 모두 7천 명이었지.
에구, 병력이 겨우 이거냐? 적은 10만이나 되는데.
정오가 되자 이스라엘이 공격을 위해 나왔어.
조용히, 빨리!!
이 기습에 우리의 존망이 달렸다!
우르르르

※이스라엘 병력이 겨우 7천 명이라는 것은 아합의 유약한 통치하에서 이스라엘의 질서가 완전히 무너졌음을 뜻한다.

※근동 지역은 무더운 날씨로 인해 보통 점심에는 휴식과 수면을 취한다. 선발대가 이 때를 틈타 기습한 것이다.

그때 벤하닷 왕과 32명의 왕은 술에 취해 장막 안에 있었지.
니나노~
하하하~
이스라엘 젊은 장교들이 먼저 공격을 시작하자,
병력이 얼마 안 되는데?
뭐하려는 거지?
이를 본 정찰병이 벤하닷 왕에게 보고했어.
사마리아 성에서 적의 병사들이 나오고 있습니다.
딸꾹
어? 그래?
협상하러 나왔든, 싸우러 나왔든 그들을 무조건 사로잡아라!
파리채로 잡으면 될 거야.
네!
딸꾹
푸하하하
그러나 이미 이스라엘의 젊은 장교들과 군사들이 벤하닷의 병사들을 닥치는 대로 죽이고 있었지.
기, 기습이다!
와아아아
으악
오침시간이야! 잠 좀 자자!!
크으윽
아람의 군대는 도망쳤고 이스라엘의 군대가 그 뒤를 쫓았어. 벤하닷도 기마병들과 함께 말을 타고 도망쳤어.
와아아아
아이고, 사람 살려!!
튀어!!
두두두두
결국 이스라엘은 아람 군대를 크게 무찔렀지.
이겼다!
와아아아

예언자가 아합에게 말했어.
아람의 왕은 내년 봄에 다시 쳐들어올 겁니다. 그동안 힘을 키우고 계획을 세우셔야 합니다.
알겠소!!
불끈

아람 왕 벤하닷의 신하들이 말했지.
이스라엘의 신은 산의 신! 우리가 산에서 싸웠기 때문에 졌습니다!
맞습니다! 평지에서 싸우면 반드시 우리가 이길 겁니다!
허접한 이스라엘에 본때를 보여줍시다!
부글
부글

※산의 신 : 제단이 주로 산에 있었기 때문에 아람 사람들은 이스라엘의 신을 산의 신이라 불렀다.

그리고 32명의 왕들을 물러나게 하시고 그 자리에 군사령관들을 임명하십시오!
뭐? 우릴 물러나게 해?
어이! 입 다물어!

tip 군대 개편

32명의 왕을 물러나게 하는 것은 군 개편을 위해 필요한 일이었다. 사실, 아람 연합군은 32명 왕들의 엇갈린 이해관계와 통합된 지휘체계의 부재로 일사불란하게 움직일 수 없었다. 따라서 신하들은 32명의 왕들의 임무를 해제하는 대신 벤하닷 왕 직속의 군사령관들을 임명함으로써 군 지휘체계를 단일화하고 효율성을 높이라고 조언하는 것이다.

전투에서 잃은 군사와 기마병, 전차도 보충해야 합니다!
그리하여 평지에서 싸우면 반드시 우리가 이길 겁니다!
맞습니다! 복수해야 합니다!

벤하닷 왕은 신하들의 말을 듣고 그대로 했지.
좋다! 그리하자!!
그럼 우린 해고?
헉! 정말요?
퇴직금으로 치킨집이나 할까?

이듬해 봄, 벤하닷 왕이 군대를 모은 후 이스라엘과 싸우기 위해 아벡으로 갔지.
이번에야말로 이스라엘을 통째로 뜯어 먹자!
통쾌한 복수로 아람의 무서움을 보여주자고!
두 두 두 두

※아벡 : 정확한 위치는 알 수 없으나 갈릴리 바다 동편 다메섹과 벧산의 도로변에 위치한 성읍으로 보인다.

이스라엘도 군대를 모으고 아람 군대 앞에 진을 쳤어.
아벡 성
저놈들, 바글바글 엄청 몰려왔구나!
저번에도 저렇게 몰려와서 꽁지 말은 개처럼 내뺐잖아!

이스라엘 군대는 마치 작은 염소 두 무리처럼 보였고 아람의 군대는 그 땅을 가득 덮을 정도로 많았어.
고작 저 정도 병력으로 맞장을 떠? 가소로운 것들!!
염소 두 마리 잡는 것만큼 싱거운 전쟁이 되겠군!

그때 하나님의 사람이 와서 아합에게 말했어.
여호와께서 말씀하셨습니다.
오~! 이번엔 뭐라고?
아람 사람들이 나 여호와가 산의 신일 뿐 평지의 신은 아니라고 하니, 내가 이 큰 군대를 네 손에 넘겨주겠다. 그럼 너희는 내가 여호와임을 알게 될 것이다!
아자! 이제 다 죽었어!
두 군대는 서로 마주보며 7일 동안 진을 치고 있다가 7일째 되는 날 싸움이 시작됐지.
전원 공격하라!!
와아아
하루 만에 이스라엘 군대가 아람의 병사 10만 명을 죽였고,
물러서지 마라!
허접 이스라엘을 밟아주자!
와아아
여호와께서 우리와 함께 계신다!

나머지는 아벡 성으로 도망쳤는데,
후퇴하라!!
일단 성으로 피해라!
아벡 성의 성벽이 무너져서 2만 7천 명이 죽었어.
으악!!
콰콰콰콰
웬 날벼락이냐!

※여리고 성처럼 Link 3권 33p 하나님의 초자연적인 개입에 의해 무너진 것으로 보인다.

그때 벤하닷 왕은 아벡 성의 한 방안에 숨어있었지.
콰쾅
벤하닷을 잡아라!
제길제길제길제길 제길제길제길제길!
벤하닷 왕의 신하들이 말했어.
이스라엘의 왕은 자비롭다고 합니다.
우리가 굵은 베로 허리를 묶고, 목에 줄을 동여매고 가서 사정하면 왕을 살려줄지도 모릅니다.
저, 정말 그럴까?

※굵은 베로 허리를 묶다 : 참회의 표현이다.
※목에 줄을 동여매다 : 자신의 생사가 상대의 손에 달려있다는 의미로 완전한 굴복을 뜻한다.

그래서 신하들은 굵은 베를 허리에 묶고 목에 줄을 동여맸지.
그 줄은 뭐냐?
넥타이잖아요. 몰라요?
그리고 아합에게 가서 말했어.
왕의 종 벤하닷이 제발 목숨만 살려달라고 애원하고 있습니다.
그가 아직 살아있느냐? 그는 내 형제다.
아합의 말을 좋은 징조로 여긴 벤하닷 왕의 신하들이 얼른 대답했지.
그렇습니다.
벤하닷은 왕의 형제입니다.
벤하닷을 데려오너라.
사바
사바
※형제 : 벤하닷 왕과의 화친을 염두에 두고 하는 말이다.

벤하닷 왕이 오자, 아합은 그를 자기 전차에 태웠어.
할 말 없소?
아, 네! 제 아버지가 왕의 아버지에게서 빼앗은 성은 다 돌려드리겠습니다.
또 내 아버지가 사마리아에 시장을 만든 것처럼 왕께서도 다메섹에 시장을 만드십시오.
그런 조건이라면 당신을 보내주겠소!
크하하
그리하여 두 왕이 조약을 맺고 아합은 벤하닷 왕을 풀어주었어.
에구! 내 팔자야.
평지에서 싸우면 이긴다고 했던 놈들은 가서 보자.
※빼앗은 성 : 성경에 기록되지 않았으나 아람 왕 벤하닷 1세가 이스라엘 6대 왕 오므리와의 전쟁에서 빼앗은 성으로 보인다.

※시장 : 무역의 특혜를 제공하겠다는 뜻이다.

tip 벤하닷과의 조약

아합이 벤하닷 왕을 살려두고 그와 조약을 맺은 건 아람의 무역 시장을 개방하고, 아울러 정치적인 동맹을 유지하기 위해서다. 앗시리아의 살만에셀 3세가 통치 첫해에 서쪽 유프라테스 강으로 진격해 지중해까지 세력을 떨치자 아합은 벤하닷 왕과 조약을 맺어 앗시리아를 견제하고자 했다.

예언자에게 책망 받는 아합

한 예언자가 여호와의 명령을 받고 다른 예언자에게 자기를 때리라고 했지.
하나님의 명령이야! 어서 때려!!
흥! 신종 자해 공갈단이냐?
그러나 그는 때리기를 거절했어.
네가 여호와의 명령에 순종하지 않았으니 나를 떠나는 순간 사자가 널 죽일 거야!
인간아! 공갈도 작작 쳐라!

때리기를 거절한 예언자가 자리를 떠나자 사자가 나타나 그를 죽였지.
어흥!
끌끌! 거봐라!
커헉!
그 예언자는 또 다른 예언자에게 자기를 때리라고 했어.
그래? 잘됐다! 안 그래도 열 받았는데!
아, 아니 그렇다고 그런 무식한?!
그 예언자는 맞아서 심하게 다쳤지.
시끄럿! 때리라고 했으니 물리기 없다!
퍽
꺄오오오
※예언자가 심하게 맞은 건 전쟁에서 부상당한 사람처럼 보이기 위함이었다.

맞은 예언자는 붕대로 눈을 감은 채 길가에서 아합을 기다렸어.
애고! 삭신이야! 하마터면 죽을 뻔했네.
아합이 지나가자 예언자가 그를 불러세웠어.
칠칠맞게 포로한테 두들겨 맞았냐?
왕의 종인 제가 전쟁터에 나갔는데, 우리 편 병사가 포로 한 명을 데려와서 감시하라고 하더군요.
만약 이 포로가 도망치면 네가 대신 죽든가, 죽지 않으려면 은 1달란트를 내야 한다.
헉! 잘, 감시할게요!

※은 1달란트 : 1달란트는 약 34kg으로 노동자가 평생 종살이를 해도 벌 수 없는 큰 액수였다.

근데 제가 다른 일을 하는 사이에 포로가 사라졌습니다.
마, 맙소사! 이제 난 죽었다!!
그러자 아합이 대답했지.
네가 스스로 받아들인 벌이니 벌금을 내야겠군.
아아! 역시 그렇죠?

tip 예언자가 말한 이야기

이 이야기에서 우리 편 병사는 하나님을, 포로로 끌려온 적군은 벤하닷 왕을, 예언자 자신은 아합을 상징한다. 이 비유가 자신과 관련됨을 깨닫지 못한 아합은 포로를 놓친 자를 벌해야 한다고 판결을 내린다. 당시 재판의 의무는 왕에게 있었다. 따라서 아합은 하나님이 넘겨준 벤하닷 왕을 자기 마음대로 살려준 자신을 벌해야 한다고 판결을 내린 셈이다.

예언자가 재빨리 붕대를 벗자, 아합은 그가 예언자임을 알아차렸지.
여호와께서 이렇게 말씀하셨소.
휙
어? 당신은?
너는 내가 죽이려던 자를 살려주었다! 그러니 너는 죽고, 네 백성도 멸망할 것이다!
헉!
벤하닷을 놓아준 벌을 받을 거요!
아합은 마음이 상해 화를 내며 사마리아로 돌아갔지.
쳇! 그게 다 나라를 위해서인데, 저주라니…!
씩씩

※사마리아 : 예루살렘 북쪽 56km 지점에 위치. 이스라엘의 수도였다.

21장 나봇의 포도원

이스르엘 사람 나봇은 이스르엘 아합의 왕궁 부근에 포도원을 가지고 있었는데
나봇

※이스르엘 : 아합의 별궁이 있던 곳. 나사렛 동남쪽 약 16km 지점에 있다.

어느 날, 아합이 나봇에게 말했어.
네 포도원이 왕궁과 가까우니 내 정원으로 만들고 싶다. 더 좋은 포도원이나 현찰을 줄 테니 넘겨라.
안 됩니다.
뭐? 나야 나! 왕이라고 왕!
엥?
조상에게 물려받은 땅을 왕에게 드리는 건 여호와께서 금하신 일이지요.

※이스라엘에서 토지는 매매될 수 없으며 어쩔 수 없이 매매되더라도 희년에는 돌려줘야 했다. Link 2권 130p

아합은 매우 분하고 상한 마음으로 왕궁에 돌아왔어.
아우! 열 받아! 왕권이 아주 땅바닥에 눌러 붙었군!
씩
씩
그가 침대에 누워 음식도 먹지 않자 아내 이세벨이 물었어.
왜 뿔이 나셨나요?
내가 나봇에게 포도원을 팔라고 하니 택도 없대. 값을 충분히 쳐준다고 했는데도.
호! 정말 발칙한 자네요.
당신은 이스라엘의 왕이잖아요. 어서 음식을 드시고 기운을 내세요. 제가 나봇의 포도원을 왕의 것으로 만들어줄게요.
정말?
이세벨이 아합의 이름으로 편지를 쓰고 거기에 왕의 도장을 찍었지.
나봇 쯤이야. 우습지 뭐!
위이이잉
쾅
그리고 그 편지를 나봇의 마을 장로들과 귀족들에게 보냈어.
등기우편입니다. 싸인해주세요!
왕이 무슨 일로…?
이세벨은 편지에 이렇게 썼지.
금식일을 선포하고 백성을 불러 나봇을 높은 자리에 앉히시오. 그리고 건달 두 사람에게 나봇이 하나님과 왕을 저주하였다고 거짓 증언하게 한 다음 나봇을 돌로 쳐 죽이시오.
이스르엘의 지도자들은 이세벨의 명령대로 나봇을 백성들 가운데 높은 자리에 앉혔어.
도대체 내가 무슨 죄를 저질렀다고?
시끄럿!
좀 있으면 밝혀질 거야!

※율법에 의하면 하나님을 저주한 사람은 사형에 처해졌다. Link 2권 128p

tip 이세벨의 편지

이세벨은 율법을 앞세워 나봇을 죄인으로 몰아 죽이려고 했다.

① 금식을 선포함 : 국가적으로 큰 고난이나 재앙이 있을 때 금식을 선포했다. 집단적인 참회의 의미가 있다.
② 높은 자리에 앉힘 : 법정의 피고인석에 앉히는 것을 말한다.
③ 두 명의 건달 : 율법에 따라 두 명의 증인을 세운 것이다.

그리고 건달 두 사람이 나봇의 맞은편에 앉아 거짓 증언을 했지.
저놈이 하나님과 왕을 저주했소!
나도 들었소!
발끈
뭐, 뭐라고? 난 너희를 본 적도…?!
사람들이 나봇을 성 밖으로 끌고 가 돌로 쳐 죽였고,
감히 하나님을 욕해?!
죽여라!
퍽
퍽
퍽
크윽!

열왕기상

이 사실을 이세벨에게 전했어.
호! 잘 처리했군요. 감사요!
??
이세벨이 아합에게 말했지.
돈을 줘도 팔기 싫다던 나봇의 포도원을 차지하세요. 나봇은 죽었으니까!
정말이오?
오오~
아합이 나봇의 포도원을 차지하려고 내려갔어.
왕이시다!
룰루랄라~♪
뭐 좋은 일 있나?

그때 여호와께서 디셉 사람 예언자 엘리야에게 말씀하셨지.
사마리아에 있는 이스라엘의 왕 아합에게 가라. 그가 나봇의 포도원을 차지하려고 한다!

tip 사마리아에 있는

아합은 주로 사마리아 왕궁에 머물며 이스라엘을 통치했다. 다만 이스르엘이 사마리아에서 겨우 40여km 떨어진 곳임을 비춰볼 때 아합은 사마리아와 이스르엘의 두 왕궁을 자주 왕래했던 것으로 보인다.

아합에게 '넌 나봇을 죽이고 그의 땅을 빼앗았다. 개들이 나봇의 피를 핥은 바로 그곳에서 네 피도 핥을 것이다.'라고 전해라!
아니, 저 원수가 또 왔군!
여어~! 오랜만입니다!
빗갈
예후

※디셉 : 정확한 위치는 알 수 없으나 길르앗(요단 강 동쪽 지역) 북쪽으로 추정된다.

여호와께서 보시기에 왕이 악한 짓을 저질렀기 때문에 또 왔소. 여호와의 말씀을 들으시오.
안 듣고 싶은데?
움찔
내가 재앙을 내려 너를 쓸어버리고 네 집안의 남자는 종이든 자유인이든 씨도 남기지 않고 모두 죽이겠다!
흥!
헉!
네 집안은 느밧의 아들 여로보암과 아히야의 아들 바아사의 집안처럼 될 것이다!
크, 큰일났네!
덜
덜

※여로보암과 바아사의 집안은 모두 부하에 의해 2대만에 멸문지화를 당했다. Link 5권 79p, 81p

그건 네가 이스라엘 백성에게 죄를 짓게 해서 나를 화나게 했기 때문이다!
어이, 신입! 축하해.
세상 다 그렇지 뭐.
아이고! 하나님!
여로보암
바아사
후덜덜
참! 여호와께서 왕의 마누라 이세벨에게도 말씀하셨소.
이스르엘 성의 개들이 이세벨의 시체를 찢어먹을 것이다!
헉! 개가??
후덜덜
아합 집안의 사람들은 성에서 죽으면 개들이, 들에서 죽으면 새들이 먹을 것이다!
잘못했어요! 하나님!
끌끌
우아앙
털썩

※이스라엘 백성에게 죄를 짓게 하다 : 바알 숭배를 공식화한 일을 말한다. Link 5권 83p

주 앞에서 아합처럼 그렇게 악한 짓을 해 자기 목숨을 팔아버린 사람은 없었어.
여호와의 예언자를 없애버리세요. 바알 신이 짱이라구요!
알았어.
예전에 아모리 백성이 우상을 섬겨 여호와께서 그들을 가나안에서 쫓아내신 일이 있었지.
그런데 아합도 아모리 백성과 같은 죄를 지은 거야.
우상숭배 업계의 전설인 우리와 맞먹으려고?
에이! 왜 이러셔. 선수들끼리!
탁
※아모리 백성 : 가나안 7족속의 대표 민족으로 여기서는 가나안 백성 전체를 가리킨다.

엘리야가 여호와의 말씀을 모두 전하자, 아합이 자기 옷을 찢었어.
제발 용서해주세요!
끌끌! 진작 참회를 하지.
어어헝
찌익!
그는 맨몸에 베옷을 입고 금식했고 베옷을 입은 채 누웠으며, 걸을 때도 힘없고 슬픈 표정이었어.
도대체 왜 그러고 다니는 거예요?
여호와의 말씀을 들으니 두렵고 슬퍼서 그러오.
주르륵
그러자 여호와께서 예언자 엘리야에게 말씀하셨어.
아합이 내 앞에서 겸손해진 것을 보았다. 그의 생전엔 재앙을 내리지 않고 그의 아들 대에 재앙을 내리겠다!
※겸손 : 죄를 회개한 모습을 하나님은 겸손하다고 하셨다.

22장 아합의 죽음

아람과 이스라엘은 3년 동안 평화롭게 지냈어.
전쟁이 없는 건 좋은데 벤하닷이 약속 Link 5권 101p 을 안 지키고 있단 말이지.
3년째 되는 해, 유다의 왕 여호사밧이 아합을 찾아왔지.
아이고 사돈 잘 지내셨소?
네, 안녕하시오!
※여호사밧 : 유다에 종교개혁을 가져온 4명의 왕(아사, 여호사밧, 히스기야, 요시야) 중 두 번째 왕이다.

tip 유다와 이스라엘의 연합

분열 초기부터 서로 적대 관계에 있었던 남북은 여호사밧의 아들 여호람과 아합의 딸 아달랴의 결혼을 통해 동맹관계에 들어서게 되었다. 이처럼 정략결혼을 통한 동맹이 가능했던 건 북방으로부터 앗시리아가 점차 세력을 확장해 압박해옴에 따라 이를 견제할 필요가 있었기 때문이다.

아합은 여호사밧과 그의 신하들을 대접하기 위해 많은 양과 소를 잡았어.
많이 드시오!
하하하
역대하 18장 2절
그때 아합이 자기 신하들에게 말했지.
그런데 그대들은 어찌 아람의 왕에게 빼앗긴 길르앗 라못을 다시 찾아올 생각을 하지 않소?
네?
그, 그게….
움찔

tip 길르앗 라못

길르앗 라못은 요단 강 동쪽 40km 지점에 위치하며 무역 중심지, 전략 요충지로 이스라엘의 중요한 성읍이었으나 이스라엘 6대 왕 오므리 때 아람 왕 벤하닷 1세에게 빼앗겼던 것으로 보인다. 그러나 아벡 전투 Link 5권 100p 에서 패한 아람 왕 벤하닷 2세는 부친 벤하닷 1세가 빼앗은 성읍들을 반환하기로 약속했다. Link 5권 101p

아합은 여호사밧을 부추겼어.
우리와 함께 길르앗 라못을 치러 가지 않겠소?
네?
그, 그러죠 뭐. 내 생각이 왕의 생각이고, 내 군대와 말들도 왕의 것입니다.
역시 우리 사돈!! 화끈하십니다!
그러나 먼저 여호와의 뜻을 여쭈어봐야겠지요?
아! 무, 물론! 당연히 그래야지요!
아합이 예언자 400명가량을 불러 모았지.
무슨 일이야?
몰라, 불렀으니 밥이라도 주겠지 뭐.
아합과 여호사밧은 왕복을 입고 사마리아 성문 앞마당의 보좌에 앉았지. 모든 예언자가 두 왕 앞에서 예언을 했어.
길르앗 라못의 아람의 군대를 치는 게 좋겠소, 아니면 그만두는 게 좋겠소?
치러 가십시오!
주께서 그 성을 왕의 손에 넘겨주실 겁니다!
까짓 것 일단 치고 봅시다!
예언자 중 그나아나의 아들 시드기야는 자신이 만든 쇠뿔을 가지고 나섰지.
아합은 이 뿔로 아람 사람을 찔러라. 너는 그들을 모두 멸망시킬 것이다!
여호와께서 제게 이렇게 말씀하셨습니다!
진군하시오!
다른 예언자들도 모두 같은 예언을 했어.
승리는 우리 것!
허접한 아람을 박살내자!
와아아
흠, 어째···.
이들 외에 여호와께 여쭤볼 다른 예언자는 없습니까?
이믈라의 아들 미가야가 있긴 합니다만···.

※쇠뿔 : 뿔은 주로 '힘과 권세'를 상징하는데 쇠로 만들어졌다는 것은 막강한 힘을 의미한다.

※미가야 : 그가 누구였고 어떤 활동을 했는지 알 수 없다.

난 그놈이 싫어요. 내겐 늘 나쁜 예언만 하거든요.
주의 예언자에게 그리 말씀하시면 안 되지요. 그를 좀 불러주시오.
우씨
아합이 신하에게 명령했어.
당장 멍청한 미가야를 데려와라!
넵!
그 신하가 미가야에게 말했지.
다른 예언자들이 모두 왕의 승리를 예언했으니 당신도 그리 말해주시오.
여호와께서 살아계심을 두고 맹세하지만, 난 오직 그분의 말씀만을 전하겠소.

미가야가 오자 아합이 물었어.
우리가 길르앗 라못으로 싸우러 가는 게 좋겠소, 그만두는 게 좋겠소?
뭐, 싸우러 가시죠!
여호와께서 그들을 왕께 넘겨줄 겁니다.
희망사항이겠지만.
날 조롱하는 거냐?
버럭
여호와의 이름으로는 진실만을 말해야 하오. 내가 몇 번이나 말해야 알아듣겠소?
흠! 그렇다면야….

※아합이 하나님의 말씀에 순종하려는 의지가 없다고 본 미가야가 아합을 조롱하고 있다.

내가 보니 온 이스라엘이 목자 없는 양떼처럼 이 산 저 산에 흩어져 있소.
여호와께서 이렇게 말씀하셨소.
이들에게 지도자가 없으니 각자 집으로 평안히 돌아가게 하라!
무슨 소리냐? 헛소리 마라!
저놈은 뻥쟁이다!
전쟁 안 하면 좋지!
퇴근이다! 집에 가자!

tip 미가야의 예언

'목자'와 '양'은 '지도자'와 '백성'을 비유한 것으로 목자가 없다는 건 아합의 죽음을, 백성들이 흩어진다는 건 전쟁에서 패할 것을 의미한다. 그런데 미가야는 왕이 죽어 없으니 평안히 돌아가라고 예언했다. 이는 아합의 출정이 백성에게 큰 괴로움을 주는 일이고 전쟁에서 패한다 할지라도 아합이 죽었으니 백성들은 평안할 것이라는 뜻이다.

아합이 여호사밧에게 말했지.
보시오! 이자는 내게 늘 나쁜 것만 예언한다고 하지 않았소!
흠!
흥!
미가야가 계속해서 말했어.
여호와께서 보좌에 앉으셨고, 그 양 옆에 하늘의 군대가 서 있는데 여호와께서 그들에게 말씀하십니다.
누가 아합을 속여, 그를 길르앗 라못에 가서 죽게 하겠느냐?!

그러자 그들이 제 의견들을 말하는데 한 영이 나와 여호와께 말합니다.
제가 가서 그를 속이겠습니다.
척
그래, 어떻게 아합을 속이겠느냐?!
제가 예언자들의 입에 들어가 거짓말을 시키겠습니다.
좋다. 너는 그를 속일 수 있으니 가서 말한 대로 하라!
넵! 다녀오겠습니다.
처억

※한 영 : 거짓을 말하는 영이므로 천사가 아닌 사탄으로 봐야 한다.

이 일은 이미 일어났소. 여호와께서 거짓의 영을 예언자들의 입에 들어가게 하셨으니 이미 재앙이 시작된 거요.
씩
씩

그러자 그나아나의 아들 시드기야가 나와서,
여호와의 영이 언제 나를 떠나 네게 가서 말씀하셨느냐?!
켁!
철썩!

이놈이! 네가 골방으로 들어가 숨는 날에야 모든 사실을 알게 될 거다!
뭐야? 이게 정말?!
씩
씩
씩
씩

※골방 : 피난처를 의미한다. 피난처에 들어갈 정도로 시드기야가 위험해진다는 뜻이다.

너 죽고 나 죽자!
아, 그만 좀 해!
미가야를 아몬 성주와 요아스 왕자에게 끌고 가 감옥에 가둬라!
퍽
퍽
퍽

그리고 내가 전쟁터에서 돌아올 때까지 죽지 않을 만큼만 빵과 물을 주게 하라!
어찌될지 보자고.
만약 왕이 전쟁터에서 살아 돌아온다면 내가 전한 말은 여호와의 말씀이 아니겠지! 여기에 있는 모든 백성은 내 말을 잘 기억하시오!

※아몬 성주 : 미가야가 거주하던 성읍의 행정 책임자로 보인다.
※요아스 왕자 : 누구를 말하는지 알 수 없다.

아합과 여호사밧은 길르앗 라못으로 갔지.
길르앗라못
사마리아
세겜
브니엘
실로
벧엘
여리고
예루살렘
두
두
두
두

아합이 여호사밧에게 말했어.
나는 변장을 하고 갈 테니, 왕은 왕복을 그대로 입으시오.
네? 변장은 왜?

tip 아합의 꼼수

아합은 미가야의 예언을 묵살했으나 내심 두려웠다. 전에도 자기를 반대했던 엘리야의 예언이 적중한 적이 있기 때문이다. 그래서 그는 적들의 표적에서 벗어나기 위해 변장을 했고, 대신 여호사밧에겐 왕복을 입고 출전함으로써 남북 연합군의 총 지휘를 부탁한 것이다.

아람의 왕 벤하닷은 전차 지휘관 32명을 두고 있었지.
너희는 오직 이스라엘의 왕만 공격해라!
일종의 특공대군요!
벤하닷 2세
알겠습니다!

※여호사밧이 미가야의 예언을 듣고도 길르앗 라못으로 간 의도는 정확히 알 수 없다.

전차 지휘관들은 여호사밧을 보고 그에게 달려들었어.
왕복을 입고 있는 저놈이 이스라엘 왕 아합이다!
와아아아
저놈을 죽여라!
그러자 여호사밧이 기겁해 소리쳤지.
이스라엘 왕을 죽여라!
저놈의 목은 내 거다!
두두두
헉! 뭐, 뭐야? 난 이스라엘의 왕이 아니라고!!
전차 지휘관들은 그가 아합 왕이 아님을 알게 됐어.
이놈들아, 번지수가 틀렸어!
뭐?!
어? 저자는 아합이 아니잖아!
그래서 더 이상 여호사밧을 추격하지 않았지.
짝퉁인가?
기분 나쁘게 욕하고 도망치는데?
커억
잡으러 갈까?
그런데 한 병사가 무심코 쏜 화살이 아합 왕의 갑옷을 뚫은 거야.
큭!
퍽
아합이 자기 전차를 모는 부하에게 말했어.
전, 전차를 돌려서 여기서 빠져나가라. 내가 부상을 입었다!
네?
부르르
헉!
그러나 그날 전투는 너무 격렬했고, 아합은 힘들게 버티면서 아람 군대를 상대할 수밖에 없었어.
와아아아
빠, 빠져 나갈 수가 없어!
아합은 저녁때 숨을 거두었고 전차 바닥은 그의 피로 흥건했어.
해질 무렵, 이스라엘 군대 안에서 외치는 명령이 진영에 전달됐지.
각자 자기 성으로!!
각자 자기 고향으로!!
아합이 죽고, 그의 시체는 사마리아로 옮겨져 묻혔어.
크흐흑!
전쟁도 지고 왕도 죽고…!

※아합의 죽음으로 전의를 잃은 군사들이 이구동성으로 외쳤던 것으로 보인다.

아합의 전차와 갑옷은 창녀들이 목욕하는 연못에서 씻었는데,
미가야의 예언이 맞았어.
그러게.
개들이 아합의 피를 핥았어. 여호와의 말씀대로 Link 5권 104p, 107p 된 거야.
그럼 시드기야와 나머지 예언자들은 다 뭐야?
아첨꾼이나 사기꾼이겠지 뭐.
아합의 나머지 행적과 그가 지은 상아 장식의 왕궁과 성읍에 대한 것은 이스라엘 왕들의 역사책에 적혀있어.
이스라엘의 왕들

※상아 장식의 왕궁 : 이스르엘에 지은 아합의 별궁으로 보인다.

유다 4대 왕 여호사밧

아합이 죽고, 그의 아들 아하시야가 뒤를 이어 왕이 됐어.
아버지, 걱정 마세요. 잘할 테니까.
아하시야
글쎄, 쉽지 않을 거다. 내가 하도 망할 짓을 많이 해서….
이스라엘의 왕 아합 4년, 유다에서는 아사의 아들 여호사밧이 35세에 왕이 돼 25년 동안 예루살렘에서 다스렸지. 그의 어머니는 실히의 딸 아수바야.

※여호사밧 : 유다에 종교개혁을 가져온 4명의 왕(아사, 여호사밧, 히스기야, 요시야) 중 두 번째 왕이다.

여호사밧은 이스라엘에 맞서기 위해 유다를 강하게 만들었어.
국방 예산을 늘리고, 요새를 쌓고, 화성에 우주 식민지를….
너, 너무 갔습니다!
꿀럭!!
역대하 17장 1절
그는 유다의 모든 성에 군대를 두었고,
역대하 17장 2절
그의 아버지 아사가 점령한 에브라임의 여러 성에도 군대를 배치했지.
역대하 17장 2절

※에브라임의 여러 성 : 아비얌이 여로보암에게 탈취했으나 이를 요새화한 것은 아사였다. Link 5권 74p

여호사밧의 1차 종교개혁

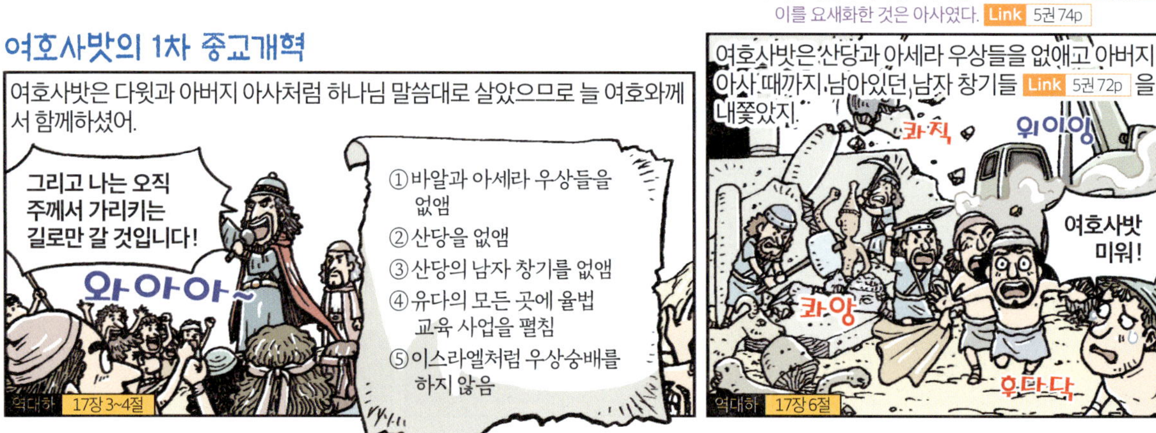
여호사밧은 다윗과 아버지 아사처럼 하나님 말씀대로 살았으므로 늘 여호와께서 함께하셨어.
그리고 나는 오직 주께서 가리키는 길로만 갈 것입니다!
와아아~
①바알과 아세라 우상들을 없앰
②산당을 없앰
③산당의 남자 창기를 없앰
④유다의 모든 곳에 율법 교육 사업을 펼침
⑤이스라엘처럼 우상숭배를 하지 않음
역대하 17장 3~4절
여호사밧은 산당과 아세라 우상들을 없애고 아버지 아사 때까지 남아있던 남자 창기들 Link 5권 72p 을 내쫓았지.
콰직
위이잉
여호사밧 미워!
콰앙
후다닥
역대하 17장 6절

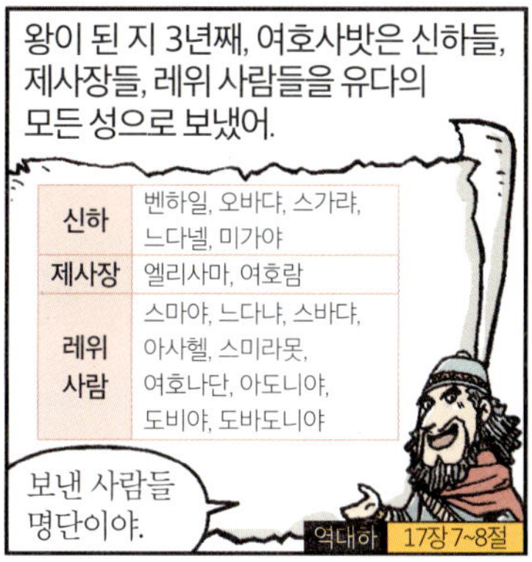
왕이 된 지 3년째, 여호사밧은 신하들, 제사장들, 레위 사람들을 유다의 모든 성으로 보냈어.
보낸 사람들 명단이야.
역대하 17장 7~8절

신하	벤하일, 오바댜, 스가랴, 느다넬, 미가야
제사장	엘리사마, 여호람
레위 사람	스마야, 느다냐, 스바댜, 아사헬, 스미라못, 여호나단, 아도니야, 도비야, 도바도니야

유다의 부흥

여호와께서 여호사밧의 나라를 굳건히 해 주셨고 그에게 큰 부와 영광을 안겨주셨어.
하나님 말씀만 잘 믿고 따라도 이렇게 큰 복을 주신단 말이야.
맞아, 맞아.
덜컹
덜컹
역대하 17장 5절

게다가 유다를 보호하는 여호와가 두려워 주변국들도 감히 유다를 공격하지 못했지.
쩝! 저 유다 놈들을 약탈하면 짭짤하겠구먼.
아서라. 저놈들 뒤에 무서운 신이 있어.
역대하 17장 10절

그들은 율법책을 가지고 유다의 모든 성을 돌면서 백성을 가르쳤지.
'명사 초청 율법 강의'
성경2.0으로 보는 율법
성경2.0을 사봐야겠군.
율법이니까 2권 레위기를 봐야겠는데?
역대하 17장 9절

또한 블레셋 사람들은 여호사밧에게 조공으로 예물을 바쳤고,
그랄에서 온 조공이오!
역대하 17장 11절

※블레셋 사람들 : 아사에게 혼쭐이 났던 그랄 사람들로 보인다. Link 5권 73p

아라비아 사람들은 가축을 바쳤어.
우리는 숫양과 숫염소를 각각 7천 700마리씩 가져왔어요!
음매~
음매~
역대하 17장 11절

유다의 세력은 더욱 커졌고 요새와 국고성들을 지어 많은 일을 했지.
전쟁 물자를 많이 비축해 뒀다는 말이야.
역대하 17장 12~13절

그리고 예루살렘에는 왕을 섬기는 전투 병력과 용사들을 배치했어.
이 밖에도 유다의 모든 성에 군대를 배치했다고!
역대하 17장 13~19절

	천부장	용사수(명)
유다	아드나	30만
	여호하난	28만
	아마시야	20만
베냐민	엘리아다	20만
	여호사밧	18만
총계		116만

※아라비아 사람들 : 아사가 세라를 칠 때 복속된 가축 치는 사람들로 보인다. Link 5권 73p

※국고성 : 곡식 및 물품들을 저장하는 성을 말한다.

유다와 이스라엘의 동맹

여호사밧은 큰 부와 명예를 누렸고, 이스라엘과도 정략결혼 Link 5권 105p 으로 동맹을 맺었지.
역대하 18장 1절

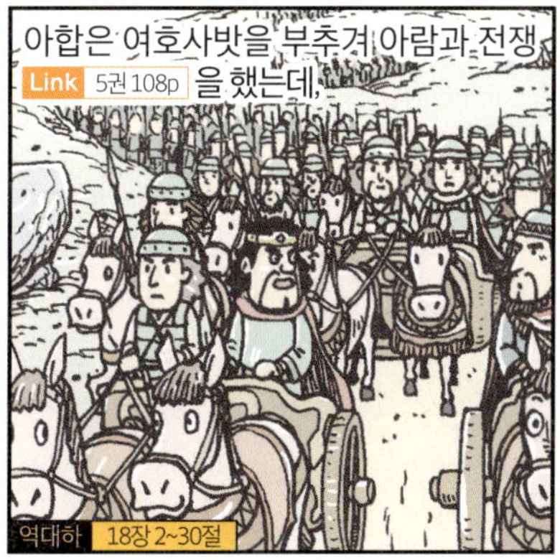
아합은 여호사밧을 부추겨 아람과 전쟁 Link 5권 108p 을 했는데,
역대하 18장 2~30절

유다와 이스라엘 연합이 졌고 아합은 화살에 맞아죽었지. Link 5권 109p
역대하 18장 2~30절

한편 여호사밧은 예루살렘에 있는 왕궁으로 무사히 돌아왔어.
휴~! 겨우 목숨은 건졌구나.
역대하 19장 1절
그때 하나니의 아들이자 예언자 예후가 여호사밧에게 말했지.
어째서 여호와를 싫어하는 악한 자를 도왔습니까? 그 때문에 여호와께서 노하셨습니다.
헉! 저, 정말요?
깜짝
역대하 19장 2절
그러나 왕께서는 아세라 목상을 없애버리고 하나님을 찾으려고 애쓰는 등 선한 일도 하셨지요.
그, 그건 그렇죠.
역대하 19장 3절

※하나니 : 아사의 잘못을 책망하다가 옥에 갇혔던 예언자. Link 5권 77p

여호사밧의 2차 종교개혁

예루살렘에 살던 여호사밧은 브엘세바에서 에브라임 산지까지 다니며,
에브라임산지
헥
헥
브엘세바
역대하 19장 4절

백성들을 살피고 그들이 하나님 여호와께로 돌아오게 했지.
이 길은 타락의 길이오. 죄를 짓게 될 테니 돌아가시오!
역대하 19장 4절

※브엘세바에서 에브라임 산지 : 최남단 브엘세바와 최북단인 에브라임 산지는 유다의 전 지역을 뜻한다.

tip 예후

여호사밧이 하나님을 진노케 했지만 예후는 그의 선행을 격려한다. 이에 여호사밧은 2차 종교개혁과 사법개혁을 추진하게 된다. 이 무렵 예후라는 사람이 두 명 나오는데, 각각 이스라엘 3대 왕 바아사에게 하나님의 심판을 전한 Link 5권 79p 하나님의 예언자와, 이스라엘의 10대 왕인 님시의 아들 Link 5권 95p 이다.

또 유다의 모든 요새마다 재판관들을 세우고 말했어.
항상 조심하시오. 여러분이 하는 재판은 백성뿐 아니라 재판할 때 함께 계시는 여호와를 기쁘게 해야 하오. 여호와를 두려워하시오.
1회 지방재판관 임
그분은 불의와 차별과 뇌물을 싫어하시고 모든 백성을 공평하게 대하길 원하십니다.
역대하 19장 5~7절
예루살렘에서도 레위 사람들과 제사장들, 각 가문의 지도자들을 뽑아 예루살렘의 재판관으로 임명했지.
여러분은 주의 율법을 어긴 경우와 모든 예루살렘 백성의 문제를 재판해야 하오.
역대하 19장 8절

※일반 백성에 대한 재판은 대부분 각 지파의 장로들이 담당했으나 여호사밧은 전문 재판관을 세워 사법제도를 체계화했다.

※예루살렘의 재판관 : 지방 법정에서 처리할 수 없는 문제를 다루는 최고 법정이라 할 수 있다.

여러분은 여호와를 두려워하며 이 일을 성실히 수행하시오. 각지에서 문제를 가지고 온 사람들에게 주께 죄 짓지 않도록 경고하시오.
척!
역대하 19장 9~10절
그렇지 않으면 주님의 진노가 여러분과 백성에게 내릴 것이고, 경고를 했다면 여러분의 죄는 없는 것이오.
파지직
히이익!
크아악!
역대하 19장 10절

아마랴 대제사장	예배에 관한 문제
유다 지파의 지도자 이스마엘의 아들 스바댜	왕에게 속한 문제
레위 사람들	법정에서 결정된 사항들이 실행되는 것을 감독하는 관리의 책임

여기 담당자를 정했으니 용기를 내시오. 여호와께서는 옳은 일을 하는 사람들과 함께하실 것이오.
역대하 19장 11절

모압과 암몬의 정벌

얼마 후, 모압과 암몬이 마온 사람들과 결탁해 여호사밧에게 싸움을 걸었지.
이놈! 여 가(家)야! 깔끔하게 한판 뜨자!
깔끔? 비겁하게 떼로 덤비는 주제에!
역대하 20장 1절

tip 모압, 암몬, 마온 사람들

① 모압 : 다윗 때부터 이스라엘의 속국이었으나 유다·이스라엘 연합군이 아람과의 전투에서 패하자, 아하시야 왕 때 반란을 일으켜 독립하고 유다를 침략하게 된다.
② 암몬 : 이스라엘의 속국이었으나 유다·이스라엘의 국력이 약해진 틈을 타 모압과 손잡고 유다를 침략한다.
③ 마온 : 에돔 땅 세일 산에 거주했으나 에돔 사람은 아니며, 세일 산 남쪽에 거주했던 것으로 보인다.

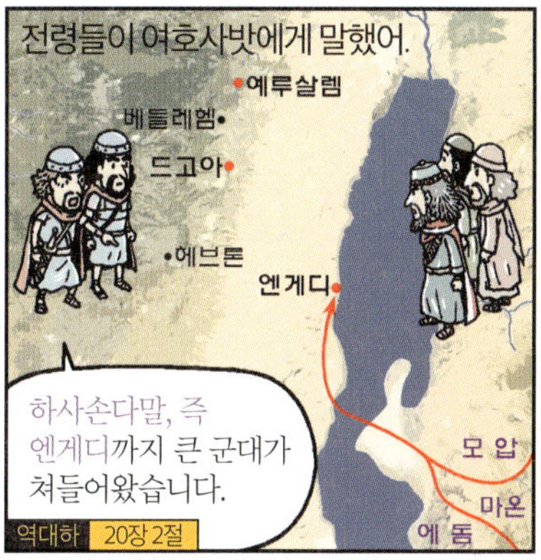
전령들이 여호사밧에게 말했어.
예루살렘
베들레헴
드고아
헤브론
엔게디
모압
마온
에돔
하사손다말, 즉 엔게디까지 큰 군대가 쳐들어왔습니다.
역대하 20장 2절

※하사손다말, 즉 엔게디 : 하산손다말은 엔게디의 옛 이름이다.

두려워진 여호사밧은 여호와께 여쭤보기로 했지.
기도다! 기도밖에 답이 없다!!
모든 유다 백성이 금식 기도를 해야 합니다!
아마랴
역대하 20장 3절

유다 백성이 예루살렘에 모여 여호와께 기도를 드렸어.
아멘~
아멘!
역대하 20장 4절

여호와의 성전 새 뜰 앞에 모인 그들 앞에 여호사밧이 서서 기도했지.
여호와께서는 우리 조상의 하나님, 하늘의 하나님이십니다!
주께서는 세계 모든 나라를 다스리는 권세와 능력이 있으시니 아무도 주께 맞설 수 없습니다!
역대하 20장 5~6절

※새 뜰 : 백성이 하나님께 경배하러 모였던 큰 뜰을 말한다.

주께서는 주의 백성 앞에서, 이 땅에 살던 자들을 쫓아내시고 Link 3권 여호수아 이 땅을 주의 벗 아브라함의 자손들에게 물려주셨습니다!
역대하 20장 7절

그래서 우리는 이 땅에 살면서 주의 이름을 빛낼 성전을 짓고 이렇게 다짐했습니다!
우리에게 전쟁이나 재난이 닥칠 때면 여호와의 성전 앞에서 주께 부르짖을 것이다! 그럼 주께서 그 기도를 듣고 우리를 구해주실 것이다!!
역대하 20장 8~9절

※다짐하다 : 여기서는 솔로몬이 성전을 건축하고 난 뒤 한 기도를 말한다. Link 5권 44p

역대하

그런데 지금 암몬과 모압, 그리고 세일 산에 사는 사람들이 우리를 치려고 합니다!
모두 쓸어버려!!
와아아아아
En Gedi
역대하 20장 10절
주께서는 옛날 이집트에서 나온 우리 조상들이 그들의 땅 가나안에 들어가지 못하도록 하셨습니다! 그래서 이스라엘은 그들을 멸망시키지 않고 돌아섰습니다! Link 2권 182p

※세일 산에 사는 사람 : 마온 사람들을 가리킨다.

그런데도 이제 그들이 앙심을 품고, 주께서 우리에게 주신 이 땅에서 우리를 쫓아내려 합니다! 하나님, 저들을 심판해주십시오! 저 큰 군대를 당할 힘이 우리에겐 없으니 이렇게 주님의 도움을 구할 뿐입니다!
역대하 20장 10~12절
유다의 모든 백성은 여자와 아이들까지 함께 여호와 앞에 섰지.
주여, 응답하소서!!
도와주시옵소서!!
우리를 구원해주소서!!
역대하 20장 13절

그때 레위 사람 야하시엘에게 여호와의 영이 내렸어.
스르르…
??
역대하 20장 14절

tip 야하시엘의 족보

야하시엘의 아버지는 스가랴, 할아버지는 브나야, 증조는 여이엘, 고조는 맛다냐이다. 맛다냐는 다윗이 임명한 3대 악사 Link 4권 149p 중 한 사람인 아삽의 후손이었다. 성경에서 특별히 야하시엘의 족보를 언급한 것은 여호와의 영이 우연히 야하시엘에게 내린 게 아니라 그의 신실한 혈통 때문임을 보여주기 위함이다.

야하시엘이 말했지.
왕과 유다의 모든 백성은 내 말을 들으시오! 여호와께서 이렇게 말씀하셨습니다!
?!!
역대하 20장 15절
적의 군대가 아무리 많아도 두려워하지 마라. 이 전쟁은 너희가 아닌 나 하나님이 하는 것이다!
역대하 20장 15절
내일 내려가서 저들과 싸워라. 너희는 시스 고개로 올라온 적을 여루엘 광야 맞은편에서 만날 것이다!
예루살렘
베들레헴
드고아
드고아 광야
시스 고개
여루엘 광야
헤브론
엔게디
염 해 (사해)
역대하 20장 16절

너희는 이 전쟁에서 싸울 게 없다. 그저 대열만 이루고 굳게 서 있으면 나 여호와가 너희를 구하는 것을 보게 될 것이다!
할레루야!
오오오! 주여!
역대하 20장 17절
유다와 예루살렘아, 두려워 말고 내일 적들에게로 나가라! 나 여호와가 너희와 함께하겠다!
와아아아
역대하 20장 17절

여호사밧이 엎드려 절하자 모든 백성도 엎드려 경배했고,
여호와여!!!
주여, 감사합니다!!
할레루야!
아멘!
역대하 20장 18절
고핫 자손 가운데 고라의 집안 레위 사람들은 자리에서 일어나 소리 높여 여호와를 찬양했어.
주를 찬양, 손을 들고 찬양~ 전쟁은 우리에게 속한 것 아니니~
주를 찬양, 손을 들고 찬양~ 전쟁은 여호와께 속한 것이니~
이번 주 뮤직 차트 1위 곡이죠!
와아아
챙~
뿌우우~
챙~
역대하 20장 19절

※할렐루야 : 여호와를 찬양하라는 뜻이다.

다음 날 아침 일찍 유다 군대는 드고아 광야로 나갔지.
우리 하나님 여호와를 믿어야만 흔들리지 않을 것이오! 주께서 보내신 예언자들을 믿으시오! 우리는 반드시 이깁니다!!
와아아아
역대하 20장 20절
여호사밧은 백성과 의논해서 여호와께 노래할 사람을 뽑아 거룩한 예복을 입히고,
너희는 군대 앞에서 행진한다!
엥? 뒤가 아니고?
악기만 들고 어떻게…?
켁!!
뜨아악
휘청
역대하 20장 21절
그들을 군대 앞에 세워 여호와를 찬양하며 행진하게 했지.
여호와께 감사드리자. 여호와의 사랑은 영원하시다.♫~
뿌우우~
챙~
챙~
역대하 20장 21절

※드고아 : 베들레헴 남쪽 약 8km 지점에 위치한 지역으로 해발 822m의 언덕이다.

역대하

tip 노래하는 사람들

여호사밧은 전쟁에 나서는 군사들에게 무기와 책략이 아니라 하나님과 예언자를 신뢰하라고 말한 뒤 레위인 성가대를 군대의 맨 앞에 세웠다. 이런 행동은 전쟁사에서는 찾아볼 수 없는 어처구니없는 일이지만 하나님의 약속을 철저히 신뢰한 여호사밧이기에 그런 결단을 내릴 수 있었다.

그때 여호와께서는 유다를 치러 온 암몬과 모압을 공격할 군대를 숨겨 놓으셨어.
뿌우우~
뭐야? 웬 노래 소리야?
몰라! 모두 공격 준비!
역대하 20장 22절

유다 군대가 주를 찬양하며 노래하자 숨어있던 군대가 암몬과 모압을 공격했지.
공격!!
니들은 다 죽었어!!
와아아아
마, 마온 놈들 아냐?!
뭐, 뭐야? 저놈들은?!
같은 편인데 왜 갑자기?!
역대하 20장 22절

그러나 암몬과 모압이 힘을 합쳐 숨어있던 군대를 모조리 쳐 죽였어.
마온 놈들이 배신했다!!
와아아아
한 놈도 남기지 마라!!
크! 기습을 했는데 어째…!!
역대하 20장 23절

그러더니 암몬과 모압이 자기들끼리 서로 죽이기 시작하는 거야.
너희도 뒤통수 칠 거지?
감히 우릴 의심해? 너희도 죽어!
에라, 모르겠다! 다 죽어라!!
악! 우리 동맹한 거 아니었어?
파앗
크익
역대하 20장 23절

※마온 : 암몬, 모압과 함께 유다를 치기 위해서 온 세일 산에 살던 사람들을 말한다.

tip 내부 분열

성경에서 암몬과 모압 자손이 세일 산 사람들을 공격해 전멸시킨 걸로 보아 숨어있던 복병은 마온 사람들로 보인다. 마온 사람들은 유다와의 싸움보다는 매복 작전을 통해 암몬과 모압 족속을 기습 공격함으로써 손쉽게 전리품을 획득하고자 했다.
하지만 마온 사람들을 물리친 후, 암몬과 모압 자손은 이번엔 서로를 의심해 죽였다. 결국, 연합군은 그들 스스로의 욕심과 의심으로 인해 몰락하게 된다.

유다 군대가 들판을 내려다볼 수 있는 망대에 이르러 살펴보았어.
어디 보자!
역대하 20장 24절

※들판을 내려다 볼 수 있는 망대 : 인위적으로 만든 망대가 아니라 자연적으로 형성된 높은 지대를 가리킨다.

그런데 살아남은 적군이 한 명도 없이 모조리 시체가 되어 쓰러져 있는 거야.
헉!! 저, 저게 뭐야?
재들 다 죽은 거야?
역대하 20장 24절
헐! 이, 이런 황당한 경우가…!
살다 살다 별 꼴 다 보네요.
전리품이 너무 많아 여호사밧의 군대가 거둬들이는 데 3일이나 걸렸지.
마음껏 챙겨라!
어휴, 이걸 어떻게 다 운반하냐?
싸우지도 않고 전리품만 챙기니까 미안한데.
역대하 20장 25절

4일째 되는 날, 여호사밧과 그의 군대는 브라가 골짜기에서 여호와를 찬양했는데 그곳은 오늘날까지 브라가 골짜기라고 불러.
찬양하라! 여호와의 능력을~♪
여호와께서 우리와 함께 하셨다네~♪
와아아~
역대하 20장 26절
그들은 여호와께서 원수들을 물리쳐주신 것을 기뻐하며 예루살렘으로 돌아왔지.
와아아아
역대하 20장 27절

※브라가 골짜기 : '찬양의 골짜기'라는 뜻으로 드고아 광야 서쪽에 있다.

그리고 비파와 수금과 나팔을 연주하며 여호와의 성전으로 나갔어.
하나님께 제사를 드리자!
가장 먼저 여호와께 영광을 돌리자!!
와아아
역대하 20장 28절
유다의 주변국들은 이 소문을 듣고 하나님을 두려워했지.
유다의 신이 모압, 암몬, 마온을 박살났대!!
유다 놈들은 전쟁터에서 그냥 노래만 부르고 있었대.
아람
아이고, 망했다!
모압
유 다
블레셋
흐흐흑!
역대하 20장 29절

여호와께서 사방으로 평화를 주셨기에 여호사밧의 나라는 늘 태평했어.
하하하
역대하 20장 30절

여호사밧의 통치

여호사밧은 아버지 아사가 걸어간 길을 따라 여호와 앞에서 정직했지.
아버지! 같이 가요!
오냐, 천천히 오너라!

하지만 산당을 다 없애지 못한 탓에 백성은 여전히 산당에서 제사를 드렸어.
어이구! 부숴도, 부숴도 끝이 없구나.
쾅

tip 산당의 제사

이스라엘 백성이 가나안에 들어오기 전부터 산당은 우상숭배의 본거지였다. 그래서 하나님은 이스라엘 백성에게 산당을 모두 없앨 것을 명령했었다. Link 2권 210p 그러나 이스라엘 백성은 오랫동안 산당을 제거하지 못하고 거기서 여호와의 제사를 드렸다. 이는 결국 이방 종교와 혼합되거나 변질되는 결과를 초래했으며 남북 왕국이 멸망하는 원인이 된다.

여호사밧은 이스라엘의 왕 아합과 평화롭게 지냈으며, Link 5권 105p
오옷, 사돈 빨리 도와주셔!
쉴드 치고 잠시 버티셔!
타탁
타탁
타탁
타탁
피유웅!
콰쾅!

아합의 뒤를 이어 아하시야와도 동맹을 맺었지만 그는 매우 악한 왕이었지.
흐흣! 이제 내가 왕이야. 까불면 다 죽었어.
역대하 20장 35절

당시 유다의 속국인 에돔은 왕이 없어서 유다 왕이 임명한 장관이 다스렸는데,
흠, 거 괜찮은 장사 같은데?
저만 믿으면 대박이라니까요.

여호사밧은 오빌에서 금을 가져오려고 에돔의 에시온게벨에서 다시스의 배를 만들었어.
잘만 하면 중동 거부의 진수를 보여줄 수 있다고요!!
좋아, 좋아! 그럼 내가 최신형 스포츠카 한 대 뽑아주지.

※여호사밧은 아하시야의 권유로 다시스를 왕래하는 배를 만들었다.

tip 오빌, 에돔, 에시온게벨, 다시스의 배

① 오빌 : 확실치 않지만 인도 혹은 아라비아 해안지역, 아프리카 해안지역 등으로 추정된다. 금 산지로 유명했다. Link 5권 27p, 49p

② 에돔 : 에서의 후손의 나라 Link 1권 129p 로 모압 남쪽에 위치한 작은 국가. 다윗 때 이스라엘의 속국이 됐다. Link 4권 155p

③ 에시온게벨 : 솔로몬 때부터 중요한 무역항이었다. Link 5권 48p

④ 다시스의 배 : 다시스(스페인 남부) 지역의 무역선을 통칭해서 다시스의 배라 불렀다. Link 5권 51p 그러나 이 배는 다시스가 아닌 오빌에 갈 목적으로 만들어졌다.

그때, 마레사 사람 도다와후의 아들 엘리에셀이 여호사밧에게 예언했지.
뭐?!
왕께서 악한 왕 아하시야와 손을 잡았으니 여호와께서 왕이 만든 배를 부술 겁니다.
깜짝
벌럭
네 이놈! 내 스포츠카에 초를 치다니!!
역대하 20장 37절
tip 엘리에셀
성경에는 많은 동명이인이 나온다. 여기에 나오는 엘리에셀에 대한 정보는 없는 대신 다른 엘리에셀에 대해 알아보자.
① 아브라함의 충실한 종이자 상속 후보자 Link 1권 53p
② 모세의 차남 Link 2권 68p
③ 언약궤를 예루살렘에 모실 때 나팔을 불던 제사장 Link 4권 149p
그러자 엘리에셀이 말한 대로 에시온게벨에 있던 여호사밧의 배들은 다 부서졌어.
마, 맙소사!!
재앙이다!!
뜨악!
으아악~

※마레사 : 아스글론에서 동쪽 헤브론으로 연결되는 동서 도로 상에 위치한 성읍이다.

아합의 아들 아하시야가 말했지.
사돈어른의 신하들과 함께 배에 탈 사람들을 보내드리죠! 한 번 더 도전하시지요!!
됐네! 함께 무역하는 건 취소!
불끈
여호사밧은 죽어서 조상들과 함께 다윗성에 묻혔고 그의 아들 여호람이 왕이 됐어.
이제 제가 나라를 잘 다스릴게요!!
여호람
여호사밧이 한 모든 일과 그가 치른 전쟁은 유다 왕들의 역사책에 적혀있지.
유다의왕들
이스라엘의 8대 왕 아하시야
유다 왕 여호사밧 제17년, 아합의 아들 아하시야가 왕이 됐지.
험!
그는 사마리아에서 이스라엘을 2년 동안 다스렸어.
켁! 2, 2년이라니…?!
휘청
아하시야는 아버지 아합처럼 바알을 섬기고 절을 해 하나님의 분노를 샀지.
콰르르릉
자, 이 신을 섬기면 천국의 문이 열릴 것이다!!
아세라 신에게 영광을!!
와아아
바알 신 만세~!
아하시야는 여호와 앞에서 이스라엘을 죄악에 빠뜨린 아버지 아합과 어머니 이세벨, 느밧의 아들 여로보암이 지은 죄의 길을 그대로 따랐어.
자자, 저 안으로 가면 찬란한 영광이 있을 거요.
어째 으스스하네.
설마 왕이 우릴 죄악에 빠뜨리기야 하겠어?
웅성
웅성
왕을 따라가보자고.

※아합과 이세벨, 여로보암이 지은 죄 : 우상숭배를 말한다. 여로보암의 죄는 Link 5권 60p tip 참고.

열왕기하

● 엘리사

북쪽의 왕국 이스라엘 초기에 엘리야와 함께 활약한 예언자이다. 엘리야의 제자로 많은 기적을 보였다.

열왕기하는 이스라엘의 남북 분열 초기부터 멸망까지의 역사를 다루고 있어.

엘리사
열왕기상은 솔로몬부터 분열 왕국 초기까지 다루고~
열왕기 성나
이스라엘은 왜 멸망해요?
하나님이 세우신 나라 잖아요!!

그들이 멸망한 이유는 이스라엘과 유다 모두 하나님을 떠나 우상을 숭배했기 때문이야.

더 빨리 망하지 않은 게 이상할 정도지.
하하하
에휴~

※이스라엘은 남북으로 분열된 후 북이스라엘은 이스라엘로 남유다는 유다로 불린다.

하나님은 오래 참으시며 백성들에게 계속 기회를 주셨어. 수많은 예언자가 멸망을 경고하고 하나님께 돌아오라고 부르짖었지.
국민 여러분, 회개하고 주께 돌아와야 합니다! 그렇지 않으면 멸망당할 것입니다!
웅성
뭐야 저거?
웅성
저놈이 지금 저주하는 거 맞지?
한 방에 보내버리자.
그러나 이스라엘은 끝내 죄에서 돌아서지 않았어.
쾅!
와아아아

결국 B.C.722년 이스라엘은 앗시리아에 의해 멸망당했고,
이스라엘의 수도
사마리아
136년 후인 B.C.586년 유다 또한 바벨론에 의해 멸망당했지.
유다의 수도
예루살렘
두 왕국 모두 타락했지만 이스라엘은 9개의 왕조가 바뀌며 치열한 왕권 쟁탈전이 있었던 반면,
반역을 일으켜 9번이나 왕을 죽였다는 얘기지.

※앗시리아 : 메소포타미아 북부 지역에서 티그리스 강 상류를 중심으로 번성한 고대 국가이다.

※바벨론 : 메소포타미아 남부 지역에서 번성한 국가. 상업적, 전략적으로 중요한 지형이어서 많은 침략을 받았다.

유다는 다윗 왕조가 쭉 유지됐어.
솔로몬부터 총 21명의 왕이 모두 다윗의 자손이었어!
이스라엘과는 완전 다르네요.
왜 그런 차이가?
그 이유는 하나님이 다윗에게 하신 언약 Link 4권 153p 때문이었지.
네 집안과 네 나라가 내 앞에서 영원히 이어질 것이다!
게다가 이 다윗 왕조에서 예수 그리스도가 태어나게 돼.
내가 왕족이었다는 사실!!
짠!
예수님이 왕족이었어?
그럼~! 왕자님?
예수 그리스도

두 왕국은 멸망했지만 하나님은 이스라엘 민족 자체를 멸절시키진 않으셨어.
겨우 목숨을 건졌어.
그럼 뭐해? 포로로 끌려가는데.
소수이지만 하나님을 섬기는 사람들을 중심으로 이스라엘의 모든 백성이 회개할 수 있는 기회를 주신 거야.
빡!
살았으면 하나님께 감사하고 회개해라! 그리고 하나님께 돌아오라고!
켁!
멸망은 단순히 하나님의 심판만이 아니라고요!
맞아요, 회개의 기회라고요!!

※이스라엘 민족 : 북이스라엘과 남유다의 모든 민족을 말한다.

1. 분열 왕국 후반기

1장 이스라엘 8대 왕 아하시야

아합이 죽은 뒤 모압이 이스라엘에 반란을 일으켰어.
모압의 독립을 선포한다!!
모압 왕 메사
와아아

tip 모압의 반란

모압은 다윗 시대 이래로 이스라엘의 속국 Link 4권 154p 이었으나, 아합이 죽고 그 아들 아하시야가 왕위를 계승하자 독립을 쟁취했다. 이런 사실은 아람과의 전투에서 패해 아합이 죽은 뒤 Link 5권 109p 이스라엘의 세력이 그만큼 크게 약화됐음을 의미한다. 결국, 이스라엘은 모압의 독립을 수수방관할 수밖에 없게 됐다.

어느 날, 아하시야가 사마리아에 있는 자기 다락방 난간에서 떨어져 크게 다쳤지.
허억!
크, 큰일 났다!

※모압 : 가나안 동쪽 암몬 아래 지역에 위치해 오랫동안 이스라엘을 괴롭힌 민족. 아브라함의 조카인 롯과 그 딸 사이에서 태어난 아들 모압의 자손. Link 1권 67p

※사마리아 : 예루살렘 북쪽 56km 지점에 위치한 이스라엘의 수도이다.

그래서 그는 에그론으로 사절단을 보냈지.
에그론의 신 바알세붑에게 내 몸이 나을 수 있는지 물어봐라!
넵!

이때 여호와의 사자가 디셉 사람 엘리야에게 나타났어.
어이, 일어나! 사마리아 왕이 보낸 사절단에게 하나님의 말씀을 전해라!
어이쿠! 말로 합시다, 말로!
엘리야
뻥

엘리야는 아하시야의 사절단에게 하나님의 말씀을 전했지.
잠깐! 멈추시오!!
뭐야?

※에그론 : 블레셋의 주요 다섯 성읍 중 하나이다.

※여호와의 사자 : 여호와의 천사로 기록된 성경도 있으나 일반적인 천사와 구분하기 위해 여호와의 사자로 표기했다.

※바알세붑 : '주'를 뜻하는 '바알'과 '파리'를 뜻하는 '세붑'의 합성어로 파리 형상을 한 블레셋의 우상이다.

엘리야를 만난 사절단은 즉시 아하시야에게 돌아갔어.
응? 왜 벌써 돌아왔느냐?
어떤 사람이….

너희가 에그론의 신 바알세붑에게 물으려 하다니 이스라엘에 하나님은 계시지 않는단 말이냐?! 그러므로 너는 지금 누워있는 침대에서 죽을 것이다!
왕께 이렇게 전하라고 했습니다.
뭐… 뭐야?!
헉!
벌떡

어떻게 생긴 사람이 그런 말을 하더냐?
털이 많고, 허리에는 가죽 띠를 매고 있었습니다.
그놈은 디셉 사람 엘리야다! 내게 저주를 하다니!!
아이고, 눈치도 빨라요!
고정하세요!
아하시야는 오십부장과 그의 부하 50명을 엘리야에게 보냈어.
가서 놈을 잡아와라!!
존명!
척

※털이 많고 : 당시 예언자들은 양이나 염소 가죽 털로 만든 겉옷을 입고 다녔기에 털이 많다고 한 것이다.

※디셉 : 정확한 위치는 알 수 없으나 길르앗(요단 강 동쪽 지역) 북쪽에 위치했던 것으로 보인다.

그들이 갔을 때, 엘리야는 산꼭대기에 앉아 있었지.
왕명이다! 하나님의 사람은 내려와라!

tip 하나님의 사람

흔히 예언자를 가리킬 때 사용하는 호칭이다. 그러나 여기에서는 오십부장이 엘리야를 진정으로 하나님의 예언자로 인정해서 말한 것이 아니라 경멸과 빈정거림을 표현한 것으로 보인다. 즉, 오십부장과 부하들은 아하시야의 명령을 수행한 게 아니라 그들 스스로 죄악에 동참하고 있다.

내가 하나님의 사람이라면, 하늘에서 불이 내려와 너와 네 부하들을 통구이로 만들어버릴 것이다!
어이, 영감 까불지 말고 빨랑 내려와라 응!
끌고 내려올까요?

※산 : 갈멜 산으로 보인다. 엘리야는 이곳에서 바알 예언자들과 대결을 했다. Link 5권 88p

그러자 하늘에서 불이 내려와 오십부장과 그의 부하 50명을 모두 태웠어.
화아악!
꽤애애액!
앗뜨뜨뜨~
아하시야는 다른 오십부장과 그의 부하 50명을 다시 보냈지.
앞에 갔던 애들은 하늘에서 불이 내려와 다 죽었다는데.
킁!
거짓말! 그게 말이 돼?
왕명이다! 하나님의 사람은 내려와라!
이것들이…!
내가 하나님의 사람이라면, 하늘에서 불이 내려와 너와 네 부하들을 통구이로 만들어버릴 것이다!
아, 됐고! 맞기 전에 빨리 내려와라 응?
뒈지게 패고 데려갑시다요!
그러자 다시 하늘에서 불이 내려와 그들을 모두 태워버렸어.
화르르르
꺄오오오!
진짜였어!

아하시야는 세 번째로 오십부장과 그의 부하 50명을 보냈어.
또 가라!
네?
딸꾹
세 번째 오십부장은 엘리야 앞에 무릎을 꿇고 간청했지.
하나님의 사람이여, 저와 제 부하 50명의 목숨을 귀하게 여겨주십시오.
하늘에서 불이 떨어져 이미 두 명의 오십부장과 100명의 부하들이 불타죽었지요. 저희 목숨만은 귀하게 여겨주십시오.
호랑이 같은 마누라와 늑대 같은 자식이…
훌쩍
덜 덜
그때 여호와의 사자가 엘리야에게 말했어.
그를 두려워 말고 함께 내려가라.
알겠습니다.
엘리야는 그와 함께 아하시야에게 갔지.
좋소, 갑시다!
가, 감사합니다.
오오~ 주여!
만세 살았다!
엘리야가 아하시야에게 말했어.
여호와의 말씀을 다시 전하겠소.
에그론의 신 바알세붑에게 네 병에 관해 물으러 사람을 보내다니, 이스라엘에는 말씀을 여쭐 하나님이 계시지 않단 말이냐? 그러므로 넌 네가 누운 그 침대에서 일어나지 못하고 죽을 것이다!
이렇게 말씀하셨소!
뭐가 어쩌고 어째?
버럭
야, 임마 너 이리 와!
고정하세요! 어차피 오래 못 사실 분이!
여호와의 말씀대로 아하시야는 죽고 말았지.
젠장! 바알세붑은 아무런 도움이 안 되잖아.
우아앙
아이고, 형님!
유다 왕 여호람(여호사밧의 아들) 제2년, 아하시야에겐 아들이 없었으므로 동생 여호람이 왕이 됐어.
좋은 이름이 아깝다!
너야말로…!
흥!
킁!
유다의 여호람
이스라엘의 여호람
아하시야의 다른 모든 행적은 이스라엘 왕들의 역사책에 적혀있어.
한 일이 있긴 해?
죄… 송요.
2장 엘리야가 하늘로 올라감
여호와께서 엘리야를 회오리바람에 실어 하늘로 데려가려고 하실 때쯤, 엘리야는 엘리사와 함께 길갈을 떠났어.

※엘리사 : 엘리야의 제자이다.
※길갈 : 벧엘에서 북동쪽으로 약 12.8km 떨어져 있는 해발 790m의 고지.

tip 하늘로 데려가심

하나님이 엘리야를 죽음 없이 하늘에 들어 올리신 까닭을 몇 가지로 추정해본다.

① 엘리야가 하나님의 일을 잘 수행한 데 대한 보답
② 우상숭배자들에게 여호와 신앙의 영광스런 모습을 보여주기 위함
③ 후계자 엘리사에게 용기를 심어주기 위함
④ 하나님을 경외하는 자에게 영광스런 모습을 보여줌으로써 현세의 고난을 인내하며 소망을 갖게 하기 위함

나는 여호와의 명령대로 벧엘로 가야 한다. 넌 여기 남아있어라.
네?
여호와와 사부님을 두고 맹세합니다. 저는 사부님 곁을 결코 떠나지 않겠습니다.
그래?

※벧엘 : 아브라함이 제단을 쌓은 곳으로 이스라엘의 종교적 성지. Link 1권 45p

그리하여 그들은 벧엘로 내려갔어.
일단, 같이 가지 뭐.
사부님을 엄청 존경하는 제가 어찌 사부님을 떠날 수 있겠습니까?
벧엘
벧엘에 사는 예언자 수련생들이 엘리사에게 와서 물었지.
여호와께서 오늘 당신의 사부님을 데려가신다는데 알고 있습니까?
당연히 알고 있으니, 아무 말도 하지 마시오.

※예언자 수련생들 : 예언자들을 육성하는 학교에 다닌 사람들을 말한다.

tip 아무 말도 하지 마시오

엘리사의 이 말에 대해서는 여러 견해가 있다.

① 그런 거룩한 일에 대해 함부로 말하지 말라. 말을 삼가라.
② 그의 소천 소식을 알면 백성이 동요할 수 있다. 소란을 막아야 한다.
③ 엘리야의 영광을 떠들고 다니지 마라.
④ 너희는 잠잠히 하나님의 뜻을 따르라. 사랑하는 주인과 이별하려는 내 마음을 흔들지 마라.

엘리야가 엘리사에게 말했어.
나는 여호와의 명령대로 여리고로 가야 한다. 넌 여기 남아….
여호와와 사부님을 두고 맹세합니다. 전 사부님 곁을 떠나지 않겠습니다.
그리하여 그들은 여리고로 내려갔지.
우리 이만 헤어지자.
싫거든요.
여리고
여리고에 사는 예언자 수련생들이 엘리사에게 와서 물었어.
여호와께서 오늘 당신의 사부님을 데려가신다는 걸 알고 있습니까?
어허, 나도 알고 있으니 조용히 하시오.

엘리야가 다시 엘리사에게 말했지.
나는 여호와의 명령대로 요단 강으로 가야 한다. 넌 여기 남아….
여호와와 사부님을 두고 맹세합니다. 전 사부님 곁을 떠나지 않겠습니다.
그리하여 두 사람은 함께 길을 떠났어.
꺼져!
됐거든요!
휙
휙

tip 엘리야의 행보

엘리야는 세 번에 걸쳐 엘리사를 떼어놓으려 했는데 그 이유는 정확히 알 수 없다. 아마도 그동안 엘리야가 하나님만 바라보며 홀로 보내기를 원했을 수도 있다. 아니면 엘리사의 사랑과 충성을 시험해본 것일 수도 있다. 한편 하나님이 보내신 장소들은 모두 예언자 수련생들이 있던 곳인데 하나님은 엘리야가 하늘로 올라가기 전 그들에게 격려와 위로를 주게 한 것으로 보인다.

그때 예언자 수련생 50명이 요단 강까지 따라왔어.
맞을래?
덤비시죠!
폴짝
폴짝
요단 강에 엘리야와 엘리사가 서자, 멀찍이 따르던 수련생들도 멈춰 섰지.
강가에서 뭐하시지?
낚시?
엘리야가 자기 겉옷을 벗어 말아서 그것으로 강물을 내리쳤어.
오잉?
철썩

※예언자 수련생 : 멀리서라도 엘리야의 승천을 목격하고자 따라왔다.

그러자 강물이 좌우로 갈라졌고,
봤지? 까불지 마라 응?
오메!!
촤아아아아
쩌억
저, 저거…!!
맙소사!
허~걱!
두 사람은 마른 강바닥을 밟고 건너갔어.
어서 건너가자~!
촤아아
헤헤
사부님 좀 전에 제가 까분 건 농담인 거 아시죠?
요단 강을 건너간 뒤 엘리야가 물었지.
주님께서 나를 데려가기 전에 원하는 것이 있으면 말해봐라!
사부님 능력의 2배를 받길 원합니다!
촤아아
어, 어려운 요구를 하는구나. 여호와께서 나를 데려가시는 것을 보면 네 소원이 이루어지겠지만, 못 보면 이루어지지 않을 것이다.
거머리처럼 딱 붙어서 반드시 보겠습니다!

tip 스승을 능가하는 능력을 구하다

엘리야는 엘리사가 구하는 뛰어난 능력을 줄 권한이 없었다. 그건 오직 하나님에게 달린 일이다. 엘리야의 말도 그런 의미였다. 사실상 아무에게도 보는 것이 허락되지 않은 엘리야의 승천 장면을 엘리사가 보게 된다면 그건 하나님이 그에게 엘리야의 뒤를 잇는 사명과 능력을 준 증거라고 할 수 있을 것이다.

그들이 걸어가고 있는데 갑자기 불 전차와 불 말이 나타나 그들을 갈라놓았지.
콰아아아악
뭐, 뭐야?!
헉!

엘리야는 회오리바람을 타고 하늘로 올라갔어.
쿠
오
오
오
내 아버지여!
내 아버지여!
이스라엘의 전차이며,
마병이시여!!

tip 내 아버지여! 이스라엘의 전차이며 마병이시여!!

엘리사가 엘리야를 '내 아버지'라고 부른 것은 엘리야가 영적인 아버지라는 고백이다. 또 그를 '이스라엘의 전차와 마병'이라 부른 것은 당대 최고로 강력한 무기였던 전차와 마병처럼 엘리야가 이스라엘을 지키는 능력자임을 상징적으로 표현한 것이다.

엘리야를 더 이상 볼 수 없게 된 슬픔으로 엘리사는 자기 겉옷을 두 조각냈지.
사부님!!
찌직

※이스라엘 사람들은 극도의 슬픔을 나타낼 때 옷을 찢거나 재를 뒤집어썼다.

그리고 엘리야가 떨어뜨린 겉옷을 주워들었어.
사부님 옷이…?
그는 요단 강가로 돌아와 엘리야의 옷으로 강물을 내리쳤어.
엘리야의 여호와 하나님은 어디 계십니까?
철썩

그러자 강이 양쪽으로 갈라졌어.
헉!
촤아아
헉!!
엄마야, 또 갈라졌다!!
뜨악!
엘리사가 강을 건너자 그 광경을 본 예언자 수련생들이 엎드려 절을 했지.
엘리사에게도 주님의 능력이 나타났다!
휘릭
엘리야의 능력이 엘리사 위에 내려왔다!!

여기 선생님의 제자들 50명은 모두 힘 있는 사람입니다.
우릴 보내셔서 선생님의 사부님을 찾게 해주십시오!
왜?
여호와의 영이 엘리야를 데려가시다가 산이나 계곡에 떨어뜨렸을지도 모르잖습니까?
으아아악!
아니, 그럴 것 없소.
우리를 보내주십시오.
혹시 시신이 땅에 떨어졌으면 잘 매장해야 하잖아요.
허락해주세요. 네? 네?

※수련생들은 여호와께서 엘리야의 영혼만 취해 가셨고, 육신은 땅에 떨어졌을 거라 믿었다.

엘리사는 예언자 수련생들이 하도 졸라대자 허락했어.
알겠소. 힘껏 찾아보셔!
먼저 찾는 사람에게 상품은 없나?
아자!
그들은 3일 동안 엘리야를 찾아다녔으나 찾지 못했고,
엘리야님!!
정말 하늘로 올라가셨나봐.
결국 여리고에 머물고 있던 엘리사에게 돌아왔어.
내가 가지 말라고 하지 않았소?
헛고생 했네요.
아우, 피곤해!
헉
헉
헉

엘리사가 물을 깨끗이 하다

여리고 성의 사람들이 엘리사에게 말했지.
보시다시피, 이 성의 위치는 좋지만 물이 좋지 않습니다.
사람들이 자꾸만 아이를 유산해요.
뭔가 방법이 없겠습니까?
유산까지? 심각하군.

새 대접에 소금을 조금 담아오시오.
엘리사는 샘이 솟는 곳으로 가서 그들이 가져온 소금을 뿌리며 말했어.
여호와께서 말씀하신다! 내가 이 물을 맑게 고쳤으니, 다시는 이곳에서 사람들이 죽거나 유산하는 일이 없을 것이다!
스르륵

※여리고는 물이 좋지 않아 농사가 잘 되지 않았고 사람과 짐승이 질병과 유산 등의 피해를 입고 있었다.

※샘이 솟는 곳 : 학자들은 여리고에서 약 3.5km 떨어진 '술탄의 샘'으로 추정한다.

엘리사의 말대로 여리고의 물은 오늘날까지 맑아진 그대로야.
와~! 물이 깨끗해졌다.
수질 1등급이군.
엘리사가 그곳을 떠나 벧엘로 가는데 어린아이들이 성에서 나와 그를 놀려댔어.
대머리야, 올라가라!
꼽냐?
엘리사가 돌아서서 여호와의 이름으로 그들을 저주했지.
#$%$#@$@%!!
어쭈? 뭐라는 거야?
찔찔
설마 저주는 아니겠지?

※오늘날 : 이 성경을 기록할 당시인 포로시대를 말한다. Link 5권 17p tip참고

※어린아이들 : 여기서는 선악을 인식할 수 있는 청년기 사람을 말한다.

그러자 숲에서 곰 2마리가 나와 그들 42명을 찢어 죽였어.
사람 살려!
크아앙!
으아악
크악
케엑

tip 청년들의 죽음

청년들이 엘리사에게 '올라가라!'며 조롱한 이유는 그가 '엘리야가 승천했다'고 말한 때문으로 보인다. '엘리야처럼 너도 하늘로 올라가 사라지라'며 조롱한 것이다. 이는 엘리사 개인에 대한 모욕이었다기보다는 하나님의 예언자 직분과 사역에 대한 모독으로 볼 수 있다. 하나님의 예언자를 천시하고 그 사역을 비웃은 그런 행위는 하나님의 권위에 도전하는 것으로 간주될 수 있었다.

엘리사는 그곳에서 갈멜 산으로 갔다가 사마리아로 돌아갔지.
사마리아

※갈멜 산 : 엘리야의 친지와 동료들에게 그의 승천 소식을 전해주기 위해 간 것으로 보인다.

3장 이스라엘의 9대 왕 요람(여호람)

유다 왕 여호사밧 18년, 이스라엘은 아합의 아들 요람(여호람)이 왕이 돼 사마리아에서 12년 동안 다스렸어.
이때는 여호람의 아버지 여호사밧이 섭정하고 있어서 유다 왕 여호사밧 18년, 또는 여호람 2년 Link 5권 124p 이라고도 해.
요람
아하시야 형님에게 자식이 없으니 동생인 내가 이스라엘을 다스리겠소!!

요람도 악을 행했지만 그의 부모 같지는 않았어. 아버지가 만든 바알 우상들을 없애버렸거든.
아버지와 형님에게 내린 하나님의 심판을 피하려면 종교개혁으로 우상숭배의 죄악에서 떠나야 해.

※여호람 또는 요람이라고 한다. 성경2.0에서는 이해를 돕기 위해 유다의 왕은 여호람으로, 이스라엘의 왕은 요람으로 칭한다.

※부모 : 아합과 이세벨을 말한다.

그러나 느밧의 아들 여로보암의 죄에서는 벗어나지 못했지.
정치적인 이유 때문에…
백성들이 성전이 있는 예루살렘으로 도망갈까 봐.

모압과의 전쟁

모압 왕 메사는 양을 치는 사람이었는데, 이스라엘 왕에게 양털을 조공으로 바치고 있었지.
어휴, 얼마나 더 깎아야 하나?
암양 10만 마리와 숫양 10만 마리의 털을 바쳐야 하니까, 뭐.
신하가 아니라 모압 양털 공장 직원이야.
메에에~
메사
메에에~

※여로보암의 죄 : 우상숭배 및 잘못된 제사 방식 등. Link 5권 60p tip 여로보암의 치명적 범죄 참고.

그러다 아합이 죽자 메사 왕은 이스라엘을 배신했어.
더는 못 해먹겠다!
씩
씩
아합도 죽었으니 한번 붙어 보자고요!
탁

그때, 왕이 된 요람이 사마리아에서 출정해 이스라엘 군대를 점검했지.
모압을 잡으려면 더 많은 군대가 필요한데.

그는 전쟁터로 가면서 유다 왕 여호사밧에게 사절을 보냈어.
모압 왕이 나를 배신했어요. 나와 함께 모압을 치러 가주십시오.
기꺼이 함께 갈 테니 내 말을 왕께 전해라.

※모압은 아하시야가 이스라엘을 다스릴 때 반란을 일으켜 독립했다. Link 5권 122p

※그때 : 아하시야 뒤를 이어 요람이 왕위에 오른 때를 말한다.

우리는 서로 한 몸이나 마찬가지니, 내 군대와 내 말들이 왕의 군대나 마찬가지라오!
캬! 역시 사돈어른이야.

※요람의 누이 아달랴가 여호사밧의 며느리였다.

tip 여호사밧이 연합을 수락한 이유

① 여호사밧의 아들 여호람과 아합의 딸 아달랴는 정략 결혼한 사이였다. 따라서 양국의 우호 관계는 아합이 죽고 아하시야가 왕이 된 후에도 계속됐다.

② 모압의 반역을 방치할 경우 유다의 속국인 에돔까지 반역을 꾀할 우려가 있었기 때문이다.

③ 여호사밧도 모압과 암몬의 연합군에 침략당한 적이 있으므로 Link 5권 113p 이번이 모압의 세력을 꺾을 절호의 기회였다.

요람이 여호사밧에게 물었지.
① 요단 강을 건너 북쪽, ② 에돔을 지나 남쪽, 어느 길로 갈까요?
사마리아
세겜
벧엘
예루살렘
헤브론
사해
요단강
①
②
미스바 (길하레셋)
모압
소알
에돔

②번 에돔 광야 길로 가지요. 그쪽은 산이 많고 험난하니 경계가 허술할 것이오. 뒤통수를 치는 거죠. 가는 길에 유다의 속국인 에돔을 꼬셔서 전쟁에 동참하도록 합시다.
그거 괜찮군요.
이스라엘·유다 연합군은 남쪽으로 갔어. 에돔 지역을 지날 때 에돔 왕이 합류했지.
에돔 왕이 나와 있군요.
잘됐습니다.
에돔 부대도 합류했다!

※에돔 왕 : 유다의 속국 에돔은 원래 유다 왕이 임명한 장관이 다스렸으나 Link 5권 118p 이때는 이스라엘이 임명한 왕이 통치하고 있었다.

그런데 행군하는 7일 동안, 병사들과 가축들이 마실 물이 떨어진 거야.
원래 이곳에 물이 있어야 되는데.
망했어!!

tip 마실 물이 떨어지다

동맹군이 7일 간을 행군해서 도달한 곳은 모압 변경인 것으로 보인다. 그곳엔 '와디 엘 아시' 라는 계곡이 있어서 충분한 물을 공급 받을 수 있었다. 학자들에 의하면 이 계곡은 사시사철 물이 흐른다고 하는데 별안간 말라버린 것이다. 이는 하나님을 의지하지 않고 사람의 방법만을 의지한 요람과 여호사밧에게 내리신 하나님의 징벌이라고 할 수 있다.

이스라엘의 왕이 탄식하며 말했지.
주님께서 모압의 손에 우리를 넘겨주려나 봅니다.
뭐요?
재수 없게

여기 이 일에 대해 여호와께 여쭤볼 주의 예언자가 없소?
그때 요람의 한 신하가 말했지.
엘리야의 제자이자 사밧의 아들 엘리사가 여기 있습니다.
오~! 그를 통해 여호와의 말씀을 들을 수 있겠군요!
세 왕이 엘리사를 만나러 갔어.
흥! 왕의 부모의 예언자들에게나 가보시죠!
그런 말씀 마시오. 여호와께서 우리를 불러내 모압의 손에 넘겨주려 하십니다.

※엘리사 : 그가 어떻게 그곳에 있었는지 알 수 없다.

※부모의 예언자들 : 요람의 부모인 아합과 이세벨이 섬겼던 바알의 예언자들을 말한다.

내가 섬기는 만군의 여호와의 살아계심을 두고 맹세하지만, 유다 왕 여호사밧만 아니면 왕을 쳐다보지도 않았을 것이오.
음…!
하핫!
쳇
하프 켜는 사람을 데려 오십시오.
엥? 하프는 갑자기 왜?
파티라도 하게?
일단 불러옵시다.
하프 켜는 사람이 연주를 하자, 여호와께서 엘리사에게 능력을 주셔서 예언하기 시작했어.
여호와께서 이렇게 말씀하셨소.
!!!
띠리링~
띠리링~

※마음을 진정시켜 하나님의 목소리에 집중하기 위해 하프 연주를 시킨 것으로 보인다.

이 계곡에 많은 도랑을 파라.
너희는 바람도 비도 보지 못하겠지만 이 계곡에 물이 가득 찰 것이다. 그러면 너희와 너희의 가축과 짐승이 물을 마시게 될 것이다!
그…게 정말 가능하단 말이오?
이런 건 여호와께는 아주 작은 일이오!
여호와께서는 왕들의 손에 모압을 넘겨주셨소. 왕들은 요새화된 성과 아름다운 성을 모두 멸망시킬 것이오. 좋은 나무를 쓰러뜨리고 물이 솟는 샘을 막을 것이며 모든 기름진 들을 돌무더기로 만들 것이오!
우와~!
아자!
만세!
다음날 아침 제물을 드릴 때, 에돔 쪽에서 물이 흘러나와 골짜기에 가득 찼지.
하하하
와, 물이다!
물이 흐른다!
와하하
하하
비도 안 왔는데 어디서 물이 흘러온 거지?
한편, 모압 백성들은 세 왕이 쳐들어 왔다는 소식을 들었어.
뉴스속보
이스라엘, 유다, 에돔, 연합군
모압 침공!!
올 것이 왔군!
전쟁이다!
언제까지 속국으로 살 순 없다!
웅성
웅성
그래서 군복 입을 나이가 된 사람은 모두 소집돼 국경에 나갔지.
다음 날 아침 모압 병사들이 일어나 보니 건너편 물 위에 해가 비쳐 피처럼 붉게 물들어 있었어.
물에 피가 가득해!
혹시 3명의 왕들이 서로 싸우다 죽는 게 아닐까?
그렇다면 그놈들은 모조리 죽을 거야!
오오! 이건 거저먹기다!

모압 사람들아, 저들을 약탈하러 가자!!
비켜라, 내가 먼저다!
늦으면 아무것도 못 건진다!
무기고 뭐고 일단 놔두고 빨리 가자!
와아아아
타다닥
첨벙
첨벙

tip 모압 사람들의 오해

모압 사람들이 물에 해가 비친 것을 보고 피로 착각한 이유는 다음과 같았다.

① 이스라엘과 유다가 오랫동안 적대적이었다.
② 에돔이 유다에 의해 마지못해 전쟁에 참여했다.
③ 그들도 암몬과 동맹해 유다를 쳤을 때 돌연한 내분으로 참패한 경험이 있었기에 Link 5권 116p 이스라엘 연합군도 충분히 그럴 수 있다.

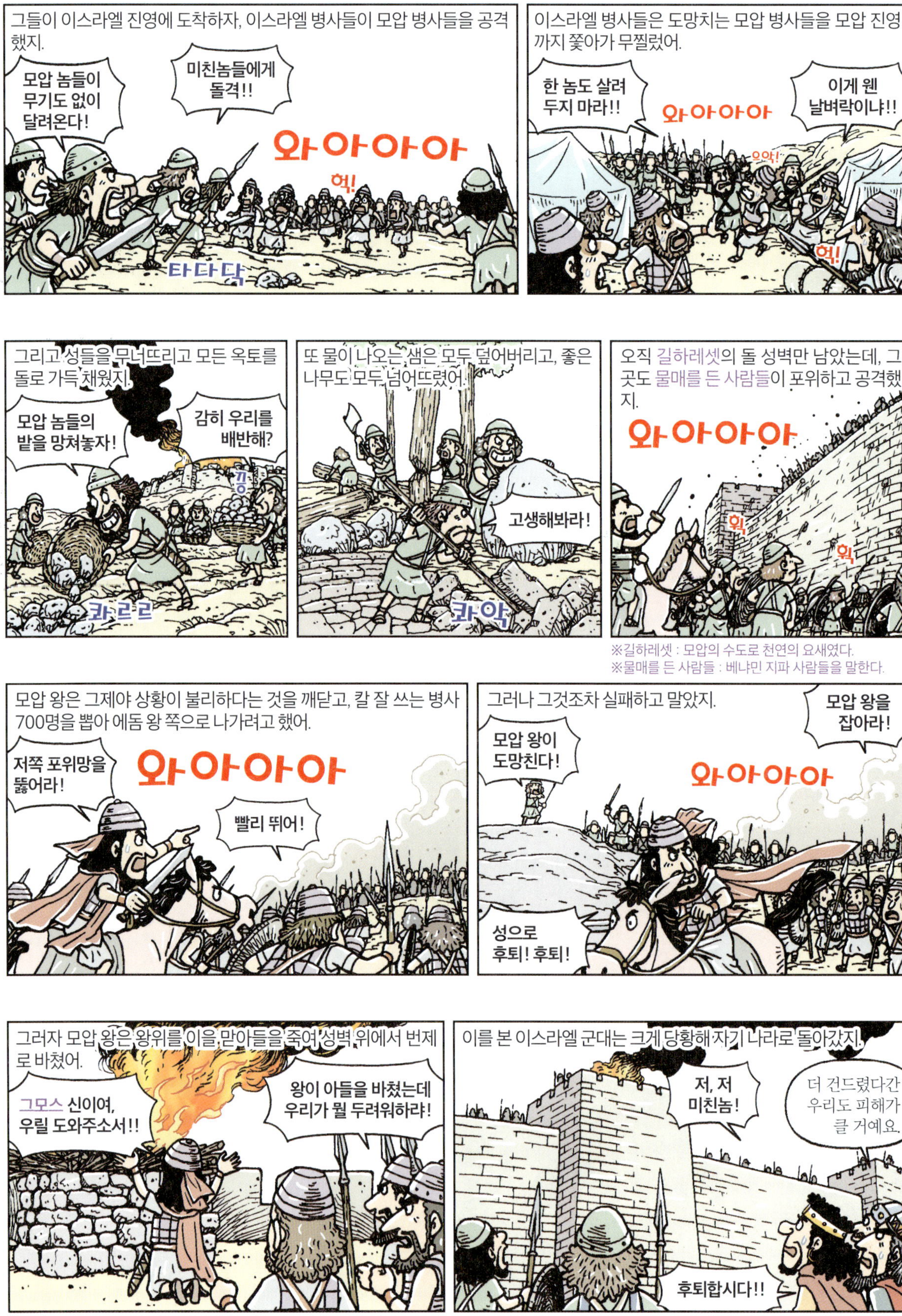
그들이 이스라엘 진영에 도착하자, 이스라엘 병사들이 모압 병사들을 공격했지.
모압 놈들이 무기도 없이 달려온다!
미친놈들에게 돌격!!
와아아아
헉!
타다닥
이스라엘 병사들은 도망치는 모압 병사들을 모압 진영까지 쫓아가 무찔렀어.
한 놈도 살려 두지 마라!!
와아아아
이게 웬 날벼락이냐!!
으악!
헉!
그리고 성들을 무너뜨리고 모든 옥토를 돌로 가득 채웠지.
모압 놈들의 밭을 망쳐놓자!
감히 우리를 배반해?
끙
콰르르
또 물이 나오는 샘은 모두 덮어버리고, 좋은 나무도 모두 넘어뜨렸어.
고생해봐라!
콰악
오직 길하레셋의 돌 성벽만 남았는데, 그곳도 물매를 든 사람들이 포위하고 공격했지.
와아아아
휙
휙
모압 왕은 그제야 상황이 불리하다는 것을 깨닫고, 칼 잘 쓰는 병사 700명을 뽑아 에돔 왕 쪽으로 나가려고 했어.
저쪽 포위망을 뚫어라!
와아아아
빨리 뛰어!
그러나 그것조차 실패하고 말았지.
모압 왕이 도망친다!
모압 왕을 잡아라!
와아아아
성으로 후퇴! 후퇴!
그러자 모압 왕은 왕위를 이을 맏아들을 죽여 성벽 위에서 번제로 바쳤어.
그모스 신이여, 우릴 도와주소서!!
왕이 아들을 바쳤는데 우리가 뭘 두려워하랴!
이를 본 이스라엘 군대는 크게 당황해 자기 나라로 돌아갔지.
저, 저 미친놈!
더 건드렸다간 우리도 피해가 클 거예요.
후퇴합시다!!

※길하레셋 : 모압의 수도로 천연의 요새였다.
※물매를 든 사람들 : 베냐민 지파 사람들을 말한다.

※그모스 : 모압의 우상이며 자식을 제물로 바치는 의식을 요구했다.

4장 엘리사의 5가지 기적 - ① 과부의 기름

예언자 수련생 남편을 잃은 한 여인이 엘리사에게 와서 부르짖었지.
당신의 종인 제 남편이 죽었습니다. 아시다시피 남편은 진정 여호와를 경외했어요.
음, 그랬죠.
근데 남편이 죽자, 빚쟁이들이 찾아와 제 두 아들을 노예로 데려가려 합니다.
내가 어떻게 하면 도움이 되겠소? 당신 집에 남아있는 게 뭐요?
제 집에는 기름 한 병이 전부입니다.
흑흑

※기름 : 목욕할 때 사용하는 기름으로 보이는데, 고가의 물품이었다.

이웃사람들에게 가능한 많은 그릇을 빌려오시오. 그리고 두 아들과 집에 들어가 문을 닫고, 모든 그릇에 기름을 채우시오.
지, 지금 장난…?
미친 거 아냐? 달랑 기름 한 병 있다는데.
시키는 대로 해. 요단 강도 가르신 분이잖아!
좋아, 결정했어!
여인은 집으로 돌아가 두 아들을 데리고 문을 닫았어.
탁!
그리고 아들들이 가져온 그릇들에 기름을 부었지.
기, 기름이…?
마, 말도 안 돼!! 어떻게 이렇게 계속 나올 수가?!
주륵
모든 그릇이 가득 차자 더 이상 기름이 나오지 않았어.
다른 그릇을 가져 와.
더 이상 그릇이 없습니다.
다 찼어요!
여인은 엘리사에게 가서 모든 일을 얘기했지.
그 기름을 팔아 빚을 갚고 남은 건 생활비로 쓰시오.
감사합니다! 정말 감사합니다!
꾸벅

② 수넴 여인에게 생긴 기적 I

어느 날, 엘리사가 수넴에 갔는데, 그곳에 한 귀부인이 살고 있었어.
제발, 저희 집에 오셔서 음식을 드시고 가세요, 네?
아, 알겠소.
그 후로도 엘리사는 수넴을 지날 때면 그 집에 들러 음식을 먹곤 했어.
늘 고맙소!
제가 더 감사하죠.
우걱
수넴 여인이 남편에게 말했지.
우리 집 앞을 자주 지나다니는 엘리사님은 하나님의 사람이에요.
나도 알고 있소!

※수넴 : 헬몬 산 아래 이스르엘 평지에 위치한 성읍이다.

옥상에 작은 방 하나를 만들어 가구를 들여놓아요. 그분이 우리 집에 오면 쉬어갈 수 있게요.
그렇게 하시오!
허허
어느 날, 여인이 마련해준 방에서 쉬던 엘리사가 시종 게하시에게 말했어.
가서 부인을 불러오너라.
네!
그녀가 엘리사 앞에 섰어.
불러왔습니다.
부인께 내 말을 전해라.

우리를 돌보느라 수고가 많소. 내가 당신을 위해 무엇을 해주면 좋겠소? 왕이나 군사령관에게 부탁할 것이 있으면 말해 보시오.
라고 하십니다.
호호호
저는 백성들과 평안히 살고 있습니다. 권력의 도움은 필요 없습니다.
라고 하십니다.
그래?
여인을 돌려보낸 뒤 엘리사가 게하시에게 물었지.
부인을 위해 뭘 해주면 좋겠느냐?
글쎄요, 저분은 아들이 없고, 남편은 늙었지요.

※엘리사는 모압과의 전쟁 Link 5권 130p 이후 요람의 절대적인 신임을 받은 것으로 보인다.

오호라! 그럼 되겠군! 여인을 다시 불러라!
네!
딱
여인이 와서 문간에 섰어.
내년 이맘때면, 부인께서는 아들을 품에 안고 있을 것이오.
네? 하나님의 사람께서도 여종에게 농담을 다하십니까?
엘리사의 말대로 여인은 임신해 다음 해에 아들을 낳았지.
응애~
오~이건 기적이야!!
네, 정말 그래요.

※문간 : 엘리사에 대한 겸손과 존경의 표시로 문간에 서 있는 것이다.

③ 수넴 여인에게 생긴 기적!!

그렇게 자란 아이는 어느 날, 추수 일을 하던 아버지에게 갔어.
아빠~!
오, 아들!
그런데 갑자기 아이가 비명을 질렀지.
아이고, 내 머리!
아아!
얘야, 왜 그러느냐?!!
아버지는 일꾼을 시켜 아이를 어머니에게로 보냈어.
아이를 어머니에게 데리고 가라!
으윽~

아이는 점심때까지 어머니 무릎에 누워 있다가 결국 죽고 말았지.
아… 아들아! 내 아들아!!
부들
부들
여인은 아이를 안고 엘리사의 방에 올라가 침대에 눕혔어.
부들
부들
흑
흑
그리곤 문을 닫고 나와 남편을 불러 말했지.
일꾼과 암나귀 한 마리를 주세요. 빨리 하나님의 사람에게 다녀와야겠어요.
응?
초하루도 아니고, 안식일도 아닌데 왜 하필 오늘 가려고 하오?
다녀와서 얘기할 테니 걱정 마세요.
근데 얘는…?
여인은 나귀에 안장을 얹고 일꾼에게 말했어.
나귀를 몰아라! 내가 말하기 전까지 늦추지 말고 힘껏 달려야 한다!
네! 알겠습니다!
여인은 갈멜 산에 있는 엘리사에게 갔지.
이랴!
따각
따각

※이 부부는 초하루와 안식일에 엘리사의 주도하에 예배를 드렸던 것으로 보인다.

※갈멜 산 : 므깃도 서쪽 지중해와 인접한 곳에 위치한 산으로 산이라기보다는 산등성이에 가깝다.

마침, 엘리사가 멀리서 여인이 오는 걸 봤어.
저기 수넴 여인이 오고 있구나.
어? 그렇군요.
달려가서 부인을 맞이하고 남편과 아이도 잘 있는지 물어보아라.
네!!
타닥
안녕하십니까? 남편과 아이도 잘 있습니까?
네, 다들 평안합니다.
꾸벅

여인이 엘리사에게 가서 그의 발을 붙잡았지.
선생님!!
!?
!?
게하시가 여인을 떼어놓으려 다가갔어.
저… 이러시면…!
그대로 두어라. 부인이 큰 슬픔에 빠져있다. 여호와께서는 그녀가 겪은 일을 내게 알려주지 않으셨다.
선생님, 제가 언제 아들을 달라고 했습니까? 오히려 농담하지 마시라고 하지 않았습니까?
음… 아들에게…?

※발을 붙잡고 매달리는 건 강력한 도움을 요청하는 표현이다.

허리를 단단히 묶고, 내 지팡이를 들고 서둘러 떠나라. 도중에 누구와 인사도, 말도 나누지 마라.
네!
여인의 집에 도착하거든 아이의 얼굴에 내 지팡이를 올려놓아라!
다다다
훅 훅
여호와와 선생님을 두고 맹세하는데, 전 선생님 곁을 절대 떠나지 않겠습니다.
흠….
※엘리사가 자기의 죽은 아이를 볼 때까지는 결코 만족할 수 없다는 뜻이다.
엘리사는 하는 수 없이 여인을 따라 나섰어.
출발합시다.
감사합니다!
게하시가 먼저 도착해 지팡이를 아이의 얼굴 위에 올려놓았지.
하아 하아
그러나 아무런 소리도 움직임도 없었어.
게하시가 늦게 도착한 엘리사를 맞이하며 말했지.
선생님, 아이가 깨어나지 않습니다.
일단 가보자.
엘리사가 보니, 죽은 아이가 자기 침대 위에 누워있었어.
모두 나가서 기다려주시오.
이제 방에는 아이와 엘리사 둘 만이 남았어.
주여! 이 아이를 살려주소서!
엘리사는 여호와께 기도한 뒤 아이 위에 엎드렸지.
내 입과 눈을 아이의 입과 눈에 맞추고, 내 손을 아이의 손에 올려놓고….
그랬더니 아이의 몸이 따뜻해지기 시작했어.
아, 온기가 돌아온다!
엘리사가 침대에서 내려와 방안을 서성거린 다음,
주여! 주여!

다시 아이의 몸에 자기 몸을 포갰어.
아이야, 일어나라!
그러자 아이가 재채기를 일곱 번 하고 눈을 떴지.
오오!!
에취!
에취!
엘리사가 여인을 데려오게 했어.
들어와서 아들을 데려가시오!
!?

※일곱 : 유대인들에게 7은 '승리' '하나님의 수' '안식'의 의미를 가진다.

엄마!
아들아!!
타닥
여인이 엘리사 발에 얼굴을 대고 엎드려 절했지.
선생님, 감사합니다! 감사합니다!
넙죽
정말 다행이오!
그리곤 아들을 데리고 나갔어.
주인님, 좀 짱!!

④ 엘리사가 독을 없앰

엘리사가 길갈로 돌아왔을 때, 마침 그 땅은 가뭄이 들었어.
예언자학교
예언자 수련생들을 앞에 두고 엘리사가 자기 종에게 말했어.
큰 솥에 이들이 먹을 국을 끓여라.
넵!!
머리조심
그는 나물을 캐려고 들에 나갔다가 박넝쿨을 발견했지.
오, 이것은?!!

※길갈 : 벧엘에서 북서쪽으로 약 12km, 해발 790m의 고지로 예언자 학교가 있었다.

※박넝쿨 : 콜로신스라는 박과의 식물. 오렌지 모양의 둥근 것으로 매우 쓰고 강한 독성을 지니고 있다.

그는 박을 따 옷에 가득 담아 왔어.
뭔지 모르지만 맛있어 보여!
타닥
그리고 그것을 국솥에 썰어 넣었지.
그게 뭐야?
뽀글 뽀글
몰라, 일단 먹어보자!
그런데 한 수련생이 국을 맛보다가 깜짝 놀라 소리쳤어.
이 국엔 죽음을 부르는 독이 들어있어요!
크윽!
켁!
뭐?!

열왕기하

그들은 국을 먹을 수 없었지.
얼른 밀가루를
가져오너라!
네?
아,
알겠습니다.
웅성
웅성
엘리사가 밀가루를 국에 넣고 말했어.
이젠 먹어도 되니
국을 떠주어라!
네?!
겨우
밀가루만
넣고?!
스르…
수련생들이 먹어보니 정말 독이 없어진 거야.
신기하다.
정말 괜찮네.
역시 하나님의
사람은 대단해.
후룩

⑤ 100명을 먹인 엘리사

바알 살리사에서 어떤 사람이 햇곡식으로 만든 보리빵 20개와 햇곡식을 자루에 담아 엘리사에게 가져왔지.
하나님께
드리는
예물입니다.
그걸 사람들에게
줘서 먹게 해라!
네? 사람들이
100여 명이나 되는데
겨우 이걸로요?
여호와께서는 그들이
먹고도 남을 것이라
말씀하셨다.
아 네…!
까우뚱

※바알 살리사 : 사울이 잃어버린 나귀를 찾던 '살리사'와 같은 곳 Link 4권 45p 으로 길갈에서 가깝다.

그것을 백여 명이 나눠 먹었더니 여호와의 말씀대로 배불리 먹고도 남았어.
아직 많이 남았는데
더 드세요!
아이고!
배불러.
헐! 말이 안 나온다.
자루 하나로 백여 명이
먹고도 남다니.
꺼억~
우걱
냠냠

5장 병에서 나온 나아만

아람의 군사령관 나아만은 왕의 큰 신임을 받고 있었지. 전에 여호와께서 그를 통해 아람에게 승리를 주셨거든.
승리는
아람에게!!
아람 만세!!
와아아
나아만 만세!!

그런데 강한 용사 나아만이 나병에 걸리고 말았어.
이… 이게
뭐야?!
여, 여보…!
허걱!
전에 아람 군대가 이스라엘을 칠 때 소녀 한 명을 잡아왔는데,
낄낄, 비싸게
팔아야지~!
살려주세요!!
우아앙
꺄아악~
그 소녀가 나아만 아내의 시중을 들고 있었어.
사마리아에 사는
예언자를 만나보세요.
그분이 주인님의 병을
고칠 수 있을 겁니다.
정말이야?

※당시 아람은 무리를 지어 이스라엘 땅에서 약탈을 일삼곤 했다.

※사마리아 : 예루살렘 북쪽 56km 지점에 위치하는 이스라엘의 수도.

나아만이 아람 왕에게 이스라엘에서 온 소녀의 말을 전했지.
이스라엘 왕에게 편지를 써줄 테니 다녀오시오!
감사합니다.
나아만은 은 10달란트와 금 6천 세겔, 옷 10벌을 가지고 길을 떠났어.
따각
따각
그리고 이스라엘 왕에게 편지를 전해주었지.
덜
덜
내 종 나아만을 이 편지와 함께 왕에게 보내니, 부디 그의 나병을 고쳐 주시오.

※아람 왕 : 아람(시리아)의 벤하닷 2세로 보인다.

※10달란트 : 약 342.7kg에 해당한다.

※ 6천 세겔 : 약 68.4kg에 해당한다.

※이스라엘 왕 : 아마도 제9대 왕 요람으로 보인다.

편지를 읽은 이스라엘 왕은 기가 막혀 자기 옷을 찢었어.
내가 사람을 죽이고 살리는 신이냐? 나병을 고쳐달라고 하니 말이 돼?!
깜짝
찌익
아람 왕이 싸울 구실을 찾으려 이런 일을 꾸민 것 같으니 자세히 알아보시오!
아… 알겠습니다!
쫙
쫙
이 소식을 들은 엘리사가 왕에게 심부름꾼을 보냈지.
왜 옷을 찢었소? 그 사람을 내게 보내면 이스라엘에 예언자가 있음을 알려주겠소!
오~! 그래, 엘리사가 있었지!

나아만은 말과 전차를 거느리고 엘리사의 집 문 앞에 멈췄어.
이곳입니다.
엘리사는 종을 통해 나아만에게 말했지.
엘리사님이 요단 강에서 몸을 7번 씻으시면 장군의 피부가 깨끗해질 것이라고 하셨습니다.
뭐라?!
나아만은 크게 화를 내며 발길을 돌렸어.
뭐야? 엘리사가 직접 나와서 자기 주님을 부르며, 내 몸에 손을 얹고 고쳐줘야 하는 거 아냐? 엉?
날 졸로 보는 거야? 이래 봬도 장군이라고!
씩
씩

※말과 전차 : 전쟁용이 아닌 예물을 싣고 온 마차로 보인다.

게다가 다메섹에 있는 아마나 강이나 바르발 강이 이스라엘의 강보다 더 좋지! 몸을 씻으려면 거기서 씻으면 될 거 아냐?!
우리 강은 똥물이냐?
씩
씩
그러자 나아만의 부하들이 말했지.
장군님, 잠깐만!
뭐냐?
만약 그 예언자가 더한 일을 시켰다면 어찌했겠습니까? 고작 몸이나 씻으라는 건데 못할 이유가 있을까요?
아, 그, 그게…!
움찔

※아마나 강, 바르발 강 : 다메섹에 흐르는 강으로 매우 깨끗하다. 반면 요단 강은 진흙 색의 혼탁한 강이었다.

못하겠다는 게 아니라 사람 기분이….
어려운 일도 아니니 한번 해보시지요.
결국 나아만은 요단 강에서 일곱 번 몸을 씻었어.
물 색깔이 너무…!
거 말 많네.
진흙 마사지라고 생각해요.
촤아아
그러자 나아만의 피부가 어린아이의 살결처럼 깨끗해졌지.
오오!! 내… 내 피부가?!
오, 이런 기적이!
첨벙
나아만과 모든 부하가 엘리사에게 돌아와 서서 말했지.
병은 다 나았소?
네! 이제야 이 세상에서 하나님이 계신 곳은 오직 이스라엘밖에 없다는 걸 알았습니다. 부디 이 종이 준비한 선물을 받아주십시오.
여호와의 살아계심을 두고 맹세하지만, 난 아무것도 받지 않겠소.
그래도 가져온 성의가 있는데~!
하나님의 은혜는 돈으로 살 수 있는 것이 아님.

나아만이 계속해서 선물을 권했지만 엘리사는 끝내 거절했지.
그렇다면 나귀 두 마리에 실을 만큼의 흙을 주십시오. 이제부터 이 종은 여호와 외에 다른 신에겐 희생제나 번제를 드리지 않겠습니다.
그렇게 하시오!
다만 여호와께서 한 가지만은 용서해 주시기 바랍니다. 아람 왕께서 림몬 신전에 들어갈 때 제가 부축해줘야 하거든요.

※흙 : 하나님은 이스라엘 땅에만 계신다고 착각하여 하나님을 예배하기 위해서는 그 땅의 흙이 필요하다고 생각한 것이다.

※림몬 : 아람 최고의 태양신 '하닷 림몬'을 의미한다.

그때는 저도 허리를 굽히고 들어가야 하니 그것만은 여호와께서 용서해주셨으면 합니다.
좋소. 안심하고 잘 가시오.
나아만이 떠나간 뒤 게하시가 생각하길,
내 주인은 나아만이 가져온 선물을 받지 않았다.
내가 하나님께서 살아계심으로 맹세한다. 그를 뒤쫓아가서 뭘 좀 받아내야겠다.
??
후다닥

※하나님께서 살아계심으로 : 맹세할 때 상투적으로 쓰던 이 표현을 게하시는 하나님의 영광을 가리는 일에 사용했다.

게하시는 나아만을 뒤쫓아갔지.
타다닥
게하시를 본 나아만은 전차에서 내려 그를 맞이했어.
무슨 일이냐?
별일은 아니고….
헉헉
지금 막 예언자 수련생 두 명이 에브라임 산지에서 왔는데 제 주인은 그들에게 은 1달란트와 옷 2벌을 주길 원하십니다.
어? 그래?

※1달란트 : 약 34.27kg에 해당한다.

그뿐이겠나! 은 2달란트를 주마!
아, 아니 1달란트만 주시면 됩니다.
나아만이 부하들에게 은 1달란트가 담긴 자루 2개와 옷 2벌을 주며,
부담 갖지 말고 2달란트를 받아라!
아, 알겠습니다.
하하!
게하시보다 앞서 메고 가게 했어.
너희는 후딱 앞장서서 올라가라.
그럼 저도 이만…!
언덕에 도착한 게하시는 물건을 받아 집 안에 감춰두고 그들을 돌려보냈지.
이젠 제가 알아서 할게요.
네!
게하시가 들어가자 엘리사가 물었어.
게하시야, 어디를 다녀왔느냐?
아, 아무데도 가지 않았습니다.
주춤
누가 너를 맞이하려고 전차에서 내렸을 때, 내 영이 너와 함께 있었다! 지금 은이나 옷, 기름이나 포도나 양이나 소, 남녀종을 받을 때냐?!
버럭
꽥!

※기름, 포도, 양, 소, 남녀종 : 당시 뇌물로 주로 사용되던 것들이다.

이제 나아만의 나병이 네게 옮겨갈 것이고 네 자손도 영원히 그 병을 앓게 될 것이다!!
아, 아이고! 자… 잘못했습니다!
덜덜
이내 게하시에게 나병이 생겨 피부가 눈처럼 하얗게 되었지.
이… 이럴 수가!!
악!

6장 물에 빠진 도끼

예언자 수련생들이 엘리사에게 말했어.
선생님, 이곳은 너무 좁습니다.
근데?

열왕기하

요단 강가로 가서 나무를 구해 살 곳을 지으면 어떨까요?
그러든가.
선생님도 같이 가시지요.
그러자꾸나!
요단 강가에 도착한 그들은 나무를 베기 시작했지.
위이잉
그런데 누군가 그만 도끼를 물에 빠뜨렸어.
으악!!
퐁당
아이고, 선생님! 빌려온 도끼인데 어쩌면 좋습니까?!
어디에 빠졌냐?
그가 도끼 빠진 곳을 가리키자 엘리사가 나뭇가지 하나를 꺾어서 그곳에 던졌지.
저기요.
휘익
도끼가 물 위로 떠오르자,
와아~! 쇠로 된 도끼가?!
둥 둥
호들갑 떨지 말고 후딱 도끼를 건져내라!
그가 손을 내밀어 도끼를 건져냈어.
대박이다!
하하하
휘익
엘리사와 아람의 군대
그때 아람과 이스라엘이 전쟁 중이었는데, 아람 왕이 신하들과 의논했지.
이곳에 진을 쳐야겠소.
매복하자는 말씀이죠?
마침 엘리사가 이스라엘 왕에게 사람을 보내 말했어.
아람 사람들이 그곳에 나타날 것이니, 조심하십시오.
오~
이스라엘의 왕은 엘리사가 말한 곳을 철저히 경계하도록 했지.
설마 이런 험한 곳에 오리라고는 생각도 못하겠지?
쉿
그렇게 엘리사가 미리 알려줘서 경계한 게 한두 번이 아니었어.
너희는 포위됐다! 순순히 무기를 버리고 투항해라!
헉! 걸렸다!!

※그때 : 정확하지 않지만 벤하닷 2세와 요람 사이에 있었던 전쟁 때로 보인다.

아람 왕이 머리끝까지 화가 나서, 신하들에게 호통을 쳤지.
우리 가운데 이스라엘 왕과 내통하는 자가 있다! 누구냐? 나와라!!
누가 감히 그런 짓을 한단 말입니까?
이스라엘의 예언자 엘리사가 왕께서 침실에서 은밀히 하신 말씀까지도 이스라엘 왕에게 일일이 알려준답니다.
그가 어디 있는지 알아내라! 사람을 보내 그를 잡아올 것이다!
그때 누군가 아람 왕에게 보고했지.
그는 도단에 있습니다.
알았다! 엘리사 넌 죽었어!!

※도단 : 사마리아 북쪽 19.2km 부근. 에스드렐론 평지에 위치한 곳으로 요셉이 이스마엘 상인들에게 팔려간 곳이기도 하다. Link 1권 131p

아람 왕은 기마병과 전차, 중무장한 군대를 보내 밤에 그 성을 에워쌌어.
은밀하게, 조용히 포위해라!
마침 아침 일찍 일어난 엘리사의 종이 아람 군대를 봤지.
두둥
저, 저게 뭐야?!
헉걱!
맙소사! 웬 엄청난 군대가?!
주인님, 큰일 났습니다. 어찌하면 좋겠습니까?
덜덜
두려워하지 마라. 저들보다 우리와 함께하는 사람들이 더 많다.
엘리사는 기도드렸어.
무슨 사람들이 있다고? 농담하시나?
여호와여, 이 종의 눈을 열어 보게 해주십시오!
두리번
여호와께서 종의 눈을 열어주시자, 엘리사를 에워싼 불 말과 불 전차가 온 산에 가득한 게 보였지.
허어억!! 마, 맙소사?!!
캬오오오

아람 군대가 성으로 내려오자 엘리사가 여호와께 기도했어.
와아아아아
주님, 저들의 눈을 멀게 해주십시오!
아, 아람 군대가 몰려옵니다!!
그러자 여호와께서 아람 병사들의 눈을 멀게 하셨어.
뭐, 뭐야?!
이 길은 당신들이 가려는 길도, 당신들이 찾는 성도 아니오!
아, 앞이 안 보여!
어어어
털썩
으으
나를 따라오시오! 당신들이 찾고 있는 사람에게 데려다주겠소!
그래요?
어어어…
고, 고맙소!
엘리사는 그들을 사마리아로 데려갔어.
으으으…
으으으…
그들이 사마리아에 들어서자 엘리사가 기도했지.
여호와여, 이들의 눈을 열어 보게 해주십시오!
여호와께서 눈을 열어주자, 그들은 자기들이 사마리아 성 한가운데 있는 것을 알게 됐지.
헉! 여기는 어디…?
헉!
켁!
여긴 사마리아 성이잖아?!
크악!
엄마야! 우리가 왜 여기에?
이스라엘의 왕이 엘리사에게 물었어.
이스라엘의 아버지여, 우리가 저들을 죽여도 되겠습니까?
흐흐
왕의 칼과 활로 사로잡은 게 아니니 죽이지 마십시오. 저들을 먹고 마시게 한 다음, 주인에게 돌려보내십시오.
쩝! 그, 그러지요.
후~
이스라엘 왕은 그들을 위해 큰 잔치를 베풀어 먹고 마시게 한 뒤,
뭐? 잔칫상을 준비했다고?
거 참, 뭐가 어찌 되는 건지?
웅성
웅성
그들을 아람 왕에게 돌려보냈어.
거 참, 꼼짝없이 죽는 줄 알았는데 거한 대접까지 받고 돌아가다니.
아람
커~억
별꼴 다 보는군.

※사마리아 : 예루살렘 북쪽 56km 지점에 위치한 이스라엘의 수도.

※이스라엘의 아버지 : 존경의 표현이다.

포위된 사마리아

그 뒤로 아람 군대는 이스라엘 땅에 쳐들어오지 않았어.
당분간 휴전한다. 하나님의 능력이 두렵기도 하고, 병사들을 돌려보내줬으니 싸움을 걸 명분도 없네.
옳으신 결정입니다.
그러나 얼마 뒤, 아람 왕 벤하닷이 모든 군대를 소집해 사마리아 성을 포위했지.
와아아
어휴! 저번에 그놈들을 다 죽였어야 했는데!

※벤하닷 : 벤하닷2세를 말한다.
※사마리아 : 예루살렘 북쪽 56km 지점에 위치한 이스라엘의 수도.

그러자 사마리아 백성들은 굶주리게 되었고, 나귀 머리 하나가 은 80세겔, 비둘기 똥 1/4가량이 은 5세겔에 거래될 정도였지.
아, 배고파.
나도…
어느 날, 이스라엘 왕이 성벽 위를 지나가고 있을 때 한 여인이 부르짖었어.
내 주 왕이여, 저를 도와주십시오!
주께서 돕지 않으시는데, 내가 너를 어찌 도울 수 있겠느냐? 나는 네게 줄 곡식도, 포도주도 없다. 그런데 무슨 일로 그러느냐?

※나귀 머리 : 먹을 만한 음식이 아니었을 뿐더러 율법에서도 부정한 짐승으로 먹지 못하게 했다. ※비둘기 똥 : 여물지 않은 콩을 말한다.
※은 80세겔과 5세겔 : 은 1세겔은 노동자의 4일 품삯으로, 80세겔은 약 912g, 5세겔은 약 57g에 해당한다.

며칠 전에 이 여자가….
아들을 내놓아라! 오늘은 네 아들을 잡아먹고, 내일은 내 아들을 잡아먹자!
아아…!
그래서 우리는 먼저 제 아들을 삶아먹었습니다.
뭐라? 아들을 삶아먹어!
다음 날, 제가 이 여자의 아이를 잡아먹자고 했는데 이 여자는 자기 아들을 숨겨버렸습니다.
흥!
부들
부들
그걸 지금 말이라고…!

※사마리아 성의 식량난은 어미가 자식을 잡아먹을 정도로 극심했다. 이런 비극은 성경에 기록된 예언이 그대로 성취된 결과였다. Link 2권 133p

이스라엘 왕이 너무나 기가 막혀 자기 옷을 찢자, 백성들은 그가 속에 굵은 베옷을 입고 있는 것을 보았어.
크흐흑!
어쩌다 이런 일이!!
쫘악
이스라엘 왕은 저주받을 각오를 하고 말했지.
사밧의 아들 엘리사의 머리가 오늘 그대로 붙어있다면, 하나님께서 내게 무서운 벌을 내리셔도 좋다!
왜 갑자기 엘리사님을?
글쎄? 팁을 봐야 알 것 같은데?

※굵은 베옷 : 거친 이 옷은 참회와 슬픔을 표시한다.

tip 왕이 엘리사를 죽이려 한다

이스라엘 왕은 사마리아의 모든 재난의 책임을 엘리사에게 돌렸다. 그 이유는,

① 엘리사가 아람의 군사령관 나아만의 나병을 고쳐주었다.
② 전에는 아람 군대의 침공 계획을 미리 예고해 대비토록 했으나 이번엔 그리 하지 않았다.
③ 엘리사를 잡으러 왔다가 사로잡힌 아람의 군대를 오히려 후하게 대접하고 돌려보내도록 했다.

이스라엘 왕이 엘리사에게 사람을 보냈어!
빨리 가서 엘리사의 머리를 베어라! 난 곧 뒤따라가겠다!
네!!

그때 엘리사는 장로들과 함께 자기 집에 있었지.
살인자의 자식이 사람을 보내 내 머리를 베려 하고 있소. 그가 오거든 문을 잠그고 절대 열어주지 마시오. 사람을 보내놓고 뒤따라오는 왕의 발자국 소리가 들리오.
네?!
아니, 왜 엘리사님의 목을?

그러는 동안, 이스라엘 왕이 왔어.
이 재앙은 여호와께서 내리신 것인데 내가 어찌 여호와의 도움을 기대하겠소?

tip 이스라엘 왕의 고백

이스라엘 왕은 사람을 보낸 뒤, 이 재앙이 엘리사가 아닌 여호와로부터 왔음을 깨달았다. 그가 어떻게 해서 이 같은 고백을 하게 되었는지는 알 수 없지만, 그런 깨달음으로 인해 하나님에 대한 한 가닥 소망을 가지고 엘리사에게 찾아올 수 있었다. 한편 이스라엘 왕이 보낸 사람은 왕보다 먼저 도착했으나 엘리사의 명령대로 장로들이 집으로 들어오지 못하게 했던 것으로 보인다.

※살인자의 자식 : 엘리사는 포악한 이스라엘의 왕 아합을 살인자로, 그의 아들 요람을 살인자의 자식으로 불렀다.

7장 사마리아의 구원

여호와께서 이렇게 말씀하셨소.
내일 이맘때쯤 사마리아 성문 어귀에서 고운 밀가루 1스아는 은 1세겔에, 보리 2스아는 은 1세겔에 살 수 있을 것이다!
어떻게 그런 일이?
?
오, 정말로요?

이스라엘 왕 곁에 있던 보좌관이 말했지.
흥!! 여호와께서 하늘창고의 문을 열어 곡식을 쏟아주신다 해도 어찌 그런 일이 일어나겠습니까?
그… 그치?
뭐?!

※1스아 : 약 7.6리터에 해당한다.
※은 1세겔 : 노동자의 4일 품삯에 해당한다.

네 눈으로 직접 그 일을 볼 것이다! 하지만 넌 그것을 먹지 못할 것이다!
뭐, 뭐라고?!
흡!
켁!

그 무렵, 성문 입구에 4명의 나병 환자들이 있었는데 그들이 서로 말하길,
여기 앉아서 죽을 수는 없지 않아?
그럼 어떡해? 성에 들어가도 굶어 죽을 게 뻔한데.
여기에 앉아있어도 죽는 건 마찬가지야.
그럼 어쩌자고?

※당시 나병 환자들은 성 밖에 격리돼 살았다. 이들이 성문 입구에 있었던 이유는 성 안에 있는 친척들이 음식물을 공급해주었기 때문이다.

아람의 군대에 항복하자! 그들이 살려주면 살고 죽이면 죽는 거지, 뭐!
흠!
음!
끙!
그래서 그들은 황혼 무렵 아람 군대의 진으로 갔어.
그래, 까짓 것!
이래죽으나, 저래죽으나!
그들이 아람 진영 끝까지 갔지만 그곳엔 아무도 없었지.
뭐, 뭐야? 왜 아무도 없지?
어찌 된 거야?
이, 이 만화 공포물이야?
나병 환자들이 오기 전, 여호와께서 아람 병사들에게 큰 군대가 전차와 말을 이끌고 쳐들어오는 소리가 들리게 하셨어.
헉! 이, 이게 무슨 소리야?!
뭐, 뭔가 엄청난 것이 몰려온다!!
두 두 두 두 두
이스라엘의 왕이 헷과 이집트의 왕들을 고용해 쳐들어왔다!!
황혼녘, 아람 병사들은 목숨을 건지기 위해 장막과 말과 나귀들을 내버려둔 채 도망쳤지.
사람 살려!!
튀어라!!
으아악~
으아악
우당탕
나병 환자들은 적진 끝까지 갔다가 한 장막 안에서 먹고 마셨지.
먹을 거다!
와아!
크하하
우걱 우걱
하나님께서 복 주시는구나야!

※헷 : 앗시리아를 비롯한 여러 소수 민족에 의해 붕괴된 제국으로 팔레스타인 북쪽에 소규모의 집단을 형성했다.

그리고 금과 은, 옷을 가지고 나와 숨겨두었어.
와, 대박이다!
빨리 숨기자!
후다닥
또 다른 장막에서도 여러 물건을 챙겨서 숨겨두었지.
빨리 빨리!!
이제 우린 부자다!
하하하
이런 게 바로 로또다!
그런데 그들이 서로 말했어.
이건 옳지 않아! 이 좋은 소식을 사람들에게 전하지 않고 내일 아침까지 기다리면 우린 벌 받을 거야.
맞아! 당장 왕궁으로 가서 이 사실을 알려주자.

열왕기하

그들은 성으로 돌아가 성 문지기들을 불러 말했지.
우리가 아람 진영에 갔다 왔는데, 그곳엔 아무 소리도 들리지 않고, 아무도 없습니다. 말과 나귀들과 장막만 그대로 있습니다.
뭐?
진짜로?
성 문지기들은 크게 기뻐하며 그 사실을 왕궁에 보고했어.
아람 군이 사라졌답니다!
진영이 텅 비었답니다!
후다닥
이스라엘 왕은 밤중에 일어나 신하들과 의논했지.
이건 함정이오. 적은 우리가 굶주린 것을 알고 일부러 진을 비우고 진 근처의 들에 숨어있을 것이오.
이스라엘 놈들이 성 밖으로 나오면 생포하고 성 안으로 쳐들어가자.
이건 꼼수가 분명해.
어차피 이대로 있다간 모두 굶어 죽을 테니 성 안에 남아 있는 5마리의 말에 정찰병을 태워서 살펴보게 하시지요?
좋은 생각입니다!
오오~
병사들이 전차 2대를 끌고 나왔어.
아람의 군대를 뒤쫓아가서 무슨 일인지 알아보거라.
그들이 아람 군대를 뒤쫓아 요단 강까지 가보았는데, 길에는 아람 병사들이 서둘러 도망치면서 버린 옷과 군 장비들이 잔뜩 널려 있었지.
두두두두
거 참, 도대체 무슨 일이 있었던 거지?
이것들이 귀신을 봤나?
그들이 돌아와서 이스라엘 왕에게 보고했어.
아람 군대는 모두 도망친 게 확실합니다!
그래?
그러자 백성들이 밖으로 몰려 나갔지.
아람 놈들 모두 도망갔대!
어서 가보자!!
거긴 먹을 게 있을 거야!
우르르
그때 이스라엘 왕이 자신의 보좌관을 시켜 성문을 지키게 했어.
멈춰라! 아직은 함부로 나갈…!
뭐야?!
비켜!!
저놈 치워!

하지만 그는 백성들에게 밟혀 죽고 말았지.
아이고, 굶어 죽기 직전이다!
빨리 가자!
꾸엑!
다다다닷
백성들은 아람 진영을 약탈했고, 고운 밀가루 1스아를 은 1세겔에, 보리 2스아를 은 1세겔에 살 수 있게 됐지.
와하하
이 모든 일이 엘리사가 말한 대로 이루어졌어. Link 5권 146p
이건 뭐지?
껌인가?

8장 땅을 돌려받은 수넴 여인

전에 은혜를 입었던 수넴 여인 Link 5권 133p 에게 엘리사가 말했지.
여호와께서 이 땅에 7년 동안 가뭄을 내리실 것이니, 가족과 함께 어디든지 떠나시오.
헉! 7년이나요?

※이 가뭄은 게하시가 나병에 걸리기 전 Link 5권 141p 에 있었던 것으로 보인다.

여인은 가족들과 함께 블레셋 땅으로 가서 7년 동안 지냈어.
블레셋
7년 후, 블레셋에서 돌아온 여인이 자기 집과 땅을 돌려받으려고 왕에게 갔지.

※블레셋은 토양이 기름지고 강우량도 적당한 곡창 지대였다. 이스라엘 땅보다 기근이 덜했다.

tip 왕에게 찾아간 수넴 여인

그동안 여인의 집과 땅은 국가에 귀속됐거나 아니면 누군가 가로챈 것으로 보인다. 그러나 수넴 여인은 블레셋 땅으로 이주할 때 자신의 소유권을 다른 사람에게 양도한 적이 없으므로 왕에게 호소해 자신의 소유권을 되찾고자 한 것이다. 이는 정당한 행위였으며 이런 일로 왕에게 호소하는 일은 당시의 관습으로 볼 때 자연스러운 일이었다.

때마침, 왕은 엘리사의 종 게하시와 이야기하고 있었어.
엘리사가 보여준 놀라운 일들을 다 얘기해봐라.
음! 한두 가지가 아닌데….
게하시는 엘리사가 죽은 사람을 살려낸 이야기를 했지.
저희가 신세지던 여인의 아들이 죽었는데….
오호~

바로 그때 여인이 와서 왕에게 말했어.
왕이시여, 제 집과 땅을 돌려 받고 싶습니다.
누구셔?
엇?
이 여인은?!
왕이시여, 바로 이 여인입니다. 그리고 이 아이가 엘리사님이 살려낸 그 아이입니다.
아니… 당신은…?
뭐? 정말이냐?
왕이 여인에게 그 사실을 물었어.
이 책을 보면 확실히 알 겁니다.
호! 그런 일이 정말로? 대단하군!
이거 재미있고 내용도 좋고.
킥킥
오~
성경

왕은 신하 한 명에게 여인의 문제를 맡겼지.
여인의 모든 재산과 그동안 그 땅에서 난 수확을 다 돌려주어라.
감사합니다!
넵!

아람 왕 하사엘

엘리사가 아람의 수도 다메섹에 갔을 때, 아람 왕 벤하닷이 병들어 있었어.
하나님의 사람이 여기에 와 있답니다.

벤하닷 왕은 신하인 하사엘에게 말했지.
예물을 가지고 그를 만나라. 그리고 내 병이 나을지 여호와께 여쭤달라고 해라.
하사엘

※하사엘에게 기름 부어 아람 왕으로 삼으라는 명령 Link 5권 95p 을 받은 엘리야 대신 엘리사가 갔던 것으로 보인다.

하사엘은 다메섹의 가장 좋은 예물을 40마리의 낙타에 싣고 엘리사에게 갔어.
선생님의 아들 같은 아람 왕 벤하닷이 보내서 왔습니다. 왕께선 자신의 병이 회복될지를 여쭤보라고 했습니다.
아들 같다고? 143p나 보고 그런 말을 해라. 낯짝도 두껍다!

tip 벤하닷 왕의 예물

한때 엘리사를 죽이려고 군대까지 동원했던 벤하닷 왕이 이처럼 선물까지 가지고 엘리사를 맞이하게 한 것으로 보아 아마도 몇 번에 걸쳐 하나님의 능력을 체험하고, 엘리사가 진정한 하나님의 예언자임을 깨달은 듯하다. 물론, 그렇다고 해서 그가 회개하고 개종했다는 것은 아니다. 다만 병 때문에 하나님 앞에서 겸손해진 것만은 분명하다.

왕에게 반드시 회복될 것이라 전하시오. 하지만 여호와께서는 그가 반드시 죽을 것이라고 하셨소.
쿵!
흠! 병으로는 안 죽는다는 말씀이군요.

그런 후, 엘리사는 하사엘의 얼굴을 뚫어지게 쳐다봤지.
아, 아니 왜…? 제가 무슨 잘못이라도…?
찌릿

그러더니 갑자기 울음을 터뜨렸어.
아이고! 갑자기 왜 우세요?
당신이 이스라엘 백성들에게 어떤 악한 짓을 할지 알기 때문이오.
우아앙

당신은 이스라엘의 요새를 불태우고 젊은이들을 칼로 죽일 것이오. 아이들을 땅에 메치고 임신한 여자들의 배를 가를 것이오.
개… 개만도 못한 사람인 제가 어떻게 그런 엄청난 짓을 하겠습니까?

tip 개만도 못한 사람

하사엘은 자신을 극도로 낮춰 표현했다. 자신은 개처럼 비굴하고 경멸스러운 존재라는 것이다. 하사엘이 이런 표현을 한 것은 지극히 보잘것없는 자신의 문벌을 의식한 때문이거나, 당시 반란을 준비하고 있던 역모의 마음을 감추기 위한 것일 수 있다.

여호와께서는 당신이 아람 왕이 될 것이라고 하셨소.
네? 제가 왕이 될 거라고요?
하사엘은 벤하닷 왕에게 돌아갔어.
그래, 엘리사가 뭐라고 하더냐?
왕께서는 반드시 나을 것이라고 했습니다.
하지만…
다음 날, 하사엘은 물에 적신 담요를 벤하닷 왕의 얼굴에 덮어 죽였지.
그만 죽어 주셔야겠소!
바둥
크으으으
바둥

그렇게 하사엘은 벤하닷 왕의 뒤를 이어 아람 왕이 됐어.
이제 내가 왕이다!
헉
헉
크흐흐
유다 5대 왕 여호람
이스라엘 왕 아합의 아들 요람 5년, 여호사밧이 여전히 유다를 다스릴 때,
아빠, 저도 왕하고 싶은데….
그래?
그의 아들 여호람도 왕이 되었어.
그러든가 뭐.
정말요?

※여호람은 아버지 여호사밧과 함께 8년을 통치하고, 8년을 단독 통치했다.

여호사밧은 여호람의 동생 6명에게 금은보화와 유다의 요새들을 선물로 주었지.
형을 잘 따르고 엉뚱한 생각하지 마!
염려 마세요.
반란은 꿈도 안 꿀 테니.
아사랴
여히엘
스가랴
아사랴
미가엘
스바댜
역대하 21장 2~3절
그리고 맏아들 여호람에게는 왕의 자리를 주었어.
넌 저거나 가져라!
그럼 감사히 받겠습니다!
하하하
KING
역대하 21장 3절

※2명의 아사랴 : 히브리 원문에는 각각 '아자르야'와 '아자르야후'로 돼 있으나 번역 과정에서 동일한 이름으로 표기되었다.

여호람은 32세에 왕이 돼 예루살렘에서 8년간 유다를 다스렸지.
자, 아빠가 돌아가셨으니~♬
여호람은 왕위에 오르자, 모든 동생과 이스라엘 지도자 몇 명을 칼로 죽였어.
찜찜한 싹은 잘라내야지!
큭큭
으악
퀙!
크악~
역대하 21장 4절

※8년 : 여호사밧이 죽고 여호람이 단독 통치한 기간이다.

tip 동생들을 죽인 이유

여호람의 동생들이 여호람과 그의 아내의 우상숭배를 반대했기 때문으로 보인다. 여호람의 아내는 이스라엘 왕 아합의 딸 아달랴였는데, 그 역시 아내의 영향을 받아 우상을 숭배했다. 반면 동생들은 여호와를 섬겼다. 이로 인해 백성들로부터 존경을 받게 된 동생들에게 정치적인 위기를 느껴 그들을 죽이게 된다.

그는 아합의 딸 아달랴와 결혼해 아합의 집안처럼 이스라엘 왕들의 길을 따르며 여호와 앞에서 악한 일을 했는데,
장인어른! 같이 가요!
아합
아하시야
아달랴
여보! 빨리 와요!
유다의 여러 언덕 위에 우상을 섬기는 산당을 짓고,
바알 신의 영광을 위해!
여호람
여호사밧
실컷 부숴놨더니, 저놈이!!
역대하 21장 11절
예루살렘 백성들이 죄를 짓고, 여호와로부터 멀어지게 했어!
자자, 산당으로 놀러오세요. 서비스 좋습니다.
오, 좋은데?
역대하 21장 11절
그러나 여호와께서는 다윗을 위해 유다를 멸망시키지 않으셨어. 다윗과 그의 자손의 왕조가 영원히 유지될 거라고 약속 Link 4권 153p 하셨기 때문이야.

※아달랴 : 바알을 숭배했던 아버지 아합의 영향을 받고 자랐다.
※이스라엘 왕들의 길 : 우상숭배를 말한다.

그 후, 에돔이 자기들의 왕을 세우고 유다에 반기를 들었지.
우리는 더 이상 유다의 속국으로 살 수 없다!
독립하자!!
와아아
에돔 만세!!
그래서 여호람은 모든 전차를 이끌고 사일로 건너갔어.
감히 우릴 배신해?

※다윗 시대에 이스라엘에 정복된 에돔은 Link 4권 155p 여호사밧 때 이스라엘에서 임명한 왕이 통치하고 있었다.
※사일 : 에돔의 남쪽 산간 지역으로 보이나 정확한 위치는 알 수 없다.

그런데 그만 에돔 군대에게 포위되고 말았지.
제길! 망했다! 너무 깊숙이 들어왔어!
헉!
여호람은 밤이 돼서야, 에돔 군대의 포위망을 뚫고 빠져나올 수 있었어.
이스라엘 놈들이 포위망을 뚫었다!!
막아라!!
와아아아
두두두두

사기를 잃은 유다의 병사들은 모두 흩어져 각자의 집으로 돌아갔지.
꼴좋다!
이처럼 반역한 에돔은 오늘날까지 유다의 지배를 벗어나 살고 있어.
에돔의 완전한 독립을 선포한다!
와아아아
어느 날, 예언자 엘리야가 여호람에게 편지를 보냈어.
왕의 조상 다윗의 하나님께서 그렇게 말씀하셨소!
부들
부들
역대하 21장 12절

※오늘날까지 : 저자(성경에서 엄밀한 의미의 저자는 성령 하나님이시다)가 열왕기를 기록한 시대를 말한다.

※여호람 초기는 엘리야가 하늘로 올라가기 바로 직전이었다.

너는 네 아버지 여호사밧이나 네 할아버지 아사처럼 살지 않고, 이스라엘의 악한 왕들의 길을 걷고 있다.
또한, 아합의 집안이 한 것처럼, 유다와 예루살렘의 백성이 죄를 짓게 만들었으며 너보다 착한 네 형제들을 죽였다.
그러므로 이제 내가 너의 백성과 너의 자식들, 너의 아내들, 너의 모든 재산에 큰 벌을 내리겠다!
또한 너는 창자에 심한 병이 걸릴 것이며, 그 병은 날로 악화되어 창자가 밖으로 빠져 나올 것이다!
역대하 21장 12~15절
뭐? 내 창자가 어쩌고 어째?!
파바박
역대하 21장 15절
그리고 여호와께서는,
그동안 유다에 바치던 예물을 이젠 끝냅시다!
에돔도 독립했잖아. 까짓 것!
역대하 21장 16절

블레셋과 에티오피아 근처에 살던 아라비아 사람들의 마음을 움직여 여호람을 공격하게 하셨어.
그동안의 수모를 앙갚음해주자!
역대하 21장 16절
그들은 유다를 공격해 왕궁의 모든 재물을 빼앗고, 여호람의 아내들과 아들들을 잡아갔는데,
크하하
꺄아악
역대하 21장 17절

※여호람의 아들들은 잡혀가서 모두 죽임을 당했다.

막내 아하시야 외에 남은 아들이 없었어.
아… 우리만 남았구나.
여호람
아하시야
흑!
역대하 21장 17절
그 시기 립나도 유다에 반역했지.
오늘 립나도 완전한 독립을 선포했는데 현장에 나가있는….
립나 완전 독립 선포
아주… 독립이 유행이구나 유행!
체!

tip 립나

립나는 유다의 서남쪽 블레셋 변방에 위치했던 성읍으로 대략 가드와 에그론 사이에 위치한 곳으로 보인다. 초기 가나안 땅에서는 자신의 왕이 있는 독립된 성이었으나 이스라엘의 가나안 정복 전쟁 때 정복돼 도피성으로 지정된 뒤 지금에 이르렀다.

※아하시야 : 이스라엘 8대 왕이자 아합의 아들 아하시야와는 동명이인.

그 후, 여호와께서 벌을 내려 여호람의 창자에 불치병이 들게 하셨지.
가, 갑자기 배가…!
크으으…
역대하 21장 18절
여호람은 2년 동안 병을 앓았는데 몸 밖으로 창자가 터져나왔어.
크으으!
역대하 21장 19절
그러다 심한 고통 속에 죽었지.
삐이이이~
꼴까닥!
흑흑
역대하 21장 19절
그런데 백성들은 왕이 죽으면 피우던 향불도 피우지 않고, 아무도 슬퍼하지 않았지.
잘한 일이 있어야 향불을 피워주지!
아합처럼 악한 왕이잖아! 유다의 수치야!
역대하 21장 19~20절
그는 다윗성에 묻혔지만 왕실 묘지에는 묻히지 못했고, 그의 아들 아하시야가 왕이 됐어.
아무도 날 사랑하지 않아! 삐뚤어져버릴 테다!
동생들까지 다 죽이고, 우상이나 숭배하고.
흑흑
야야! 더 삐뚤어질 것도 있냐?
역대하 21장 20절
여호람이 한 모든 일은 유다 왕들의 역사책에 기록됐지.
유다의왕들
성경
유다 6대 왕 아하시야
이스라엘의 왕 요람(아합의 아들) 12년, 여호람의 막내아들 아하시야가 22세에 왕이 됐고,
형들이 블레셋과 아라비아 사람들에게 모두 죽은 덕분에 막내인 내가 왕이 됐네!
푸하하
예루살렘에서 1년 동안 유다를 다스렸어.
저… 재위 기간이 1년이랍니다.
쩍!
그의 어머니는 이스라엘 왕 오므리의 손녀이자 아합의 딸 아달랴였지.
아들아, 바알을 섬기면서 막 살아보자꾸나.
그러죠 뭐. 일 년짜리인데…!
아달랴
아하시야는 아합 집안의 사위로, 그 집안의 길을 따르며 여호와 앞에 악한 일을 했어.
여어, 아들! 너도 왔구나!
아하시야는 이스라엘 왕 요람과 함께 아람 왕 하사엘과 싸우러 길르앗 라못으로 갔지.
크크
하사엘! 떡을 만들어버리겠다!

※왕실 묘지 : 이곳에 왕이 묻히지 못했다는 것은 하나님의 저주를 받았음을 뜻한다.

※아하시야 : 이스라엘 8대 왕이자 아합의 아들 아하시야와는 동명이인이다.

※오므리 : 이스라엘 6대 왕으로 아합의 아버지이다.

※사위 : 아하시야는 아합의 외손자였다. 사돈 집안을 사위라고 표기한 것으로 보인다.

※요람 : 이스라엘 9대 왕으로 아하시야의 외삼촌이다.
※하사엘 : 벤하닷 왕을 죽이고 아람 왕이 되었다.

Link 5권 151p

tip 길르앗 라못

갓 지파의 길르앗 땅에 있던 성읍으로 요단 강 동편에 위치한 도피성이다. 여기서 말하는 전투가 라못 성을 아람에게서 빼앗기 위한 것인지 아니면 방어하기 위한 것인지는 분명치 않다. 왜냐하면 라못 성은 아합과 여호사밧 때 정복하려 했으나 실패한 뒤 Link 5권 108p 이스라엘이 정복했다는 기록이 없기 때문이다.

이 전투에서 부상당한 요람은 치료를 위해 이스르엘로 갔어.
두두두
아이고! 나 죽네! 이놈들아 좀 살살 달려!
아하시야도 요람을 문병하기 위해 이스르엘로 내려갔지.
외삼촌이 괜찮아야 할 텐데….
두두두두

※이스르엘 : 아합의 별궁이 있던 곳. 나사렛 동남쪽 약 16km 지점의 길보아 산 밑에 있다.

9장 이스라엘 10대 왕 예후

엘리사가 예언자 수련생 중 한 사람에게 말했어.
허리를 단단히 묶고 이 기름병을 가지고 길르앗 라못으로 가라.
거긴 전쟁 중이라 위험한데.
그곳에서 님시의 손자이며 여호사밧의 아들인 예후를 만나라. 동료들 사이에서 그를 불러 안쪽 방으로 데려가거라.
절 사지로…!
흑흑
그리고 그의 머리에 기름을 붓고 '나 여호와가 말한다. 내가 너를 이스라엘 왕으로 세웠다.'라고 말해라.
제가 그런 엄청난 일을?!
헉

※손자 : Link 5권 95p 에는 님시의 아들이라 적혀있지만 자손을 의미한다.
※동료들 : 예후와 함께 있는 군사령관들을 가리킨다.

그런 다음 문을 열고 재빨리 튀어라. 머뭇거리면 안 돼!
넵!
이건 가문의 영광!
젊은이는 길르앗 라못으로 향했지.
으… 살벌한데…!
이때 이스라엘 군대는 아람 왕 하사엘에 맞서 길르앗 라못을 지키고 있었어. 젊은이가 도착했을 때, 장군들이 회의를 하고 있었지.
화살이 부족합니다.
공중 지원이 필요해요.
흠!
저… 장군님…!
저요?
왜요?
우린 다 장군이야.
나?
누굴 말하는 거냐?
예후
바로 장군님입니다. 긴히 전할 말이….
흠…!
소곤 소곤

예후가 일어나 집 안으로 들어갔어.
일단, 이리로 들어오시오!
네!!
그러자 젊은이가 예후의 머리에 기름을 부으며 말했지.
쉿! 이스라엘의 여호와 하나님께서 말씀하셨습니다.
뭐…?!
줄줄줄~
내가 네게 기름 부어 내 백성, 곧 이스라엘의 왕으로 세웠다. 그러니 너는 네 주인인 아합의 집안을 쳐라! 나는 내 종들인 예언자들과 다른 종들이 흘린 피의 죄값을 이세벨에게 치르게 하겠다! 아합의 집안을 모두 멸망시킬 것이다!
아합 집안의 남자는 누구든 가리지 않고 다 죽일 것이다! 이스르엘 땅에서 개들이 이세벨의 시체를 뜯어 먹겠지만 묻어주는 사람은 아무도 없을 것이다! 아합의 집안을 느밧의 아들 여로보암과, 아히야의 아들 바아사의 집안처럼 만들 것이다!
줄줄줄~

※여로보암, 바아사 : 북 왕국 이스라엘 1대 왕 여로보암과 3대 왕 바아사의 집안은 모두 왕조를 연 지 2대만에 부하에 의해 멸문지화를 당했다. Link 5권 78p, 80p

말을 마친 젊은이는 문을 열고 도망쳤어.
그럼 전 이만!!
아, 아니 …?!
후다닥
예후가 장군들에게 돌아오자 한 사람이 물었지.
원, 별 이상한 놈 다 보겠네!
좋은 소식이오? 그 미친 녀석이 무슨 일로 왔죠?
당신들은 그자가 한 말이 무엇인지 알지 않소?
그게 무슨 소리요?
그가 한 말을 말해주시오.

tip 알지 않소?

예후는 장군들과 수련생 사이에 모종의 계획이 있었던 것으로 생각하고, 수련생과 있었던 일을 장군들이 모두 알고 있지 않느냐고 되물었다. 다시 말해, 예언자 수련생의 행동은 자신을 왕위에 앉히기 위해 장군들이 꾸민 일이라고 생각한 모양이다.

여호와께서 나를 이스라엘의 왕으로 기름 부어 세웠다더군.
헉!
네?!
이에 장군들은 급히 일어나 자기 옷을 돌계단 위에 깔고 예후를 그 위에 모셨어.
아니… 왜, 왜 이러시오?!

그리고 나팔을 불며 외쳤지.
예후가 왕이 되셨다!!
뿌우우우~
이렇게 님시의 손자이며 여호사밧의 아들인 예후는 요람을 칠 모의를 했어.
마침 요람이 부상을 당해 자리를 비웠군!
이곳 군대는 모두 예후님 휘하에 있습니다.
하나님 계획이잖아.
모반 시기가 아주 예술이네요.
당신들의 뜻이 나와 같다면, 이 성을 빠져 나가 이스르엘에 이 소식을 알리는 사람이 없게 하시오.
염려 마십시오!!
철통 보안!!
그리고 예후는 전차를 타고 요람이 있는 이스르엘로 갔지.
두두두
이때, 요람은 부상을 치료하기 위해 이스르엘로 돌아가 있었고,
흠! 하나님 말씀도 이 책으로 보니 쉽네.
찔찔
유다 왕 아하시야도 이스르엘에 와 있었어.
좀 어떠세요?
이젠 좀 살만하네.
이스르엘의 망대 위에 있던 파수병이 예후의 군대를 보고 외쳤지.
웬 군대가 오고 있습니다!
왕께 보고할게!!
요람이 파수병에게 명령하자,
기마병을 보내, 좋은 소식인지 물어봐!
넵!
기마병이 예후에게 갔지.
왕께서 좋은 소식인지 물으십니다!
그건 너와 상관없는 일이다. 그냥 내 뒤에 서라!
파수병이 요람에게 보고했어.
기마병이 돌아오지 않습니다.
그래? 한 명 더 보내봐라!!
두 번째 기마병이 예후에게 갔지.
왕께서 평화의 소식인지 물으십니다!
그건 너와 상관없는 일이다. 너도 그냥 내 뒤에 서라!
어이!

열왕기하

파수병이 다시 요람에게 보고했어.
두 번째 기마병도 돌아오지 않습니다. 그런데 말을 미친 듯이 모는 게 님시의 손자 예후 같습니다.
그래? 전차를 준비해라.
벌떡
저도 같이 가죠.
탁
전차가 준비되자, 이스라엘 왕 요람과 유다 왕 아하시야가 각각 전차를 타고 예후를 만나러 나갔지.
무슨 일이지? 길르앗 라못이 함락된 건 아니겠죠?
두두두두
그들은 이스르엘 사람 나봇의 땅에서 예후를 만났어.
장군, 좋은 소식이오?!
네 어머니 이세벨이 우상을 섬기며 요술을 부리는데 무슨 좋은 소식이 있겠냐?!
요람이 말을 돌려 도망치며 아하시야에게 소리쳤지.
바… 반역이다!!
푸히히힝
휙
※나봇의 땅 : 아합의 탐욕과 이세벨의 악한 간계로 왕궁의 정원이 된 땅이다. Link 5권 103p
예후가 활을 힘껏 당겨 요람의 등을 향해 쏘았어.
이랴!!
핑!
눈치가 빠르구나!!
두두두두
화살이 요람의 가슴을 꿰뚫어 그가 전차 바닥에 쓰러졌지.
퍽
크헉!
헉!
예후가 자기의 부하 빗갈에게 말했어.
너와 내가 전차를 타고 요람의 아버지 아합을 따라다닐 때, 여호와께서 아합에게 선포하신 말씀을 기억하냐?
네, 기억합니다!! Link 5권 104p 에 있었던 일이죠!
빗갈
나는 어제 나봇과 그의 아들들이 흘린 피를 보았다. 그러므로 내가 바로 이 땅에서 아합에게 그대로 갚아주겠다!
여호와께서 이렇게 말씀하셨다.
뭐, 얼추 비슷하네요.

여호와의 말씀대로 요람의 시체를 나봇의 밭에 던져라!
알겠습니다!
유다 왕 아하시야는 요람이 죽는 걸 보고 벧하간 방향으로 도망쳤지.
풀 엑셀이다! 달려라 달려!!
두두두두
예후가 그를 뒤쫓아가며 말했어.
저놈도 한 집안이니 살려둬선 안 된다!!
두두두두
잡아라!

※벧하간 : 이스르엘 남쪽 약 11km에 위치한 엔간님을 가리키는 걸로 보인다.

아하시야는 이블르암 근처의 구르 오르막길에서 칼에 찔렸고,
조금 따끔할 거야!
푹
큭!
두두두두
므깃도까지 도망쳐 숨었지만 예후의 부하들에게 붙잡혀 예후에게 죽임을 당했어.
그놈을 끌고 와라!
아이고! 남자답게 말로 합시다. 말로!

※이블르암 : 므깃도 남동쪽 약 16km 지점에 위치함.
※구르 오르막길 : 이스르엘 평원 남쪽 끝과 이블르암 사이에 위치한 오르막길.
※므깃도 : 나사렛에서 남서쪽으로 약 16km 지점에 위치한 도시.
※예후의 부하들에게 붙잡힌 뒤 예후에게 죽었다는 것은 Link 역대하 22장 9절 의 기록이다.

아하시야의 신하들이 그를 전차에 싣고 예루살렘 다윗성에 있는 조상들의 묘지에 묻었어. 아하시야는 이스라엘 왕 요람(아합의 아들) 11년에 유다 왕이 됐지.
그러게 왜 남의 전쟁에는 쫓아가서는…!
오지랖이 방정이지!
그래도 왕은 마음을 다해 주님만 찾은 여호사밧의 손자였어.

※손자 : Link 역대하 22장 9절 에는 아하시야가 여호사밧의 아들이라 나오지만 그는 실제 여호사밧의 손자였다.

tip 요람(아합의 아들) 11년

앞에서는 Link 5권 154p 요람(아합의 아들) 12년에 아하시야가 왕이 됐다고 기록돼 있으나 여기에서는 요람 11년이라고 기록됐다. 이런 차이는 섭정 제도 때문이다. 즉, 요람 11년에 아하시야가 왕이 됐다는 것은 선대 왕이 병으로 죽기 1년 전 아하시야가 왕이 돼 아버지 여호람과 함께 유다를 통치했던 것을 가리킨다.

이세벨의 죽음

이세벨은 예후가 이스르엘에 도착했다는 소식을 들었어.
예후가 왔습니다.
자리를 피하십시오!!

이세벨은 눈 화장을 하고 머리를 손질한 뒤 창밖을 내다보았지.
흥
흥이 아니라 빨리 튀어야 합니다요.
이러다 죽어요!
예후가 성문으로 들어오자, 이세벨이 소리쳤어.
제 주인을 죽인 시므리 같은 자여! 평안하냐?
!!
두두두두

※시므리 Link 5권 81p : 이스라엘 왕위 찬탈자 중 가장 비열했고, 가장 단명한 자로 예후를 시므리에 비교한 것은 심한 경멸과 저주에 해당한다.

이에 예후가 소리쳤고, 내시 두세 명이 내려다보았지.
내 편이 될 사람이 아무도 없느냐?
웃기네! 네 편이 누가 있겠냐?
예후가 그들에게 명령했어.
그 여자를 내던져라!
충성!
뭐!?
그럼 저희는 살려주는 거죠?
안녕!
잘 가요.
이러다 죽는다니까!
휘익
꺄악!
이세벨이 창문 밖으로 내던져지며 벽과 말들에 피가 튀었지.
쿵!
그리고 예후가 탄 전차의 말들이 그 시체를 밟고 지나갔어.
예후는 그 궁에서 먹고 마셨어.
그 저주받은 여자를 찾아서 묻어줘라. 그래도 왕의 딸이지 않나!
네!
※왕의 딸 : 이세벨은 시돈 왕 엣바알의 딸이었다. Link 5권 83p
사람들이 이세벨을 묻어주려고 찾았지만 그녀의 해골과 손발 외에 남은 게 없었어.
흠, 누군지 알아볼 수도 없군.
찰칵
POLICE LINE
POLICE LINE
개들이 뜯어 먹은 것 같네요.
POLICE LINE

그들이 돌아와서 예후에게 보고했어.
여호와께서 그의 종 디셉 사람 엘리야를 통해 말씀하신 그대로 Link 5권 104p 이루어졌군.
그때 저도 같이 있었죠!
이스르엘 땅에서 개들이 이세벨의 시체를 뜯어 먹고, 그 시체는 땅의 거름처럼 될 것이다. 그러므로 그것을 이세벨이라고 할 사람은 아무도 없을 것이다!
크르르~
캐갱
10장 멸망하는 아합의 집안
사마리아에는 아합의 아들 70명이 살고 있었지.
예후가 왕을 죽였습니다!
덜
우린 어떻게 되는 거죠?
덜

※사마리아 : 예루살렘 북쪽 56km 지점에 위치한 이스라엘의 수도.
※아들 : 여기서 '아들'은 히브리어로 '후손'을 의미한다.

예후는 사마리아에 있는 이스르엘의 관리와 장로, 아합의 아들들을 보호하고 있는 사람들에게 편지를 보냈어.
당신들은 왕의 아들들을 데리고 있으며 전차, 말, 무기, 요새를 가지고 있소. 그러니 이 편지를 받거든, 왕의 아들들 중 가장 뛰어난 사람을 왕으로 세우고 왕의 집안을 위해 나와 싸울 준비를 하시오.
사마리아
두두두두

tip 예후의 편지

예후의 편지에는 조롱과 도전의 의미가 담겨 있다. 예후가 전차, 말, 요새 운운하며 자기와 싸울 것을 제안한 것은 사마리아 성의 월등한 군사력에도 불구하고 자기는 얼마든지 싸워 이길 자신이 있음을 선언한 것이다. 또 이런 제안을 통해 사마리아의 대신들이 자기에 대해서 어떤 의중을 품고 있는지 파악하려는 뜻도 있다.

사마리아의 관리와 장로들은 두려워하며 말했지.
두 왕도 예후를 막지 못했는데 우리가 어떻게 막겠소?
우리가 살길을 찾아야 합니다!
이에 왕궁의 관리, 지도자, 장로, 아합의 아들을 보호하고 있는 사람들이 예후에게 전령을 보냈어.
두두두두
이스르엘
우리는 장군의 종이니 장군의 말은 무엇이든지 따르겠습니다.
우리는 아무도 왕으로 세우지 않겠으니 장군 좋을대로 하십시오.

예후가 두 번째 편지를 써서 보냈지.
당신들이 내 편이 돼 내 뜻을 따르겠다면 왕의 아들들의 목을 베어 내일 이맘때까지 내가 있는 이스르엘로 가져오시오. 라고….
어쩌지?
어쩌긴 우리가 살려면 죽여야지.
그러자 그들은 왕자 70명을 붙잡아 모두 죽였어.
살려주세요!!
커억
크악!
크아아악
으악!
내가 하고 싶은 말이다! 너희가 우릴 좀 살려주라!

그리고 그들의 머리를 바구니에 담아 이스르엘에 있는 예후에게 보냈지.
이스르엘
두두두두
전령이 예후에게 와서 전했어.
왕자들의 머리를 가져왔습니다.
그 머리들을 두 무더기로 나눠 아침까지 성문 앞에 쌓아둬라.
여기 싸인을…

tip 성문에 쌓아두다

구약 시대에 성문은 공적인 대중 집회와 종교 의식, 재판이 이루어지던 곳으로 사람의 왕래가 잦았다. 예후가 왕자들의 머리를 성문에 두게 한 것은 그들의 죽음을 공식적으로 공포하는 의미가 있었다. 한편으론 70인의 왕자에 대한 살육의 책임이 관리들에게 있음을 알리고 재판을 통해 사건의 진상을 밝힘으로써 아합 자손들의 죽음에 대해 자신은 의혹에서 벗어나려는 의도를 보여준다.

아침이 되자, 예후가 백성들에게 말했지.
나는 내 주인 요람에게 반역해 그를 죽였지만 백성들은 아무 잘못이 없소! 그런데 이들을 죽인 사람은 누구요?!
사마리아에 있던 관리들이 죽였잖아.
관리들도 아합 집안에 불만이 많았나 봐.
백성들이여, 여호와께서 아합 집안을 두고 하신 말씀 중에 어긋난 게 없습니다! 여호와께서 그의 종 엘리야를 통해 하신 말씀이 모두 이루어졌소!

※예후는 자신의 모반과 왕자들의 죽음이 하나님의 뜻임을 강조하고 자신의 모반에 정당성을 부여하고 있다.

그런 후, 예후는 이스르엘에 남아있던 아합 집안의 모든 사람, 즉 관리와 친척 및 제사장들을 모두 죽였어.
샅샅이 뒤져서 한 놈도 살려두지 마라!
크악!
으악
그리고 이스르엘을 떠나 사마리아로 갔지.
수도 사마리아로 가서 확실히 접수하자!
두두두두
예후가 사마리아로 가는 길에 목자의 양털 깎는 집에 도착할 무렵, 유다 왕 아하시야의 형제들을 만났어.
당신들은 누구요?
우린 아하시야 왕의 형제들이오. 이세벨 왕비와 왕자들, 왕의 친척들에게 문안하러 가는 길이오.
그으래? 딱 걸렸네.
흐흐
이들을 생포하라!!
네!

※목자의 양털 깎는 집 : 목자들의 회의 장소로도 이용되었다.
※아하시야의 형제들 : 아하시야의 형제들은 이미 죽었고 Link 5권 153p 여기선 그들의 아들들을 가리킨다.

그때 예후의 부하들이 한 구덩이에 넣어 죽인 사람은 모두 42명이었는데 한 사람도 살려두지 않았어.
으악 크악!
푹
푹
예후는 다시 길을 가다가 자신을 만나러 오던 레갑의 아들 여호나답을 만났지.
응? 저 사람은 여호나답 아닌가?
예후가 그에게 인사하며 말했어.
안녕하시오. 내가 그대를 진심으로 믿듯이 그대도 나를 믿는다면 손을 내미시오.
믿지요.

여호나답이 손을 내밀자 예후가 그를 자기 전차에 태웠지.
나와 함께 가서, 내가 여호와께 얼마나 열성적인지 보시오.
기대됩니다.

tip 여호나답

여호나답은 겐 족속 중 함맛의 아들 레갑의 이름을 따 '레갑 족속'을 세웠다. 레갑 족속은 포도주를 마시지도, 밭이나 과수원을 만들지도 않고 유목생활을 했다. 이는 정착된 생활에 따른 사치와 방종을 피하고 오로지 하나님을 섬기며 경건함을 유지하기 위해서였다. 이스라엘 백성의 존경을 받았던 이런 레갑 족속은 예언자 예레미야에 의하면 '요나답'과 동일 인물임을 알 수 있다. Link 예레미야 35장 1~9절 하나님께서 예후의 반역을 통해 아합 왕가를 심판하고 징계한다는 소식을 들은 레갑 족속의 여호나답은 사마리아를 향하는 예후를 환영하러 나갔다. 이로써 예후의 반역은 정치적인 혁명에서 종교적인 개혁으로 전환되는 계기를 맞이하게 된다. 뿐만 아니라 이스라엘 백성의 존경을 받고 있던 레갑 족속 여호나답이 예후의 반역을 지지한다는 사실은 아합 왕조의 타락으로 백성들의 민심이 돌아서 있었음을 잘 보여준다. 이런 사실이 예후에게는 사마리아 사람들에게 자신의 위세를 과시하고 민심을 돌리는 데 좋은 기회가 되었다.

※겐 족속 : 모세의 장인 이드로의 족속으로 미디안 족속으로도 불렸다.

예후는 사마리아에 가서 남은 아합의 지지자들을 모두 죽였지. 이 모든 일은 여호와께서 엘리야를 통해 말씀하신 대로 이루어진 거야.
커억
퍽
으악
크아악

바알의 제사장들

예후가 모든 백성을 불러 모은 뒤 말했지.
아합은 바알을 조금 섬겼지만 나는 그보다 더 열심히 섬길 것이오! 바알을 경배하는 집회를 준비하시오!!
뭐야?
웅성
웅성
헉!

바알의 예언자들, 제사장들, 종들을 부르시오! 바알을 위해 성대한 제사를 드릴 테니 한 사람도 빠져서는 안 되오! 빠지는 사람은 살아남지 못할 것이오!
괜히 쫄았네!
우리의 세상은 끝나지 않았어!!
만세!
역시 바알 신이 보호해주는구나!!
하하하
이런…!
저놈들이!

그러자 바알을 위한 집회가 선포됐어.
아…! 어찌되려고 이런 일이…!
바알을 위한 집회
(빠지면 재미없음)
장소 : 사마리아 바알 신전
일시 : Right Now!
협찬 : 전국우상연합
웅성
웅성

예후가 이스라엘 모든 지역에 사람을 보내자 바알의 종들이 빠짐없이 모였지. 그들이 바알의 신전으로 들어가자 그곳은 사람들로 가득 찼어.
어허, 밀지 마!!
이 무식때기들아! 줄 서라, 줄!
여기가 이스라엘이야, 시돈이야?
시끌
시끌

※바알 신전 : 아합이 시돈 왕 엣바알의 딸 이세벨과 결혼한 뒤 사마리아에 세운 것이다. Link 5권 83p

예후가 예복을 관리하는 자에게 말했지.
저들에게 예복을 내줘라.
넵!
그리고 예후와 레갑의 아들 여호나답이 바알의 종들에게 말했지.
이곳에 여호와를 섬기는 자는 한 명도 있지 못하게 하시오!
여기는 바알을 섬기는 사람들만 있어야 하오!
눈치 없이 어디에 끼어?
하하하
웅성
웅성
좋은 말할 때 나가라, 응?
바알의 종들이 번제와 제사를 드리기 위해 모두 신전으로 들어가자,
모두 다 들어갔습니다.
그리하여 그가 바알의 종들에게 예복을 내주었어.
자자, 한 벌씩 가져가요.
촤르륵
와, 공짜야?
예후는 밖에 포진시켜 뒀던 부하 80명에게 말했어.
너희에게 넘겨준 자들 중에 한 명이라도 놓치면 놓친 사람이 대신 죽을 것이다!
넵!
그들이 번제를 끝내자마자 예후가 호위병과 장교들에게 말했지.
들어가서 저놈들을 싹 죽여라! 한 놈도 빠져 나가선 안 된다!
넵!!
척
예후는 바알의 종들을 모조리 없애기 위해 이 같은 계책을 꾸민 거야.
와아아아아
뭐, 뭐야?!
우리가 속았다!
사람 살려!
허억!
크아악
꽤액!
호위병과 장교들은 바알의 종들을 칼로 죽이고 그 시체를 밖으로 내던졌지.
으악!
크아악
또 바알의 신전에 있던 우상들을 끌어내 불태웠어.
화르륵
바알 우상들을 깨뜨렸을 뿐 아니라,
쾅!

신전을 허물어 변소로 만들었는데 그것은 지금까지도 그대로 있어.
두고두고 바알에게 똥칠을 하자.
그렇게 예후는 이스라엘에서 바알 숭배를 몰아냈지.
변소가 다 지어지면 내가 1번이다.
전 2번!
여호와께서 예후에게 말씀하셨어.
너는 내가 보기에 바른 일을 했다. 아합 집안을 내 뜻대로 처리했으니 네 4대 자손까지 이스라엘 왕좌에 앉게 될 것이다!
네? 겨우 4대 자손? 좀만 더 쓰시지.

※지금까지 : 열왕기가 쓰인 포로시대를 말한다. Link 5권 16p

tip 4대 자손까지 왕좌에

북 왕국 이스라엘의 어느 왕조도 3대, 50년 이상 하나님의 축복이 지속되지 못했다는 것에 비춰볼 때 이 약속은 큰 축복이 아닐 수 없다. 다만 4대 이후에는 그의 왕조가 끝날 것이라는 경고이기도 하다. 하나님이 예후의 왕조를 4대만에 끝내기로 하신 건 금송아지 우상을 그대로 두었기 때문이다.

예후는 마음을 다해 여호와의 율법을 지키지 못했고, 여로보암의 죄로부터도 완전히 돌아서지 못했지.
이거라도 없으면 백성들이 성전이 있는 예루살렘으로 갈까 봐 그런 거지 뭐.
그때부터 여호와는 이스라엘의 땅을 찢어 다른 나라에게 주기 시작하셨어.
이제부터 이스라엘은 하사엘이라면 살이 떨릴 것이다.
하사엘
흐흐

※여로보암의 죄 : 우상숭배를 말한다. Link 5권 60p tip. 여로보암의 치명적 범죄 참고.

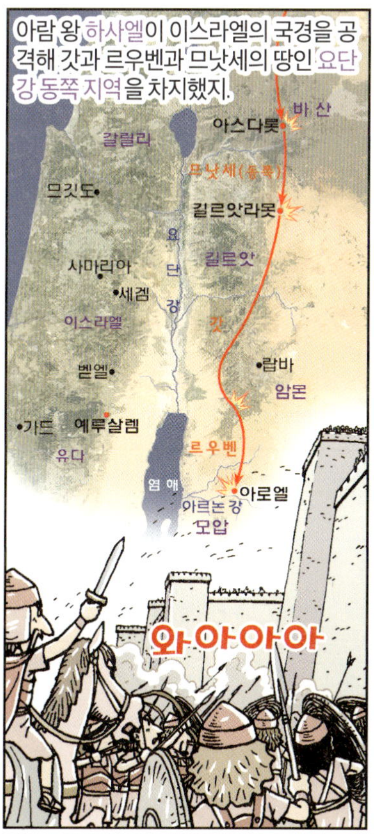
아람 왕 하사엘이 이스라엘의 국경을 공격해 갓과 르우벤과 므낫세의 땅인 요단 강 동쪽 지역을 차지했지.
바산
아스다롯
갈릴리
므낫세(동쪽)
므깃도
길르앗라못
요단강
길르앗
사마리아
세겜
이스라엘
갓
벧엘
랍바
암몬
가드
예루살렘
유다
르우벤
염해
아로엘
아르논 강
모압
와아아아

예후의 나머지 행적은 모두 이스라엘 왕들의 역사책에 기록돼 있어.
난 사마리아에서 28년 동안 이스라엘을 다스렸어.
이스라엘의 왕들
성경20
예후가 죽어 사마리아에 묻히고 그의 아들 여호아하스가 왕이 됐지.
여호아하스 등장할 차례야. 어디 갔어?
또 싸러 바알에게 갔어요!
분장실

11장 유다 7대 여왕 아달랴

아하시야가 죽고 나니 그의 집안에는 왕국을 지킬 만한 사람이 아무도 없었어. Link 역대하 22장 9절 그래서 그의 어머니 아달랴가 유다의 왕족을 다 죽이기 시작했지.
꺄하하하
왕위를 넘볼 만한 자들은 모조리 씨를 말려라!!
크윽!
우리가 뭘 잘못했다고?

※하사엘은 이스라엘과 아람의 경계인 바산에서부터 길르앗을 지나 아르논 강 옆의 아로엘까지 점령했다.
※요단 강 동쪽 지역 : 길르앗이라고 하며 갓, 르우벤, 므낫세 반 지파가 모세에게서 받은 땅이다. Link 2권 207p

※왕국을 지킬 만한 사람 : 아달랴의 정권 찬탈을 막을 능력이 있는 사람을 말한다.

tip 아달랴

아합과 이세벨의 딸로 유다 5대 왕 여호람과 결혼했다. Link 5권 152p 어머니 이세벨을 닮아 포악했고, 남편 여호람과 아들 아하시야를 자기 뜻대로 조종했다. 그런데 아하시야가 죽자 손자 가운데 누군가 왕위를 잇게 된다면, 여호람의 왕비이자 아하시야 때의 태후인 자신의 권력을 잃어버릴까 봐 우려했고, 그래서 자기 스스로 왕위를 차지하기 위해 손자들까지 비정하게 죽인 것이다.

그때 아하시야의 누이 여호세바 (여호람의 딸)가 아하시야의 아들 요아스를 그의 유모와 함께 침실에 숨겼어.
으악
후다닥
크악
절대 나오면 안돼요.

그래서 요아스는 죽음을 면할 수 있었지.
잡아라!
커억!
으악~
후다닥

요아스는 그의 고모 여호세바와 함께 6년 동안을 성전에서 숨어 지냈고,
고모만 믿거라.
아이고! 우리 불쌍한 왕자님~!
훌쩍

그동안 아달랴가 유다를 다스렸어.
냐하하하
내가 바로 유다의 국모니라!!
덜
덜
덜
덜

왕권 탈환 작전

7년째 되는 해, 제사장 여호야다가 가리 사람과 호위병의 백부장들을 불렀지.

※가리 사람 : 그렛과 블렛 사람을 말한다. 이방인이면서도 다윗 시대부터 충성했던 사람들이다. Link 4권 203p

tip 여호야다

여호야다는 요아스의 고모 여호세바의 남편으로 대제사장이 아니라 일반 제사장이었다. 이전까지는 일반 제사장이었으나 요아스를 왕으로 세우는 데 끼친 공로를 인정받아 역사의 전면에 등장하게 된다. 한편, 여호야다와 언약을 맺은 백부장들은 여로함의 아들 아사랴와 여호하난의 아들 이스마엘, 오벳의 아들 아사랴, 아다야의 아들 마아세야, 시그리의 아들 엘리사밧이다.

여호야다는 그들을 성전으로 데리고 가서 언약을 맺고 충성을 맹세하게 한 다음,
아달랴를 몰아내고 아하시야 왕의 아들인 요아스 왕자님을 왕으로 세워야 합니다.
여호야다
뭣? 살아계신 왕자님이 있다고요?!
그렇다면 그분을 왕으로 세워야 합니다!

그들에게 요아스 왕자를 보여주었어.
요아스 왕자님 이십니다.
주여, 주여, 감사합니다!
이럴 수가! 끊긴 줄 알았던 다윗의 후손이!
오오!

백부장들은 유다의 모든 성읍을 다니며 레위 사람들과 이스라엘 각 집안의 지도자들을 모아 예루살렘으로 왔지.
예루살렘
역대하 23장 2절

하나님의 성전에 모인 백성들은 모두 요아스와 언약을 맺었어.
여호와께서 다윗의 자손들에게 약속하신 Link 4권 153p 대로 아하시야 왕의 아들이 유다를 다스려야 합니다!
맞습니다!
동의합니다!
하나님의 언약은 반드시 성취될 것입니다.
역대하 23장 3절
그런 후, 여호야다가 명령했지.
여러분이 해야 할 일을 말해주겠소. 그대들 중 안식일에 왕궁을 지키는 사람들이 있을 것이오.
그렇습니다.

그중 1/3은 왕궁 주변을, 1/3은 수르 문을, 1/3은 호위대 뒤에 있는 문을 철저히 지키시오.
네! 알겠습니다.
그리고 안식일에 임무가 없는 사람들은 둘로 나누어 왕이 계신 하나님의 성전을 지키시오.
염려 마십시오.

여호야다의 반정 계획

여호야다는 안식일에 거사를 실행하기로 하고 세부 계획을 명령했다. 이 계획을 지휘한 사람은 왕실 호위대 백부장들이었는데, 당시 왕실 호위대는 5개의 부대로 구성된 것으로 보인다. 여호야다는 이 가운데 왕실 호위 업무를 위해 왕궁에 있는 3개의 부대에 지시했고, 왕실 호위 업무를 마치고 나온 2개의 부대에는 요아스가 있던 하나님의 성전을 지키게 했다.

※수르 문 : 왕궁의 중요한 문으로 추측할 뿐이다.
※호위대 뒤에 있는 문 : 왕궁 동편에 있으며 성전과 마주하고 있다.

모두 무기를 들고 왕이 나가든 들어오든 곁에서 지키시오. 누구든 왕께 다가오는 사람은 죽여야 합니다.
알겠습니다.
보디가드의 교과서를 보여 드리겠습니다.
안식일에 백부장들은 명령대로 일할 사람들과 쉬는 사람들을 이끌고 여호야다에게 왔어.
무기를 가지고 몰려다니면 의심을 살 수 있어서 만약을 위해 무장하지 않았습니다.
걱정 마시오.

여호야다는 백부장들에게 창과 방패를 나눠주었지.
성전 창고에 무기가 있었네요?
이것들은 다윗 왕의 것으로 성전 안에 보관돼 있던 것들이오.
호위병들은 손에 무기를 들고 성전 오른쪽에서부터 왼쪽까지 제단과 성전 주변을 감시하며 왕을 지켰어.
아, 드디어 다윗의 왕조가 이어지는구나.

※다윗 왕의 것 : 다윗이 사용한 게 아니라 다윗이 전쟁에서 획득해 성전 창고에 보관한 것들로 보인다.

여호야다가 요아스에게 왕관을 씌우고, 왕의 직무를 규정한 규례서를 주었지.
유다 제8대 왕 요아스의 즉위식을 현장 생중계로….
그리고 요아스에게 기름을 부어 왕으로 세우니 백성들이 손뼉을 치며 외쳤어.
우리의 왕이십니다!
와아아
뿌우우우
왕만세
그 소리를 들은 아달랴가 백성들이 모여 있는 성전으로 갔지.
뿌우우우
왕만세!
와아아
이게 무슨 소리냐?
요아스가 대관식 절차대로 기둥 곁에 서 있고, 그 곁에는 관리들과 나팔수들이 있었어. 유다의 백성들도 기뻐하며 나팔을 불고 있었지.
다윗의 후손이여 영원하라!!
와아아
와아
이, 이게 뭐야?!

※백성들 : 여기서 백성들이란 일반 백성이 아니라 레위 사람들과 각 집안의 지도자, 그리고 병사들을 말한다.

아달랴는 옷을 찢으며 분노에 차 소리쳤지.
반역이다! 반역이다!
그때 여호야다가 군대를 이끄는 백부장들에게 말했어.
저 여자를 끌어내고 저 여자를 따르는 자는 모두 칼로 죽이시오! 다만 성전 안에서는 안 되오!
네!!
병사들은 아달랴를 끌어내고,
이거 놔라! 나는 유다의 국모다!
이젠 아님.
질질

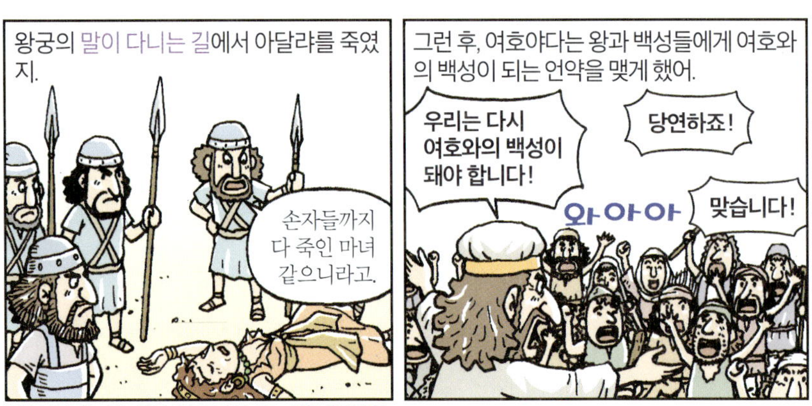

왕궁의 말이 다니는 길에서 아달랴를 죽였지.
손자들까지 다 죽인 마녀 같으니라고.
그런 후, 여호야다는 왕과 백성들에게 여호와의 백성이 되는 언약을 맺게 했어.
우리는 다시 여호와의 백성이 돼야 합니다!
당연하죠!
와아아
맞습니다!

※말이 다니는 길 : 왕궁 마구간으로 가는 길을 의미한다.

tip 여호와의 백성이 되는 언약

유다 백성은 그동안 바알을 섬기며 하나님과의 언약을 스스로 파괴했다. 그들이 다시 하나님의 백성이 되기 위해서는 하나님과 언약을 새롭게 해야 했다. 여호야다는 요아스의 왕권 회복에 성공하자 가장 먼저 왕과 백성에게 하나님과 언약을 세우게 했다. 이는 하나님과 이스라엘 백성이 맺은 최초의 언약권 Link 2권 85p 을 갱신했음을 의미한다.

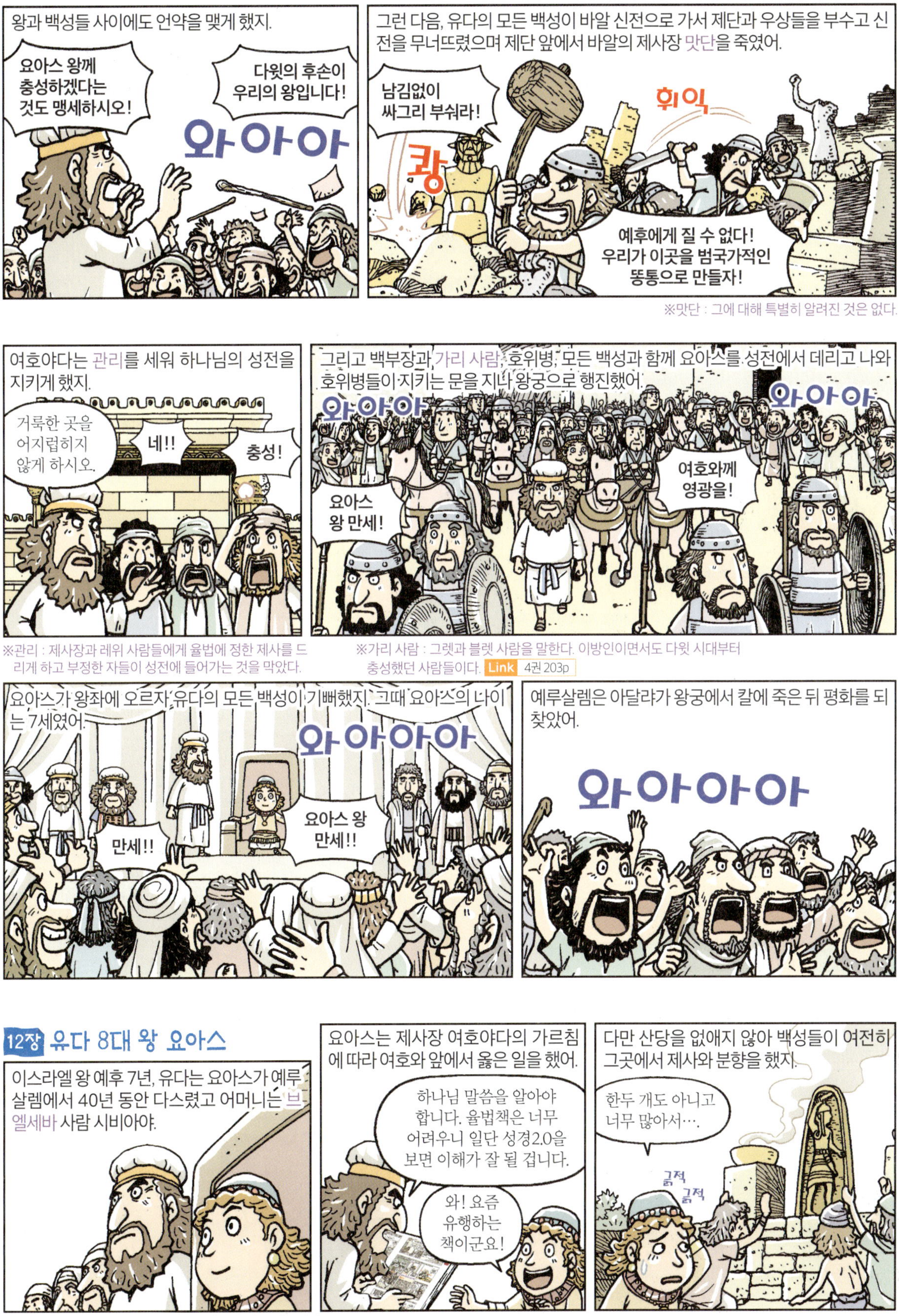
왕과 백성들 사이에도 언약을 맺게 했지.
요아스 왕께 충성하겠다는 것도 맹세하시오!
다윗의 후손이 우리의 왕입니다!
와아아
그런 다음, 유다의 모든 백성이 바알 신전으로 가서 제단과 우상들을 부수고 신전을 무너뜨렸으며 제단 앞에서 바알의 제사장 맛단을 죽였어.
남김없이 싸그리 부숴라!
쾅
휘익
예후에게 질 수 없다! 우리가 이곳을 범국가적인 똥통으로 만들자!
여호야다는 관리를 세워 하나님의 성전을 지키게 했지.
거룩한 곳을 어지럽히지 않게 하시오.
네!!
충성!
그리고 백부장과 가리 사람, 호위병, 모든 백성과 함께 요아스를 성전에서 데리고 나와 호위병들이 지키는 문을 지나 왕궁으로 행진했어.
와아아
와아아
요아스 왕 만세!
여호와께 영광을!
요아스가 왕좌에 오르자 유다의 모든 백성이 기뻐했지. 그때 요아스의 나이는 7세였어.
와아아아
만세!!
요아스 왕 만세!!
예루살렘은 아달랴가 왕궁에서 칼에 죽은 뒤 평화를 되찾았어.
와아아아
12장 유다 8대 왕 요아스
이스라엘 왕 예후 7년, 유다는 요아스가 예루살렘에서 40년 동안 다스렸고 어머니는 브엘세바 사람 시비아야.
요아스는 제사장 여호야다의 가르침에 따라 여호와 앞에서 옳은 일을 했어.
하나님 말씀을 알아야 합니다. 율법책은 너무 어려우니 일단 성경2.0을 보면 이해가 잘 될 겁니다.
와! 요즘 유행하는 책이군요!
다만 산당을 없애지 않아 백성들이 여전히 그곳에서 제사와 분향을 했지.
한두 개도 아니고 너무 많아서….
긁적 긁적

※맛단 : 그에 대해 특별히 알려진 것은 없다.

※관리 : 제사장과 레위 사람들에게 율법에 정한 제사를 드리게 하고 부정한 자들이 성전에 들어가는 것을 막았다.

※가리 사람 : 그렛과 블렛 사람을 말한다. 이방인이면서도 다윗 시대부터 충성했던 사람들이다. Link 4권 203p

※브엘세바 : 헤브론 남서쪽 약 45km 지점에 있는 성읍이다.

tip 산당

우상을 숭배하는 산당이 아니라 비정상적인 방법으로 하나님을 예배하던 장소를 말한다. 그동안 아달랴의 우상숭배 정책으로 인해 예루살렘 성전이 더럽혀지고 제 기능을 하지 못하자, 유다 사람들은 곳곳의 산당에서 하나님을 예배하게 되었다. 하지만 아달랴의 바알 숭배는 물론이고 이런 잘못된 산당 예배도 금해야 했다.

여호야다가 요아스에게 두 아내를 얻어주자 여러 아들, 딸들이 태어났어.
꺄하하
하하하
역대하 24장 3절

성전 보수

예전에 악한 아달랴의 아들들이 성전을 부수고 들어가 그 안에 있던 성물을 바알에게 바친 적이 있었지.
자자, 모두 쓸어 담아!
방해하는 놈들은 칼로!
아이고, 여기서 이러시면…!
어이! 늙은이 닥쳐!
역대하 24장 7절

그래서 요아스는 성전을 고치기로 결정했어.
하나님의 성전이 이런 꼴이라니…!
그러게요.
역대하 24장 4절

tip 요아스의 성전 보수 결정

요아스가 성전을 보수하려는 이유는

① 아달랴 치하에서 성전이 많이 파괴되었다.
② 그가 어릴 때 성전에서 6년 간 양육 받았다.
③ 여호야다의 율법 교육을 통해 성전의 중요성을 알았기 때문으로 보인다.

아달랴의 아들들이 성전을 파괴한 것은 여호람 시대의 일일 것이다. 왜냐하면 아달랴의 아들들은 아하시야를 제외하고는 모두 블레셋 사람들과 아라비아 사람들에 의해 죽었기 때문이다.

Link 5권 153p

요아스가 제사장들에게 말했지.
성전에 수리할 곳이 있으면 담당 회계에게 성전 헌금을 받아 바로 고치세요.
네!!

tip 성전에 들어오는 헌금

① 일반 헌금 : 20세 이상의 남자들에게 부과되는 세금 Link 2권 94p
② 의무적인 헌금 : 처음 태어난 것은 모두 하나님께 바침. 다만 사람의 첫째 아들은 돈으로 대신함. Link 2권 52p 하나님의 종이 되겠다는 서원을 지킬 수 없는 경우에도 돈으로 대신함. Link 2권 134p
③ 스스로 바치는 헌금 : 자발적으로 하나님께 바치는 헌금. 앞의 두 종류가 강제적인 세금인데 반해 이것은 강제성이 없었다.

그러나 요아스가 왕이 된 지 23년째까지도 제사장들은 성전을 고치지 않았어.
뭐여? 왕의 말이 말 같지 않아?

요아스는 여호야다와 다른 제사장들을 불러 말했지.
왜 아직도 성전을 수리하지 않소?!
그게….
죄송합니다.

이제는 회계에게 돈을 받지 말고 성전 수리를 백성들에게 직접 넘기시오!

제사장들은 요아스의 뜻에 따르기로 했어.
근데… 혹시 헌금을 다른 데 쓴 건 아니오?
아, 아닙니다!
말씀대로 저희는 손 떼겠습니다.
흠
화들짝

※성전 보수가 늦어진 것은 제사장들이 헌금을 다른 곳에 사용했기 때문으로 보인다.

※백성 : 건축 전문가를 가리킨다. 성전 수리의 책임자를 제사장들에게서 건축 전문가로 바꾸겠다는 것이다.

요아스가 명령했지.
상자 하나를 성전 문 밖에 놓으세요. 이번엔 시간 잽니다.
네네!
탁
역대하 24장 8절
요아스가 유다와 예루살렘에 선포했어.
하나님의 종 모세가 광야에서 이스라엘 백성에게 정해준 세금 Link 2권 94p 을 여호와께 드리시오!! 그것으로 성전을 보수할 겁니다!
오! 그렇다면 기꺼이 헌금해야지!!
와아아
하나님을 기쁘게 하는 거라면!
역대하 24장 9절
성전 문을 지키는 제사장들은 백성들의 모든 헌금을 그 상자에 넣게 했어.
짱그랑
자자, 줄 서세요!
여호야다가 상자 위쪽에 구멍을 뚫고 성전 제단 곁에 놓아두었어.
성전에 들어가는 백성들이 볼 때 오른쪽이야!
모든 지도자들과 백성들은 기뻐하며 상자가 가득 찰 때까지 돈을 넣었어.
아우! 뭔 사람들이 이렇게 많아?
그냥 계좌번호 알려주면 안돼요?
역대하 24장 10절
상자가 가득 차면, 레위 사람들이 왕궁 관리들에게 가져갔지.
아이고! 무슨 헌금을 이렇게 무식하게 하냐!
현금수송
끙
끙
역대하 24장 11절
그러면 왕실 서기관과 대제사장이 상자의 돈을 쏟아내 계산했고,
일단 자루에 담아서 옮기자.
촤르륵
짱그랑
다시 레위 사람들이 상자를 성전 밖 제자리에 가져다 놓았어.
부우웅~
또 올게요.
역대하 24장 11절
요아스와 여호야다는 그 헌금을 성전 공사를 맡은 책임자에게 주어,
이 돈으로 일꾼을 고용하게!
알겠습니다!
하나님의 성전을 수리하는 데만 쓰게 했어.
① 석수와 미장이, 목수, 쇠와 놋을 다루는 사람들의 품삯
② 성전을 수리하는 데 필요한 나무와 돌의 구입비
③ 그 밖에 성전을 수리하는 데에 드는 모든 비용
※제단 : 여기서는 제사를 드리던 제단이 아닌, 성전 입구를 말한다.

※가득 찰 때까지 : 여기서는 성전의 수리를 마칠 때까지를 의미한다.

※계산 : 당시는 은을 잴 때 낱개로 하지 않고 자루에 넣어서 통째로 저울에 달았다.

성전에서 쓸 은잔과 부집게, 나팔, 금은그릇을 만드는 데는 헌금을 쓰지 않았지.
성전에는 다른 기물도 있어야 하는데…?
왕께서 헌금은 성전 수리하는 데만 쓰라고 하셨습니다!
요아스는 성전 공사를 맡은 책임자에 대한 회계 감사를 하지 않았어.
헌금 사용 내역을 보고….
아! 됐소! 그대들이 성실하게 일하고 있으니, 믿겠네!
다만, 속건제와 속죄제를 위한 헌금은 성전 수입으로 계산하지 않았지.
이건 제사장들 몫이니까. 나눠주세요!
네, 감사합니다!

tip 제사장에게 준 은

이곳 외에 성경 어느 곳에도 속죄제 제물을 은으로 대신 드리고, 이를 제사장이 가졌다는 기록이 없다. 대부분의 학자들은 그것을 제사장의 수고에 감사하는 의미에서 백성들이 바친 예물일 것으로 보고 있다. 요아스가 이 두 종류의 은을 성전 수리에 사용하지 않고 제사장들에게 준 것은 그들의 생계 문제를 해결해주기 위한 것으로 보인다.

일꾼들이 열심히 일한 덕에 성전 보수가 잘 진행돼 성전을 원래의 모습대로 튼튼히 세웠어.
역대하 24장 13절

일을 마친 일꾼들이 남은 돈을 요아스와 여호야다에게 가져왔지.
오~! 공사비를 남기기까지…!
많이 남았으니 휴가비나 두둑히!
역대하 24장 14절
남은 돈으로 성전 예배와 번제를 드릴 때 쓰는 기구와 숟가락, 금은그릇을 만들라.
힝! 너무해요.
크크
역대하 24장 14절
여호야다가 살아있는 동안 날마다 하나님의 성전에서 번제를 드렸어.
역대하 24장 14절

여호야다가 늙어 130세에 죽었지.
징하게 오래 살았지?
그렇긴 한데….
흑흑
역대하 24장 15절
그는 평생 하나님과 성전과 이스라엘을 위해 좋은 일을 했기에, 다윗성 왕실 묘지에 묻혔어.
거 참! 난 왕도 아닌데.
역대하 24장 16절

요아스의 죄

그 뒤 유다의 지도자들이 요아스를 부추겼어.
깐깐한 늙은이가 죽었으니 이제 광란의 밤을….
제가 vip석으로 티켓을 구해놨죠.
그래?
오~
역대하 24장 17절

※다윗성 왕실 묘지 : 다윗의 왕권을 이은 자들 중 주로 선한 왕들이 묻혔다.

※지도자들 : 바알을 숭배하던 자들로 겉으로는 하나님을 섬기는 척 하다가 여호야다가 죽자 요아스를 꾀었다.

그 결과, 백성들은 하나님의 성전을 버리고 아세라 목상과 우상들을 섬기기 시작했지.
오! 여기 분위기 좋은데요?
그렇죠?
쿵짝
쿵짝
광란의 밤을 보내보아요!
호호호
역대하 24장 18절
그 죄로 인해 여호와께서 유다와 예루살렘의 백성들에게 노하셨어.
어째… 분위기가…?
쿠르릉
괜찮아요. 비오면 수영복 입고 놀죠 뭐.
역대하 24장 18절

※우상들 : 바알 신과 그 외의 우상들

여호와께서 예언자들을 보내 백성들을 돌이키려 하셨지만 그들은 말을 듣지 않았지.
이것들아, 모두 정신 차려!!
저거 뭐야? 분위기 잡치게.
씩
씩
역대하 24장 19절
그러자 여호와의 영이 제사장 여호야다의 아들 스가랴에게 내렸어.
슈우욱
으응?
스가랴
역대하 24장 20절
스가랴가 백성들 앞에서 말했지.
나 여호와가 말한다! 너희는 어째서 내 명령을 어기느냐? 이제 너희는 번창할 수 없을 것이다! 너희가 나를 버렸으므로, 나도 너희를 버렸다!
아, 짜증나. 저건 또 뭐야?
역대하 24장 20절

※스가랴 : 여호야다의 아들이 아니라 손자이다.

하지만 요아스와 지도자들은 오히려 스가랴를 없앨 음모를 꾸몄고,
스가랴를 그냥 두시면 안 됩니다.
백성을 선동하고 다닙니다.
음…!
역대하 24장 21절
요아스의 명령으로 성전 뜰에서 그를 돌로 쳐 죽였어.
왕께 반항이냐?!
죽어라!
퍽
퍽
역대하 24장 21절

요아스는 여호야다의 충정을 기억하기는커녕 오히려 그의 아들을 죽인 거야.
부들
부들
여호와여, 이 일을 굽어보시고 그대로 되갚아주소서!!
꼴값을 떨어요.
주르륵
마지막 숨통을 끊어버리자.
역대하 24장 22절

아람의 침공과 요아스의 죽음

그 무렵, 아람 왕 하사엘이 가드를 쳐서 함락시킨 뒤 예루살렘으로 올라왔어.
하솔
갈릴리
그술
므깃도
요단강
사마리아
세겜
이스라엘
벧엘
아스돗
가드
예루살렘
블레셋
유다
모압
예루살렘을 점령하자!

※그 무렵 : 하사엘 왕이 이스라엘을 침략했을 때 Link 5권 165p 와 같은 때로 길르앗을 점령한 뒤의 일이다. 스가랴가 죽은 지 1년이 되지 못한 때다.

아람 군대의 수는 적었지만 여호와께서 그들을 도와 유다의 대군을 물리치게 하셨어.
와아아아
여기만 점령하면 예루살렘이 코 앞이다!
역대하 24장 24절
아람 군대는 유다와 예루살렘을 쳐서 지도자들을 죽이고, 약탈한 물건을 다메섹에 있는 왕에게 보냈지.
왕께서 무지 좋아하시겠구먼!
푸하하
역대하 24장 23절

그건 유다 백성들이 하나님 여호와를 저버린 결과야. 여호와께서 요아스에게 벌을 내리신 거지.
예루살렘도 점령해버리자!
와아아아
슝
슝
슝
역대하 24장 24절
요아스는 아람 왕 하사엘에게 많은 예물을 보냈어.
사랑해요 아람!
따그닥
따그닥

※많은 예물 : 여호사밧과 여호람, 아하시야와 요아스가 주님께 바친 모든 예물, 성전과 왕실 창고에 있는 모든 금을 말한다.

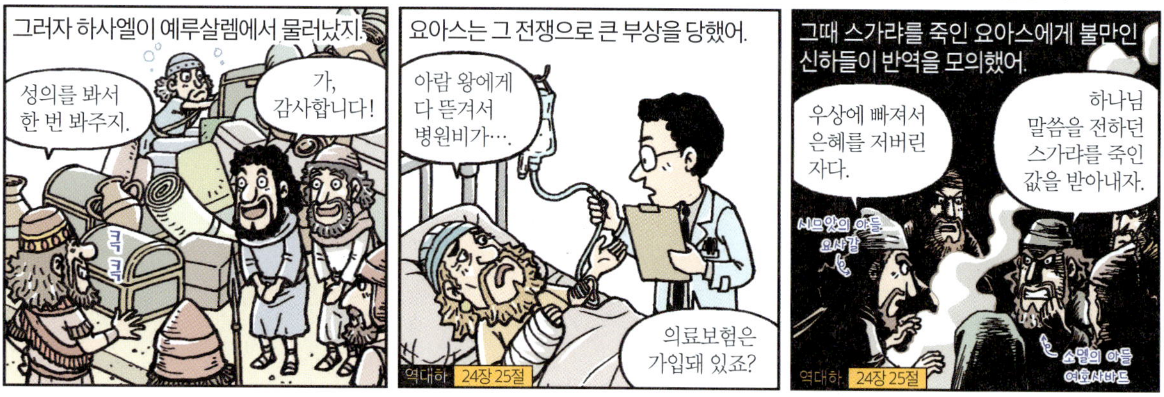
그러자 하사엘이 예루살렘에서 물러났지.
성의를 봐서 한 번 봐주지.
가, 감사합니다!
킥킥
요아스는 그 전쟁으로 큰 부상을 당했어.
아람 왕에게 다 뜯겨서 병원비가….
의료보험은 가입돼 있죠?
역대하 24장 25절
그때 스가랴를 죽인 요아스에게 불만인 신하들이 반역을 모의했어.
우상에 빠져서 은혜를 저버린 자다.
하나님 말씀을 전하던 스가랴를 죽인 값을 받아내자.
시므앗의 아들 요사갈
소멜의 아들 여호사바드
역대하 24장 25절

※요사갈, 소멜, 여호사바드의 이름이 열왕기하와 역대하에서 서로 다르게 표기돼 있다. 이는 역대하 필사자의 오류로 보인다.

그들은 실라로 가는 길가에 있는 밀로 궁에서 요아스를 죽였어.
죽어라!
스가랴가 기다린다!
푹!
요아스는 그의 조상들과 함께 다윗성에 묻혔지만 왕실 묘지에 묻히지는 못했어.
잘 나가다가 막판에….
흑!
요아스의 나머지 행적은 유다 왕들의 역사책에 기록됐으며, 그의 아들 아마샤가 뒤를 이어 왕이 됐지.
아버지를 살해한 놈들이 누군지 여기에 잘 나오는군.
빠드득

※실라 : 정확한 위치는 알 수 없다.
※밀로 : 다윗의 밀로 궁과는 다른 궁이며, 정확한 위치는 알 수 없다.

※왕이 왕실 묘지에 묻히지 못했다 Link 역대하 24장 25절 는 표현은 그가 죄를 지어 하나님의 저주를 받았음을 뜻한다.

13장 이스라엘 11대 왕 여호아하스

유다 왕 요아스 23년, 이스라엘은 예후의 아들 여호아하스가 왕이 돼 사마리아에서 17년 동안 다스렸어.
똥으로 제사를 지내다 왔냐? 엉?
파바박
말로 합시다. 그래도 명색이 왕인데….
에이
그는 여호와 앞에서 악했고, 느밧의 아들 여로보암의 죄를 그대로 따라갔지.
성전이 예루살렘에 있으니….
금송아지라도 없으면 백성들이 모두 예루살렘 성전으로 가버릴 겁니다.
※여로보암의 죄 : Link 5권 60p tip 여로보암의 치명적 범죄 참고.

이에 분노한 여호와가 이스라엘을 아람 왕 하사엘과 그의 아들 벤하닷에게 계속 지배받게 하셨어.
아들, 네 차례다. 사정 봐주지 마!
잘근잘근 밟아줄게요.
크흐흐
비겁하게 대를 이어서…!
아이고
크으으
그러자 여호아하스는 여호와께 간절히 용서를 구했고, 아람 왕이 이스라엘을 심하게 괴롭히자 여호와께서 그 기도를 들어주셨어.
주여, 주여! 제가 잘못했습니다!
킥킥
이놈아, 장난 치냐? 만날 아쉬울 때만 빌고….
엉엉
으아
※벤하닷 : 벤하닷 3세를 말한다. 하사엘 왕이 죽자 그의 뒤를 이어 아람의 왕이 되었다.

그래서 이스라엘에 구원자를 보내주셨지.
뭐야? 알았어! 곧 갈게!
휙
덕분에 이스라엘은 아람의 손에서 벗어나 예전처럼 자기 집에서 살게 됐어.
징그러운 놈이 물러갔다!
흑, 안녕, 내 사랑!
이제 집에 가자!
만세~
그러나 여전히 여로보암 집안의 죄를 따르며 죄를 지었고,
무슨 일 있었냐?
글쎄요?
※구원자 : 앗시리아의 황제 아닷니라리 3세로 보인다. 그가 아람의 수도 다메섹을 공격함으로써 아람이 물러났기 때문이다.

사마리아의 아세라 목상도 그대로 두었어.
이건 어때요? 한정판 금도금 아세라 상인데?
오! 확 당기네!
그때 아람 왕이 다시 침공해 이스라엘을 타작마당의 먼지같이 만들어버렸지.
까꿍! 나 또 왔지롱!
엄마야!
또 나타났다!!
끼아악
짜잔
헉!
※아세라 목상 : 아합이 이세벨의 요청으로 세웠던 것 Link 5권 83p 으로 예후가 바알 우상을 제거할 때 남긴 것으로 보인다.

※타작마당의 먼지 : 타작마당의 먼지가 바람에 날려 사라지는 것처럼 이스라엘 전 지역이 초토화됐다는 뜻이다.

그 결과 여호아하스의 군대는 기마병 50명, 전차 10대, 보병 1만 명만 남게 됐어!
먼지처럼 다 흩어지고 이것만 남았구나.
훌쩍

tip 아람의 재공격

하나님의 구원을 경험했으면서도 여호아하스와 백성들은 우상숭배를 멈추지 않았다. 그로 인한 하나님의 징벌로 다시 아람의 공격을 받게 된 것이다. 한편 이스라엘을 점령한 아람 왕은 그 군대를 극히 적은 수로 제한하는데, 이는 강대국이 다른 나라를 점령한 뒤 흔히 쓰던 통제책이었다.

여호아하스의 나머지 행적과 그가 누린 권세는 이스라엘 왕들의 역사책에 기록돼 있어.
우상 섬기고 만날 두들겨 맞다가 끝났네!
아, 우울해.
흑흑
성경

여호아하스가 죽어 사마리아에 묻히고, 그의 아들 여호아스가 뒤를 이어 왕이 됐어.
어이, 아저씨! 아버지 이름에서 '하'자만 빠졌으니 헷갈리지 마!
쿡
쿡
작가
우씨

이스라엘 12대 왕 여호아스

유다 왕 요아스 37년, 이스라엘은 여호아하스의 아들 여호아스가 왕이 돼 사마리아에서 16년간 다스렸어.
이것들이 이름 가지고 장난쳐? 엉?
이 천한 것이!
머리 나쁜 거 티내냐?
아버지, 목을 따 버릴까요?
휙
탁!
요아스
여호아스
여호야다
여호아하스
요즘 이런 이름이 유행이라!

그 또한 여호와 앞에서 느밧의 아들 여로보암의 죄를 그대로 따라갔지.
꽤애액! 살려줘요!

※여로보암의 죄 : Link 5권 60p tip 여로보암의 치명적 범죄 참고.

엘리사의 죽음

이스라엘이 아람의 지배를 받고 있는 가운데 예언자 엘리사가 병이 들었어.
콜럭
콜럭

여호아스가 엘리사를 문병했어.
내 아버지여, 내 아버지여! 이스라엘의 전차와 기마병이여!
우아앙
헉!
깜짝이야! 언제 들어왔대?!

tip 여호아스의 눈물

엘리사에 대한 여호아스의 마음과 병의 위중함을 짐작하게 한다. 이스라엘은 여호아하스 때 아람의 침공으로 군사력이 형편없이 약해진 상황이었다. 이럴 때 이스라엘의 영적 지도자인 엘리사가 죽는다는 것은 여호아스에게 충격적인 사건이었다. 여기서 '아버지'란 엘리사가 이스라엘의 영적 아버지임을, '전차'와 '기마병'은 엘리사의 영적 능력을 가리킨다. Link 5권 127p

엘리사가 여호아스에게 활과 화살을 가져오게 했어.
가지고 왔습니다만 뭐에 쓰시려고?
일단, 활을 잡으시오!!

여호아스가 활을 잡자, 엘리사가 그의 손 위에 자기 손을 얹었지.
동쪽 창문을 열고 쏘시오!
스르르
슥

※손을 얹다 : 하나님의 능력이 엘리사를 통해 여호아스에게로 건네졌음을 상징한다.
※동쪽 : 아람 왕 하사엘의 무대였던 Link 5권 165p 요단 동편 길르앗과 바산을 가리킨다.

피융
그것은 아람을 물리칠 여호와의 승리의 화살입니다.
왕은 아벡에서 아람을 쳐서 그들을 완전히 멸망시킬 것이오.
와~ 정말요?
이제 화살을 잡고 땅에 치시오.
요렇게요?
탁
탁
탁

※아벡 : 요단 강 동편에 위치한 성읍으로 단의 남쪽에 있다.

여호아스가 세 번 내리치고 멈추자 엘리사가 화를 내며 말했어.
애걔걔! 고작 세 번? 대여섯 번 쳤으면 아람을 완전히 멸망시켰을 텐데 세 번 쳤으니 세 번밖에 이기지 못할 거요!
켁!

tip 엘리사의 노여움

화살이 여호와의 승리에 대한 약속임을 들은 여호아스가 여호와의 능력을 확신했다면 승리를 원하는 마음에서라도 엘리사가 그만하라고 할 때까지 화살을 땅에 쳤어야 했다. 그가 단지 세 번만 치고 그친 것은 소극적이고 불완전한 믿음을 보여준다. 이런 이유로 엘리사는 여호아스에 대해 노여움과 안타까움을 금치 못한 것이다.

얼마 후, 엘리사가 죽고 땅에 묻혔지.
아이고! 삼세판이라는데 한 번만 더 기회를 주고 가시지.

그즈음 해마다 봄이 되면 모압의 도적 떼가 이스라엘을 침범했는데,
이스라엘이 약해졌을 때 부지런히 약탈해야지~!
두두두
한번은, 시체를 묻고 있던 이스라엘 사람들이 도적떼를 보고 놀라서 시체를 엘리사의 무덤에 던졌어.
모압 놈들이다!!
으악
빨리 튀어!
그런데 그 시체가 엘리사의 뼈에 닿은 거야.
데구르르
툭

※모압 : 가나안 동쪽 암몬 아래쪽에 위치해 오랫동안 이스라엘을 괴롭힌 민족. 아브라함의 조카 롯과 그 딸 사이에서 태어난 아들 모압의 자손. Link 1권 67p

그러자 그 시체가 살아나 제 발로 일어섰지.
??
얼레? 난 죽었는데?! 어찌된 거지?

아람과의 전쟁

아람 왕 하사엘은 여호아하스가 왕위에 있는 동안 내내 이스라엘을 괴롭혔어.
으으윽! 제발 그만!
싫어! 난 널 괴롭히는 게 취미야!
꾸욱

여호와께서는 아브라함과 이삭과 야곱과 맺으신 언약 때문에,
너희 후손을 번성하게 하고, 내가 너희 하나님이 되어 가나안 땅을 너희 자손에게 주겠다!
감사합니다!
하나님은 정말 최고!
아브라함
이삭
야곱

※시체 : 이 살아난 시체의 이후 행적은 알려진 것이 없다.

이스라엘 백성에게 은혜와 자비를 베푸셔서 그들을 멸망시키거나 쫓아내지 않으셨어.
마음껏 괴롭혀봐라!
어이구!
바퀴벌레의 생명력이 뭔가를 보여주마.
낄낄
니들 목숨은 오직 하나님의 은혜와 자비 덕분이야!
하사엘 왕이 죽고 그의 아들 벤하닷이 아람 왕이 되자,
아들, 잘 부탁해!!
아버지에게 부끄럽지 않게 이스라엘을 괴롭힐게요.
여호아스는 벤하닷 왕을 세 번 무찌르고 아버지 때 빼앗겼던 이스라엘의 성들을 되찾았지.
이게 까불고 있어!
퍽 퍽
이, 이게 아닌데!
크윽
여호아스의 나머지 행적과 유다 왕 아마샤와 싸운 일 Link 5권 181p 은 이스라엘 왕들의 역사책에 기록됐지.
잉? 이제 막 시작인데…?
이스라엘의왕들
출연료 받고 빨리 꺼져!
낄낄
14장 유다 9대 왕 아마샤
이스라엘 왕 여호아스 2년, 유다는 요아스의 아들 아마샤가 25세에 왕위에 올라 예루살렘에서 29년간 다스렸지. 그의 어머니는 예루살렘 사람 여호앗단이야.
와아아아
아마샤는 아버지 요아스만큼은 바르게 행했지만,
나 정도면 잘하는 거지 뭐.
그럼, 그럼! 적당히 하면 돼.
여호아스는 이스라엘의 왕들과 함께 사마리아에 묻혔고, 그의 아들 여로보암 2세가 뒤를 이어 왕이 되었어.
이스라엘을 잘 이끌어…
여로보암2세
참 나, 제 이름을 보세요. 기대할 걸 기대해야지.
그의 조상 다윗만큼은 못했지.
큥! 그만큼 할 생각도 없거든.
David

※여로보암 : 이스라엘 우상숭배의 원천이 된 악한 왕. Link 5권 60p tip 여로보암의 치명적 범죄 참고.

아마샤도 산당을 없애지 않아 백성들은 여전히 거기서 제사를 드렸어.
근데 예루살렘 성전에 가서 제사드려야 하는 거 아냐?
아, 귀찮아! 그냥 여기서 해!
왕권을 확실히 장악한 아마샤는 아버지 요아스를 살해한 신하들을 처형했지.
한 놈도 남겨두지 말고 다 죽여라!
하지만 율법서에는 이렇게 쓰여 있습니다.
자녀 대신 아버지가 처형되어서도 안 되며, 아버지 대신 자녀가 처형되어서도 안 된다. 각 사람은 오직 자신이 지은 죄에 따라 처형되어야 한다.

※산당에 대해서는 Link 5권 170p tip 산당 참조.

아마샤는 모세의 율법책에 기록된 대로 그들의 자녀는 죽이지 않았어.
음, 알겠소. 율법서에 기록된 대로 하겠소.

에돔과의 전쟁

아마샤는 유다 및 베냐민 지파를 집안별로 군대를 조직한 다음, 천부장과 백부장을 세워 지휘하게 했지.
흠!
에돔의 버릇을 확실히 고쳐줘야 하는데!
역대하 25장 5절

※여호람 때 독립한 에돔 Link 5권 153p 을 정벌하려는 것은 홍해로 연결되는 남방의 무역로를 확보하려는 경제적인 이유 때문이다.

창과 방패로 무장한 군인들은 20세 이상 된 장정들로 모두 30만 명이었는데,
그래도 병사가 부족해. 용병을 사올까?
이스라엘이라면 병력을 빌려줄 겁니다.
역대하 25장 5절
은 100달란트를 주고 이스라엘에서 용감한 병사 10만 명을 더 고용했지.
군대가 총 40만 명이라는데?
한몫 단단히 챙겨야지.
내가 약탈의 극치를 보여주마.
낄낄
역대하 25장 6절

※100달란트 : 약 3.42톤에 해당한다.

그런데 어떤 하나님의 사람이 아마샤에게 말했어.
왕이시여! 이스라엘 군대와 함께 가지 마십시오. 여호와께서는 이스라엘, 곧 에브라임 사람과 함께 계시지 않습니다.
그래도 군이 가시겠다면 힘껏 싸워보십시오. 여호와께서는 왕을 적 앞에 엎어지게 하실 겁니다. 왕의 승패는 여호와께 달려있습니다.
하지만….
역대하 25장 7~8절
그럼 저들을 고용하느라 지불한 은 100달란트는?
여호와께서 그보다 더 많은 것을 주실 겁니다.
역대하 25장 9절

※에브라임 : 북 왕국 이스라엘 10지파 가운데 가장 대표되는 지파이므로 북 왕국 이스라엘을 나타내는 말로 사용됐다.

그래서 아마샤는 에브라임에서 온 군대를 고향으로 돌려보냈지.
뭐야! 이랬다저랬다!
전쟁도 안 하고 돈 벌었으니 잘됐네, 뭐!
역대하 25장 10절
그들은 크게 화를 내며 자기 나라로 돌아갔어.
바보야! 그건 푼돈이고 약탈로 한몫 단단히 챙겨야 하잖아!
아!
그런가?
역대하 25장 10절
아마샤는 용기를 내 군대를 이끌고 에돔 땅 소금 골짜기로 나갔지.
두두두두
소금골짜기
역대하 25장 11절

※소금 골짜기 : 사해 근방의 골짜기로 식물이 생존할 수 없는 염분 지역이다.

아마샤는 그곳에서 에돔 사람 1만 명을 죽였어.
와아아아

또 셀라 성을 점령하고 그 이름을 욕드엘이라고 했는데 지금까지도 그렇게 불리고 있지.
와아아아
이곳은 하나님의 도움으로 정복됐다!!
여호와 만세!!

※셀라 : 시리아와 메소포타미아, 이집트, 아라비아를 잇는 교통의 요지로 정확한 위치는 알 수 없다.
※욕드엘 : '하나님에 의해 정복된 곳'이라는 뜻이다. ※지금까지 : 열왕기가 쓰인 포로시대를 말한다. Link 5권 16p

유다 군대는 에돔 사람 1만 명을 사로잡아 절벽 위에서 떨어뜨렸어.
야! 무식한 것들아, 제발 살려주세요!
아이고!
우아악
으아아아
크아아아
역대하 25장 12절

그런데 아마샤가 돌려보낸 이스라엘의 군대가 사마리아와 벧호론 사이에 있는 유다 마을들을 습격했지.
사람 살려!!
꺄아악
꺄꺄
유다가 우릴 가지고 놀았으니 복수다!
우린 어디든 상관없어! 약탈만 하면 된다고!
으아악
역대하 25장 13절

※벧호론 : 예루살렘에서 북서쪽으로 약 12km 정도 떨어진 성읍이다.

그들은 3천 명의 유다 백성을 죽이고 많은 물건을 약탈했어.
아! 약탈은 아름다워!
하하
역대하 25장 13절

한편, 아마샤는 에돔 사람들을 물리치고 세일 자손들이 섬기던 우상들을 가져왔지.
두두두두
역대하 25장 14절

※세일 자손 : 에돔 사람들을 가리킨다.

그리고 그것들을 섬기고 절하며 제물을 바쳤지.
에돔의 신이시여!! 아멘!
멋진데!
뭐야 저거?
아마샤
오~
역대하 25장 14절

tip 아마샤의 죄

고대 전쟁에서는 전리품으로 패전국의 신상(우상)을 가져오는 게 관행이었다. 고대 근동의 전쟁은 '신들의 전쟁'으로 인식되었고, 전쟁에서 패하면 패전국의 신이 패한 것으로 여겼기 때문이다. 승전국은 패전국 신의 완전한 패배와 자국 신의 우월성을 선포하기 위해 전리품으로 신상을 가져와 신전에 두었다. 그런데 아마샤는 전리품으로 가져온 에돔 신상을 숭배하는 죄를 범한다.

이 일로 분노한 여호와께서 아마샤에게 한 예언자를 보내셨지.
자기 백성들도 구해내지 못한 이 신에게 왜 왕께서는 빌고 있습…?
뭐야?!
역대하 25장 15절

예언자의 말이 끝나기도 전에,
우리가 언제 너를 왕의 고문으로 삼았냐? 죽기 싫으면 닥쳐라!
허허허
역대하 25장 16절
왕께서 내 충고를 무시하시니 하나님께서 왕을 망하게 하시려고 작정하셨군요.
씩
씩
뭐라고? 야, 너 이리 와!
역대하 25장 16절

아마샤의 교만과 패전

아마샤가 이스라엘 왕 여호아스에게 전령을 보냈어.
직접 만나서 힘을 겨뤄보자!
뭐야!?
짠
저희 왕의 말씀입니다.

그러자 여호아스가 이렇게 대답했지.
레바논의 가시나무가 레바논의 백향목에게 전령을 보내 백향목의 딸을 며느리로 달라고 했다. 그러자 레바논의 들짐승이 가시나무를 짓밟아버렸다.
파파팍!

tip 레바논의 가시나무와 백향목

아마샤가 이스라엘에 전쟁을 선포한 이유는 이스라엘 병사들이 유다 마을을 노략한 탓도 있지만, 아마샤의 교만함이 더 크게 작용했다. 이에 여호아스가 아마샤에게 비유로 경고한다. '가시나무'는 '유다'를, '백향목'은 '이스라엘'을 가리킨다. 가시나무는 '저주받은 자, 천한 신분'을 상징하며 백향목은 '축복받은 자, 고귀한 신분'을 상징한다. 가시나무가 백향목과 사돈을 맺자는 것이 분수에 넘치는 일이듯 아마샤가 자신에게 선전포고한 것 역시 주제넘은 일이라는 뜻이다. '들짐승이 가시나무를 짓밟았다'는 것은 유다가 망한다는 의미이다.

네가 에돔에게 이겼다고 교만해졌구나! 그냥 왕궁에 머물면서 누리는 영화에 만족해라! 왜 공연히 너와 유다의 재앙을 부르느냐!
그러나 아마샤는 여호아스의 경고를 듣지 않았어.
까불면 혼난다!
흥
바퀴벌레 같은 이스라엘 놈!
이는 에돔 신들을 섬긴 유다 백성들을 여호아스에게 넘기려는 여호와의 뜻이었어.
두두두
역대하 25장 20절

여호아스가 유다 땅 벧세메스로 올라와 아마샤와 대치했지.
쿵! 바퀴벌레 같은 유다 놈!
결국 유다는 이스라엘에 패했고 병사들은 뿔뿔이 흩어져 자기 집으로 도망쳤어.
와아아아
꽤애액! 도망치자!
유다 사람 살려!
으악
컥!

※벧세메스 : 헤브론에서 욥바에 이르는 길에 있었고 전략상 유다 중심부를 칠 수 있는 거점이었다.

여호아스는 벧세메스에서 아마샤를 사로잡았어.
여어! 형님 그간 잘 지내셨소?
동생 덕분에 뭐. 일단 좀 맞고 시작하자, 응?
흐흐
탁 탁
그리고 예루살렘으로 진격해서, 에브라임 문부터 모퉁이 문까지 400규빗가량의 성벽을 부수었지.
유다를 싹 쓸어버려라!
와아아아
맙소사, 성벽이 뚫렸다!
여호아스는 성전과 왕궁 보물 창고를 털고 많은 것을 약탈한 뒤 유다 사람들을 인질로 잡아 사마리아로 돌아갔지.
아! 약탈의 짜릿함이란!
약탈이야말로 전쟁의 꽃이죠.
아마샤는 여호아스가 죽은 뒤에도 15년을 더 살았지.
으헤헤~
야호! 바퀴벌레가 죽었구나야!
어느 날, 예루살렘에 반란이 일어났어.
왕을 잡아라!
와아아아
에돔의 우상 따위를 섬기는 왕은 필요 없다!
그래서 아마샤는 라기스로 도망쳤지.
일단, 저곳으로 피하자!
라기스
두두두
그러나 백성들은 라기스까지 사람을 보내 아마샤를 붙잡아 죽이고,
쾅!
읍!
여기 숨은 줄 안다! 나와라!
아마샤의 시체를 말에 실어 예루살렘 안의 다윗성에 묻었어.
만세! 괴수를 잡았다!
따그닥
아마샤가 행한 다른 일은 유다 왕들의 역사책에 기록돼 있어.
아! 에돔 우상을 섬기고부터 인생이 꼬였다고.
유다의 왕들

※에브라임 문 : 예루살렘 성의 북서쪽에 위치한 성문. ※400규빗 : 약182m에 해당한다.
※모퉁이 문 : 예루살렘 성의 북서쪽 모퉁이에 위치한 성문.

※아마샤도 백성들과 함께 사마리아로 잡혀가 포로 생활을 했다.

※15년 : 여호아스가 죽은 뒤 아마샤는 예루살렘으로 돌아와 15년 동안 유다를 다스렸다.

※라기스 : 예루살렘 남서쪽 45km 지점에 위치한 성읍이다.

※아마샤가 여전히 우상을 숭배했기 때문에 반란이 일어난 것으로 보인다.

아마샤의 아들 아사랴가 16세 때 유다 백성들이 그를 왕으로 세웠어.
아! 왕이고 뭐고 한 판만 더 하고 가면 안 될까요?
아사랴는 먼저 엘랏을 재건해 유다 땅으로 되돌려놓았어.
해상 무역로를 확보해야지.
이스라엘 13대 왕 여로보암 2세
유다 왕 아마샤 15년, 이스라엘은 여호아스의 아들 여로보암 2세가 왕이 돼 사마리아에서 41년간 다스렸지.
자, 어떻게 이름값을 해볼까?
여로보암 2세
여로보암 2세는 여호와 앞에서 악한 일을 저질렀고, 여로보암의 죄를 그대로 따랐지.
아이고, 네네!
괜히 이스라엘 초대 왕과 이름이 같은 줄 알아?
후후
그러나 이스라엘의 국경을 하맛 어귀에서부터 아라바 바다까지 되찾았어.
우상을 숭배하면서도 최고의 번영을 이뤘다고!
거 참, 신비롭네!
하나님께서 왜 저런 인간에게…!
이는 여호와께서 그의 종 가드헤벨 사람 아밋대의 아들 요나에게 하신 말씀을 이룬 결과였지.
댁이 잘해서가 아니라 하나님의 은혜 때문이오.
흥!
나의 북진정책의 결과라고!
요나
여호와께서 이스라엘 백성들의 큰 고통을 보셨지만 이스라엘을 구원할 사람은 아무도 없었소.
그래서 내가 해결한 거야.
캬캬
여호와께서는 이스라엘을 완전히 없애버리겠다고 말씀하신 적이 없기 때문에 댁을 통해 구원하신 거요.
몰라 몰라! 아무튼 내가 한 거야.
여로보암 2세가 유다에 속했던 다메섹과 하맛을 되찾은 일 등 나머지 행적은 이스라엘 왕들의 역사책에 기록돼 있어.
어쨌든 난 이스라엘의 번영을 이끌었던 왕이라고.
쿵!
이스라엘의 왕들
하맛
시돈
다마스쿠스
두로
하솔
세겜
벧엘
예루살렘

※아사랴 : 웃시야라고도 불렸다.

※엘랏(엘롯, 에시온게벨) : 솔로몬의 해상 활동의 근거지였던 홍해의 아카바 만 최북단에 위치한 항구도시. Link 5권 48p

tip 하맛 어귀~아라바 바다

아람의 주요 도시 하맛은 이스라엘과 북방 경계를 이루는 곳이며 아라바 바다는 사해 바다를 말한다. 따라서 '하맛 어귀에서부터 아라바 바다까지 이스라엘의 국경을 되찾았다'는 말은 '이스라엘의 원래 영토(요단 동편까지)를 되찾았다'는 뜻이다. 이는 오랫동안 이스라엘을 괴롭히던 아람이 앗시리아의 침략으로 약해진 틈을 이용해 다윗과 솔로몬 시대의 영토 대부분을 회복했다는 뜻이기도 하다.

※여로보암의 죄 : Link 5권 60p tip 여로보암의 치명적 범죄 참고.

※가드헤벨 : 나사렛에서 약 41km 북동쪽 지점에 위치한 성읍.

※요나 : 이스라엘의 예언자. 여호와께서 요나에게 하신 말씀은 알 수 없다.

※다윗과 솔로몬 시대에 다메섹 Link 4권 161p 과 하맛 Link 5권 48p 은 이스라엘의 지배를 받았으나 왕국이 분열된 뒤 아람에게 다시 빼앗겼었다.

여로보암 2세는 그의 조상인 이스라엘의 왕들과 함께 사마리아에 잠들었지.
뭐, 뭐야? 벌써 퇴장이야? 41년이 어째서 1쪽도 안 돼? 엉?
하나님 맘이야. 꺼져!
15장 유다 10대 왕 아사랴
이스라엘 여로보암 2세 27년, 유다는 아마샤의 아들 아사랴가 왕이 돼 예루살렘에서 52년간 다스렸지. 어머니는 예루살렘 사람 여골리야였어.
이제 출연해야 합니다.
52년이란다. 출연료도 짭짤하겠네!
호호
후후
여골리야
인기 얻어서 CF까지 해야죠.
아마샤, 아사랴, 스가랴… 끙끙.
아사랴는 아버지 아마샤를 본받아 여호와 앞에서 옳은 일을 했지.
네 아빠처럼 잘 하다가 삐딱선을 타면 안 돼.
염려 마세요!
그리고 그의 아들 스가랴가 뒤를 이어 왕이 됐어.
이젠 내가 이스라엘의 왕!!
자, 출연료, 얼마 안 되니까 아껴 써!
캬 캬 캬
흑흑
스가랴
그러나 산당을 없애지 않아 백성들이 여전히 그곳에서 제사를 드렸어.
먼 예루살렘까지 어떻게 가? 그냥 여기서 드리지 뭐.

※아사랴 : 웃시야라고도 불렸다.

하나님을 경외하도록 가르친 스가랴가 있는 동안 아사랴는 여호와께 복종했고,
오늘은 성경2.0 2권을 보죠.
이 책은 이해가 잘 돼요.
역대하 26장 5절
여호와께서도 모든 일이 잘 되게 해주셨지.
땡~!
JACKPOT
Wow~ Lucky!
촤르르륵
역대하 26장 5절

※스가랴 : 예언자이자 아사랴의 개인 교사이며 고문으로 보인다.

① 영토 확장
아사랴는 여호와의 도움으로 블레셋 사람과 구르바알에 사는 아라비아 사람, 마온 사람들과 싸웠어.
왕의 CF 출연을 위하여!
여호와 만세!
와아아아
역대하 26장 6~7절

tip 블레셋과의 전쟁

아사랴가 정복 전쟁의 1차 목표로 블레셋을 친 것은 그들이 유다의 예루살렘까지 약탈했기 때문이다. Link 5권 153p 아사랴는 이 전쟁에서 블레셋의 주요 성읍을 파괴하고 아스돗과 블레셋에 성을 새롭게 건축해 블레셋을 완전 정복했으며, 승리의 기세를 몰아 유다 남동쪽 경계선의 구르바알에 거주하던 아라비아 사람과 마온 사람의 지역까지 정복한다. 이로써 아사랴 시대의 유다 영토는 솔로몬 시대 이후 가장 넓어진다.

암몬에게서 조공을 받는 등 아사랴의 명성은 멀리 이집트까지 퍼졌지.
요즘 아사랴가 뜨는데?
걸 그룹이야?
암몬, 아사랴에 굴복!
역대하 26장 8절

※구르바알 : 유다 남동쪽 경계선에 위치했던 것으로 보이나 그 외 알려진 것은 없다.
※마온 사람 : 에돔 땅 세일 산 근처에 거주하던 사람들 Link 5권 113p

※암몬 : 가나안 동쪽 모압 위에서 오랫동안 이스라엘을 괴롭힌 민족. 아브라함의 조카 롯과 그 딸 사이에서 태어난 아들 벤암미의 자손. Link 1권 67p

② 산업정책
아사랴는 목축업을 위해 들판에 망대를 세우고 많은 샘을 팠어.
음매~
음매~
음매~
역대하 26장 10절
농업을 위해 언덕과 평지에 포도원을 가꾸는 농부들도 두었지.
1차 산업이 튼튼해야지.
역대하 26장 10절
③ 건축과 국방정책
아사랴는 예루살렘의 모퉁이 문과 골짜기 문, 성벽이 굽어지는 부분에 망대를 세워 성을 요새화했어.
무너졌던 성벽 Link 5권 182p 도 고쳤어.
역대하 26장 9절
※모퉁이 문 : 예루살렘 북서쪽 모퉁이에 위치한 성문.
※골짜기 문 : 예루살렘 서쪽에 있던 성문.
아사랴의 잘 훈련된 군대는, 하나냐의 지휘 아래 여이엘과 마아세야가 징집해 병적에 올렸지.
허접한 것들. 훈련소 다녀와서 보자.
하나냐
여이엘
마아세야
역대하 26장 11절
아사랴는 그 군대를 방패와 창, 투구, 갑옷, 활, 물매로 무장시켰어.
장교 2,600명, 병사 30만 7,500명의 강병이 언제라도 왕을 위해 싸울 준비가 됐습니다.
훌륭하군!!
역대하 26장 12~14절
예루살렘의 기술자들에게는 망대와 성벽 모퉁이에 화살과 큰 돌을 쏘아 올리는 신무기를 만들어 두게 했지.
CM-77 지대공 미사일입니다!
슈우우욱
좋아, 좋아!
흠
역대하 26장 15절
아사랴의 범죄
여호와의 도우심으로 강해진 아사랴의 명성이 사방으로 퍼졌어.
역대하 26장 15절
요즘 대세는 아사랴지.
유투브 조회수 백만 건이 넘었대.
팬클럽도 수천 개나 된다는데?
CF 수입도 엄청나대.
어느 날, 아사랴는 성전 안 분향단 위에 직접 향을 피우려고 성소에 들어가는 죄를 범했지.
아니 왕께서…?!
이곳에 들어오는 건 죄입니다.
비켜! 내가 요즘 대세 아사랴 왕이다!
역대하 26장 16절
대제사장 아사랴가 용감한 여호와의 제사장 80명을 데리고 아사랴를 뒤따라가며 말렸어.
여호와께 향을 피우는 일은 거룩히 구별된 아론의 자손인 제사장들만이 할 수 있습니다.
이 거룩한 곳을 나가십시오. 왕이 죄를 지었으니 하나님께서 노하실 겁니다.
쿵!!
역대하 26장 17~18절
※대제사장 아사랴 : 아사랴 왕과 이름이 같다.

역대하

tip 제사장만이 향을 피울 수 있다.

하나님은 레위 지파 중 아론 자손에게만 성소에 들어가 분향할 수 있는 권한을 주셨다. Link 2권 175p 아사랴의 행위는 하나님의 권위에 도전하는 죄악으로, 과거 사울이 사무엘을 대신해 번제를 드린 것과 동일한 범죄였다. Link 4권 59p 아사랴의 이런 행위는 왕과 제사장 직을 겸했던 당시 근동 지역 풍습의 영향이었던 것으로 보인다.

분향하려던 아사랴는 제사장들의 말에 화가 났지.
감히 날 막겠다는 거냐?
아니…?!
헉!
역대하 26장 19절
그런데 그때 아사랴의 이마에 나병이 생겨난 거야.
나병이다!
뭐? 웬 나병?!
꺄악
역대하 26장 19절

대제사장 아사랴와 제사장들이 살펴보고는,
나병 맞아요!
에이! 장난 치는 거지?
오오, 맙소사!
역대하 26장 20절
서둘러 아사랴를 성전에서 쫓아냈어. 여호와께서 그를 치신 거야.
으앙
당장 꺼져요! 성전은 부정한 사람이 있으면 안 돼!!
미워!
역대하 26장 20절
나병에 걸린 아사랴는 죽을 때까지 별궁에서 격리돼 살았어.
잘 나가다가 한 번의 교만함으로…!
흑흑
아마샤, 아사랴, 스가랴… 예언자 스가랴, 대제사장 아사랴…
그래서 그의 아들 요담이 왕궁을 관리하며 유다를 다스리게 됐지.
요담
으그…! 아빠도 참! 난 절대 닮지 말아야지.
아사랴의 나머지 행적은 아모스의 아들 이사야가 유다 왕들의 역사책에 기록했어.
성경
이… 이사야…?
에구! 쪽팔려, 왕이 나병이라니.
이것들이 이름 가지고 장난쳐? 엉?
아마샤, 아사랴, 스가랴, 예언자 스가랴, 대제사장 아사랴, 그것도 모자라서 또 이사야?!
우당탕
크아아아!

※이사야 : 왕궁에 출입하며 왕과 자주 접촉했던 예언자로 유다 왕들과 백성의 존경을 받았다.

아사랴는 나병 때문에 왕실 묘지에 들지 못하고, 왕가의 변두리 땅에 묻혔지.
겨우 묻을 땅 구석을 찾았소.
에휴! 까불다가 죽어서도 고생하는군.
역대하 26장 23절
그 뒤, 아사랴의 아들 요담이 왕이 됐어.
난 할아버지나 아버지를 결코 닮지 않을 거야!
쩝! 뭐 할 말이 없네.
아마샤
아사랴
아버지! 빨리 퇴장하죠. 낯 뜨거워서….
사, 살려주세요! 다신 안 그럴게요!
아버지, 목을 따버릴까요?
스가랴
아마샤
아사랴
아사랴
스가랴
꽤애액
이사야

이스라엘 14대 왕 스가랴

유다 왕 아사랴 38년, 이스라엘은 여로보암 2세의 아들 스가랴가 왕이 돼 사마리아에서 6개월을 다스렸어.
켁!
휘청
겨우 6개월?!
스가랴는 여호와 앞에서 악을 행했고, 여로보암의 죄를 그대로 따랐지.
금송아지 제작법
금송아지라도 있어야 백성들을 붙잡아 둘 수 있으니까.
야베스의 아들 살룸이 스가랴를 없애려고 몰래 반역을 준비했어.
맡은 임무를 차질 없게 준비하시오.
살룸
넵!
알겠습니다!

※여로보암의 죄 : 이스라엘의 우상숭배의 원천이 됨. Link 5권 60p tip 여로보암의 치명적 범죄 참고.

※반역 : 살룸이 어떤 방법으로 반역했는지는 알 수 없다.

살룸은 스가랴를 백성들 앞에서 죽이고 왕이 됐지.
깜짝 이벤트다!
크악!
촤악
헉!
아니?!
스가랴의 나머지 행적은 이스라엘 왕들의 역사책에 기록됐어.
크하하
6개월짜리 왕이 무슨?
흑흑
그리하여 여호와께서 예후에게 말씀하신 Link 5권 165p 그대로 이루어진 거야.
네 4대손까지는 이스라엘의 왕좌에 앉게 될 것이다!
아무리 그래도 6개월 만에… 너무해요.

이스라엘 15대 왕 살룸

유다 왕 아사랴 39년, 이스라엘은 야베스의 아들 살룸이 왕이 돼 사마리아에서 1개월을 다스렸어.
쿵
한 달이래!! 한 달!!
꺄꺄
그때 디르사에 있던 가디의 아들 므나헴이 사마리아로 향했지.
왕을 죽인 반역자를 처단하자!
와아아
두두두

※므나헴 : 스가랴의 신하이며 디르사의 군사적 통치자였다.
※디르사 : 세겜에서 북방으로 12km 지점에 위치. 초기 이스라엘의 수도였다.

디르사를 떠난 므나헴은 딥사가 성문을 열어주지 않자 공격했어.
와아아
한 놈도 살려두지 마라!
므나헴은 딥사의 모든 사람을 공격했어. 심지어 임산부의 배도 갈랐지.
이어서 야베스의 아들 살룸을 죽이고 왕이 됐어.
반역자의 끝이다!
커억!

※딥사 : 디르사와 사마리아 사이의 성읍으로 정확한 위치는 알 수 없다.

살룸의 나머지 행적과 반란은 이스라엘 왕들의 역사책에 기록됐지.
어이없어. 고작 한 달이라니!
흑
꼴좋다! 샘통이야!
우헤헤헤
이스라엘 16대 왕 므나헴
유다 왕 아사랴 39년, 이스라엘은 가디의 아들 므나헴이 왕이 돼 사마리아에서 10년간 다스렸어.
좀 아쉽긴 하지만 10년이면…!
험!
그는 여호와 앞에서 악했고, 평생 여로보암의 죄를 따랐지.
뭐 새삼스럽게! 설명하기도 지겹다. 아래 주석도 이제 그만하자.
얼마 후 앗시리아 왕 불이 이스라엘을 침략했어.
좋은 말할 때 나오셔!
불(디글랏빌레셀)
그러자 므나헴은 이스라엘의 모든 부자들에게 긴급 세금을 거뒀어.
부자 한 사람당 은 50세겔씩 거둬! 빨리!
네! 서둘러 거두겠습니다!
그리고 왕권을 지키기 위해 불 왕에게 은 1천 달란트를 주었지.
성의 표시입니다.
그으래?
헤헤
불 왕은 곧 이스라엘을 떠났지.
형님! 조심히 가십시오.
그랴, 잘 있어! 돈 떨어지면 다시 올게!!
꾸벅
므나헴의 나머지 행적은 이스라엘 왕들의 역사책에 기록돼 있어.
쳇! 무슨 10년이 7컷 만에 끝나냐?
이스라엘 17대 왕 브가히야
유다 왕 아사랴 50년, 이스라엘은 므나헴의 아들 브가히야가 왕이 돼 사마리아에서 2년간 다스렸지.
아이고! 2년이라니…!
이놈아, 여기 6개월, 한 달짜리 왕도 있다. 호강이 뻗쳤구먼.
스가랴
넌 복 받은겨.
살룸
쾅
쾅
그 역시 여호와 앞에서 악했고, 여로보암의 죄를 그대로 따랐어.
이젠 지문으로 쓰기도 지겹다.
이스라엘 왕의 필수 과목이죠.
어느 날, 브가히야의 부관이자 르말랴의 아들인 베가가 길르앗 사람 50명을 이끌고 반란을 일으켰지.
와아아아
한 놈도 살려주지 마라!
왕을 찾아라!
촤악
켁!

※여로보암의 죄 : 이스라엘의 우상숭배의 원천이 됨.

Link 5권 60p tip 여로보암의 치명적 범죄 참고.

※앗시리아 : 메소포타미아 북부 지역에서 티그리스 강 상류를 중심으로 번성한 고대 국가.

※1천 달란트 : 약 34.27톤에 해당된다.

※왕권을 지키기 위해 : 조공을 바쳐 권력을 연장했음을 뜻한다.

※ 길르앗 : 요단 강 동쪽에 있는 지방이다.

그는 사마리아 왕궁의 요새에서 브가히야, 아르곱, 아리에를 죽였어.
네놈도 운이 다했구나.
크크
브가히야의 나머지 행적은 이스라엘 왕들의 역사책에 기록돼 있지.
성경2.0
이스라엘 18대 왕 베가
유다 왕 아사랴 52년, 이스라엘은 르말랴의 아들 베가가 왕이 돼 사마리아에서 20년간 다스렸어.
이젠 내가 왕이다!!
후후

※왕궁의 요새 : 왕궁의 성채 또는 망루를 가리킨다.
※아르곱과 아리에 : 이들에 대해 알려진 것은 없으나 왕의 신복들로 보인다.

그는 여호와 앞에서 악했으며 여로보암의 죄를 그대로 따랐어.
금송아지 숭배는 이스라엘 왕의 필수 과목이라고!!
찡찡
그즈음 앗시리아의 왕 디글랏 빌레셀이 쳐들어와 이욘, 아벨 벳마아가, 야노아, 게데스, 하솔, 길르앗, 갈릴리, 납달리 지파의 온 땅을 점령했어.
귀여운 므나헴의 원수를 갚아주자!
사실 돈이 떨어진 거지 뭐.
디글랏빌레셀
두두두두
아람
이욘
아벨벳마아가
단
야노아
게데스
하솔
납달리
갈릴리
바산
돌
므깃도
길르앗라못
이스라엘
길르앗
사마리아
마하나임

※디글랏 빌레셀 : 므나헴 때 침략했던 '불' 왕 Link 5권 188p 과 동일 인물로 베가가 반기를 들자 쳐들어왔다.

그리고 백성들을 포로로 잡아갔지.
유다 왕 요담 20년, 이스라엘은 엘라의 아들 호세아가 반역을 일으켜 베가를 죽이고 왕이 됐어.
비겁한 놈! 앗시리아가 공격한 틈을 타서…!
후후
크윽
부르르
이 바닥이 그렇지 뭐!
베가의 나머지 행적은 이스라엘 왕들의 역사책에 기록돼 있지.
주인공의 역할은 끝났지만 나중에 조연으로 활약하게 돼.
성경2.0

※포로를 본국으로 압송하는 것은 점령지 백성들의 힘을 약화시켜 반란을 막기 위한 정책이었다.

유다 11대 왕 요담

이스라엘 왕 베가 2년, 유다는 아사랴의 아들 요담이 25세에 왕이 됐어.
할아버지나 아버지와는 달리 끝까지 훌륭한 왕이 될 테야!!
1등 왕 되기! '필독서 성경2.0'
요담
요담은 예루살렘에서 16년 동안 다스렸지. 그의 어머니는 사독의 딸 여루사였어.
아들, 무엇보다 하나님의 말씀을 아는 게 중요하단다.
여루사
걱정 마세요. 성경 2.0이 있잖아요.
요담은 아버지 아사랴를 본받아 여호와 앞에서 옳은 일을 했지.
그래! 하지만 끝까지 잘해야 한다.
당연하죠!!

그러나 그 역시 산당을 없애지 않아 여전히 산당에서 제사를 드렸어.
북쪽 이스라엘은 금송아지, 남쪽의 유다는 산당이 문제구먼.
그는 성전의 위쪽 문을 세우고 오벨 성벽도 더 연장해 쌓았지.
역대하 27장 3절
산간 지방에는 성들을 세웠고 삼림 지대에는 요새와 망대를 세웠어.
핵폭발에도 견디도록 지어야 한다!
미친 놈.
역대하 27장 4절

※산당 : 여호와를 예배하던 산당이 요담 이후에는 우상숭배로 사용된다.
※성전의 위쪽 문 : 성전 북쪽 방향에 위치한 문.
※오벨 성벽 : 예루살렘 성전 남쪽, 모리아 산 낮은 언덕에 지어진 성벽.

요담은 암몬 왕들과의 전쟁에서도 승리했지.
와아아아아
역대하 27장 5절
그 후, 암몬은 3년간 해마다 요담에게 은 100달란트와 밀 1만 고르, 보리 1만 고르를 바쳤지.
힝
부우웅
괜히 대들었다가 탈탈 털리는구나.
역대하 27장 5절
여호와께 복종한 요담은 점점 강해졌어.
휙
역대하 27장 6절

※유다에게 조공을 바치던 암몬 Link 5권 184p 이 배신하자 이에 대한 응징으로 보인다.
※100달란트 : 약 3.43톤에 해당한다.
※1만 고르 : 약 2,200킬로리터에 해당한다.

어느 날, 여호와가 아람 왕 르신과 이스라엘 왕 베가에게 유다를 치게 하셨어.
이 장면은 다음 쪽에 다시 나오니까!
에이! 기껏 다시 출연했구먼.
Cut!
르신
베가
요담의 나머지 행적은 유다 왕들의 역사책에 기록돼 있지.
아니 다음 쪽에 나온다면서요?!
니가 감독해라! 엉?
파바박
에이
말로 합시다, 나도 왕인데….
요담은 조상들과 함께 다윗성에 묻혔고, 그의 뒤를 이어 아들 아하스가 왕이 됐지.
빨리 누워! 마지막 씬 찍게.
요씨, 빨리 끝냅시다. 그래야 내가 출연하지.
힝~
아하스

※르신 : 아람 왕국의 마지막 왕이다.

16장 유다 12대 왕 아하스

이스라엘 왕 베가 17년, 유다는 요담의 아들 아하스가 20세에 왕이 돼 예루살렘에서 16년간 다스렸지.
왕이 된 기념으로 세계 최강의 우상을 만들어야겠어!!
우상을요?
갑자기 우상은 왜?
20살 맞아?

그는 여호와 앞에서 악했으며 이스라엘 왕들의 길을 그대로 따랐어.
기술자들을 모아라! 남부럽지 않게 우상을 만들어보자!

※아하스는 주변 국가들(앗시리아, 아람, 이스라엘)이 강한 이유가 그들의 신 때문이라고 착각한 것 같다.
※이스라엘 왕들의 길 : 우상숭배를 말한다.

게다가 바알 상들을 만들어 힌놈의 아들 골짜기에서 분향했지.
바알, 몰렉, 아세라 닥치는 대로 섬겨라!
역대하 28장 2~3절

tip 힌놈의 아들 골짜기

예루살렘 남쪽 성 밖의 골짜기로 이곳과 기드론 골짜기가 만나는 예루살렘 남단 외곽에 이방 신의 제사 장소로 알려진 '도벳'이라는 산당이 있었다. Link 예레미야 19장 6절 유다 사람들은 도벳 산당에서 자식을 불에 태워 몰렉 우상에게 제사를 지냈는데 아하스 시대부터는 그런 일이 왕에 의해 공공연히 자행되었다. 따라서 그곳을 예레미야 선지자가 '살육의 골짜기'로 부르게 된다. Link 예레미야 7장 31~34절, 19장 6절

심지어 자기 아들도 불에 태워 제물로 바쳤어.
몰렉 신이여! 지구를 지켜주소서!
우우우우

※아들을 불에 태워 제물로 바치는 건 몰렉 숭배의 의식이다.

아하스는 여호와께서 쫓아낸 이방 민족의 역겨운 죄를 그대로 따랐지.
우우우우

※이방 민족 : 가나안 민족을 말한다.

그는 산당과 언덕과 모든 푸른 나무 아래에서 우상에게 제사를 드렸어.
범국가적으로 닥치고 우상이다! 알겠어?
아, 네….

※푸른 나무 : 오래된 고목 밑에서 제사를 드리는 건 가나안 사람들의 관습이었다.

아람-이스라엘 연합군의 침입

아람 왕 르신과 이스라엘 왕 베가가 예루살렘을 치려고 왔지.
드디어 맹활약을 하게 됐군!
ㅋㅋ

그들은 예루살렘을 포위했으나 정복하지는 못했어.
끈질긴 놈들! 쉽지 않군요.
베가
맷집 좋네요!
르신

tip 아람·이스라엘 연합군의 침입

이때 유다를 침공한 아람과 이스라엘 연합군의 실패는 이사야에 의해 예언된 바 있다. Link 이사야 7장 1~9절 이사야가 적의 침략 직전, 아하스에게 하나님의 위로와 승리의 확신을 주었지만 아하스는 하나님께 도움을 구하지 않고 최강의 제국인 앗시리아에 도움을 청한다. 결국 유다는 하나님의 은혜로 위기를 모면하지만, 대신 앗시리아의 지배를 받게 된다. 이 전쟁은 요담 시대에 있었던 아람·이스라엘 연합군의 침입과 같은 사건 Link 5권 190p 으로, 이때 유다 왕은 요담이었지만 아하스 섭정 기간이므로 두 사람 시대의 사건으로 동일하게 기록된다.

여호와께서 아하스를 아람 왕 르신에게 넘기시니 르신이 아하스를 치고 많은 유다 백성을 다메섹으로 끌고 갔어.
어째서 이런 일이…!
흑흑
역대하 28장 5절

아람 왕은 엘랏을 정복했고 그곳에 살던 유다 백성을 쫓아냈지. 그래서 아람 백성들이 지금까지도 엘랏에 살고 있어.
아! 왕이란 인간이 우상숭배에 환장할 때 알아봤어야 해.

※엘랏(엘롯, 에시온게벨) : 솔로몬 Link 5권 48p 의 해상 활동 근거지였던 홍해의 아카바 만 최북단에 위치한 항구 도시.

또한 여호와께서 아하스를 이스라엘 왕 베가에게 넘기시니 베가가 아하스를 쳐서 수많은 유다 백성을 죽였지.
와아아아
역대하 28장 5절
베가는 하루에 유다의 용사들을 12만 명이나 죽였어. 유다가 여호와를 저버린 게 화근이었지.
역대하 28장 6절

에브라임의 용사 시그리가 아하스의 아들 마아세야와 궁내대신 아스리감, 총리대신 엘가나를 죽였지.
시그리
이제 아하스만 잡으면 되는데….
역대하 28장 7절
이스라엘은 동족 유다 백성을, 여자와 아이들까지 합쳐 20만 명이나 사로잡았고, 많은 물건을 약탈해 사마리아로 가져갔지.
노획품 2
부우웅
역대하 28장 8절

※에브라임 : 북 왕국 이스라엘 10지파 가운데 가장 대표적인 지파로 북 왕국 이스라엘 전체를 나타내는 말로도 사용됐다.

그때, 여호와의 예언자 오뎃이 사마리아로 돌아오는 이스라엘 군대를 맞이하며 말했어.
여러분 조상의 하나님께서 노하셔서 유다를 여러분에게 넘기셨소!
그런데 여러분은 그들을 잔인하게 죽였고, 그것도 모자라 노예로 만들고 있소! 하지만 여러분도 여호와를 거역하는 죄를 지었소!
뭐야?
누구지?
역대하 28장 9~10절
잘 들으시오! 포로로 잡아온 여러분의 형제자매들을 돌려보내시오! 여호와께서 여러분에게 노하셨소!
하긴 우리가 좀 심하긴 했지.
맞아, 사실 같은 민족인데….
틀린 말은 아닌데.
웅성
웅성
역대하 28장 11절

※오뎃 : 알려진 것이 없다.
※여호와를 거역하는 죄 : 우상숭배를 말한다.

에브라임의 지도자 4명도 병사들에게 경고했지.
포로들을 이리로 데려오지 마시오. 그럼 우리는 주님 앞에서 죄인이 될 것이오.
당신들은 우리 죄를 더욱 크게 했소. 이제 이스라엘은 주님의 진노를 피할 수 없을 것이오.
역대하 28장 12~13절
이 말을 들은 병사들은 포로들과 약탈한 물건들을 그들 지도자 무리에게 넘겼어.
좋소! 그럼 당신들이 알아서 하시오!
잘 생각했소.
역대하 28장 14~15절

※4명의 지도자 : 요하난의 아들 아사랴, 무실레못의 아들 베레갸, 살룸의 아들 여히스기야, 하들래의 아들 아마사로 오뎃과 함께 이스라엘 군대를 마중나간 사람들의 지도자로 보인다.

물건을 넘겨받은 지도자들은 포로들에게 옷가지와 신발 등을 나눠주었지.
줄을 서세요! 줄!
하하하
이제 우린 살았다!
역대하 28장 15절
또 먹고 마실 것과 약을 주었고 약한 사람들은 나귀에 태웠어.
역대하 28장 15절
하하하
이제 집에 돌아갈 수 있겠구나!
이게 모두 여호와께서 돌봐주시기 때문이야!
그리고 포로들을 종려나무 성 여리고로 데려가서 그들의 친척에게 넘겨주고 사마리아로 돌아갔지.
아이고! 네가 죽은 줄 알았다!
아버지!
감사합니다! 하나님!
역대하 28장 15절
앗시리아와의 동맹
예루살렘이 아람·이스라엘 연합군에게 포위당했을 때 Link 5권 191p, 아하스가 앗시리아 왕 디글랏 빌레셀에게 전령을 보냈어.
불 켜지 말고 빨리 빠져나가라.
알겠습니다.
부르르르
역대하 28장 16절
아하스가 앗시리아의 왕에게 말했지.
저는 왕의 종이며 아들이니, 부디 아람과 이스라엘의 공격에서 저를 구해주십시오!
맨입으로?
아하스는 성전과 왕궁의 모든 금과 은을 앗시리아 왕에게 선물했어.
그럴 줄 알고 준비했습니다.
짜~잔!
오~
그래서 앗시리아 왕이 다메섹으로 진군해 그 성을 점령했지.
크크
꿩 먹고 알 먹고, 선물 받고 땅 따먹고!
그리고 아람 백성들을 길 성으로 잡아가고 아람 왕 르신을 죽였어.
아하스는 앗시리아 왕을 만나기 위해 다메섹으로 갔지.
이참에 아부의 극치를 보여주자!
후후
아하스가 하나님을 버리다
아하스는 다메섹에 있는 제단의 모형과 설계도를 제사장 우리야에게 보냈어.
예루살렘에 이 제단을 만들어서 앗시리아 왕에게 인증 샷을 날려주자.

※여리고 : 아합의 명령으로 벧엘 사람 히엘이 여리고 성을 다시 세웠다. Link 5권 83p 종려나무들이 울창하게 자라 '종려나무 성'으로 불렸다.

※디글랏 빌레셀 : 이스라엘의 16대 왕 므나헴과 18대 왕 베가를 공격했던 앗시리아 왕 Link 5권 188~189p 불과 동일 인물이다.

※다메섹 : 아람의 수도였으나 앗시리아에 점령된 이후 앗시리아의 성읍 중 하나로 전락한다.

※길 성 : 정확한 위치는 알 수 없다.
※르신 : 아람의 마지막 왕이다.

※제단 : 앗시리아 왕들은 자신이 섬기는 우상의 제단을 가지고 다녔다.

우리야는 아하스가 보내준 설계도대로 제단을 만들었지.
아하스가 돌아오기 전에 제단은 모두 완성됐어.
크하하
헤헤
수고했다!!
그는 제단 위에 직접 번제물, 곡식제물, 전제물을 드리고 화목제물의 피도 뿌렸어.
앗시리아의 왕에게 보낼 인증 샷이니 잘 찍어!
찰칵!
※전제물 : 부어드리는 제물로 포도주나 독주를 제단 받침에 붓는다.
그리고 성전 앞 놋제단을 북쪽으로 옮기고 거기에 새로 만든 제단을 놓았지.
그건 저쪽으로 치워버려!
끙
큰 제단 위에서 이렇게 제물들을 드려! 번제물과 희생제물의 모든 피를 제단에 뿌리고!
①아침 번제물과 저녁 곡식예물
②왕의 번제물과 곡식예물
③모든 백성의 번제물, 곡식예물과 부어 드리는 예물
네! 알겠습니다!
저 놋제단은 내가 여호와의 뜻을 구할 때만 쓰겠다!
명령대로 하겠습니다!
※여호와의 뜻을 구할 때 : 번역의 오류. 원래는 '앞으로 더 생각한 후 조치 하겠다.'란 의미이다.
그런 뒤, 아하스는 물두멍 받침대의 옆 널빤지와 물두멍을 떼어내고,
우지끈!
※물두멍 : 번제용 제물을 씻는 물 용기. 받침대의 옆판을 떼어낸 이유는 알 수 없다.
놋황소 위에 있던 바다도 떼어내 돌 받침 위에 놓았지.
좀 더 힘을 쓰라고!
끙끙
※바다 : 제사장과 레위인들의 몸을 씻는 물을 담는 용기. 바다를 떼어낸 이유도 알 수 없다.
또 성전 안 왕의 안식일 전용 통로와 성전 바깥 전용 출입구도 없애버렸어.
이건 앗시리아 왕에게 아부, 아니 경의를 표하기 위해서야.
찰칵!
고통당하는 유다
한편, 아람·이스라엘 연합군이 물러난 틈에 에돔 사람이 다시 쳐들어와 유다 백성들을 포로로 잡아갔지.
아이고, 못살겠네! 만날 침략이나 당하고!
흑
흑
왜 이렇게 된 거야?
닥쳐!
멍청한 놈들, 너희 죄를 몰라?
역대하 28장 17절

※아하스의 요청으로 앗시리아가 다메섹을 점령하자, 아람·이스라엘 연합군은 앗시리아를 견제하기 위해 회군했다.
※다시 : 에돔이 유다를 침략한 것은 유다 4대 왕 여호사밧 때 Link 5권 113p 이므로 연합군 다음으로 '다시' 침략을 당했다는 뜻이다.

블레셋 사람들도 유다의 평지와 남쪽의 여러 성을 점령하고 그곳에 정착했어.
김소
벧엘
블레셋 공격으로 빼앗긴 지역
아얄론
미스바
기브온
유다
에그론
딤나
벧세메스
예루살렘
가드
베들레헴
블레셋
소고
역대하 28장 18절
이 모든 것은 아하스가 백성들에게 큰 죄를 짓게 해서 여호와께서 유다를 낮추신 거야.
몰렉님, 바알님 도와주쇼!
역대하 28장 19절
앗시리아 왕이 다시 예루살렘 아하스에게 왔지만 오히려 그를 곤경에 빠뜨렸어.
이놈 아하스야, 형이 왔다! 문 열어라!
역대하 28장 20절

※성경에 기록된 그데롯은 정확한 위치를 알 수 없어서 표기하지 않았다.

※유다에게 눌려있던 에돔 Link 5권 180p 과 블레셋 Link 5권 184p 이 유다가 약해진 틈을 타 침략했다.
※낮추다 : '굴복시키다'라는 의미로 쓰였다. 에돔과 블레셋을 통해 유다에게 하나님의 심판이 있었다.

아하스가 성전, 왕궁, 대신들의 보물을 앗시리아 왕에게 주었으나 소용이 없었지.
장난 치냐? 난 대인배야! 저 성을 줘!
킁!
역대하 28장 21절

tip 계속된 유다의 위기

에돔과 블레셋이 침략하자 아하스는 다시 앗시리아 왕에게 구원을 요청하지만, 앗시리아 왕은 영토 확장을 위해 오히려 아하스를 압박했다. 아하스가 뇌물을 바쳐도 소용이 없었다. 앗시리아 왕은 이 기회에 아람을 정복하고 유다를 더욱 압박했다. Link 5권 193p 결국, 앗시리아는 아하스를 돕기는커녕 자신의 잇속만 채운 것이다.

이런 어려움 가운데서도 아하스는 여호와께 더욱 죄를 지으며, 자기를 친 다메섹의 신들에게 제사를 지냈지.
다메섹의 신들은 아람 왕들을 도운 것처럼 나도 도와줄 것이다!
역대하 28장 22~23절

※다메섹의 신, 아람 왕들이 섬긴 신 : 아람의 신이 아닌 앗시리아의 왕이 섬긴 신을 말한다.

이 일로 아하스와 온 이스라엘은 더 어려움에 빠졌어.
징하다 징해, 저 정성으로 하나님을 섬겼으면….
끌끌
역대하 28장 23절
아하스는 심지어 성전 안에 있는 기구들을 부수고 성전 문을 닫아버렸지.
쾅 쾅
앞으로 성소 출입 금지다!
역대하 28장 24절
그리고 예루살렘 곳곳에 제단을 쌓았어.
아람의 신들을 섬기다가 죽자!
켕…
역대하 28장 24절

※성전 문을 닫다 : 성소 입구를 폐쇄하고 제사장의 출입을 금지시켰다.

또 유다의 성마다 우상들에게 분향할 산당을 세워 하나님을 크게 노하게 했지.
콰르르릉
역대하 28장 25절
아하스의 나머지 행적은 유다 왕들의 역사책에 기록됐어.
이스라엘의 우상 대마왕이 여로보암이라면 유다는 나 아하스야.
끌끌
성경 2.0
여로보암
어이쿠! 그것도 자랑이라고.
아하스는 다윗성에 묻혔지만 왕들의 묘지에는 묻히지 못했지. 그의 아들 히스기야가 뒤를 이어 왕이 됐어.
에휴! 아버지 삶 자체가 우상이었네요.
히스기야

※왕들의 묘지에 묻히지 못했다는 내용은 Link 역대하 28장 27절 에 나온다.

2. 분열 왕국의 멸망

17장 이스라엘 19대 왕 호세아

유다 왕 아하스 12년, 이스라엘은 엘라의 아들 호세아가 왕이 돼 사마리아에서 9년간 다스렸지.
앗시리아 때문에 뒤숭숭하지만 아무튼 내가 왕이라고.
흐흐
그는 여호와 앞에서 악했지만, 이전의 이스라엘 왕들보다는 나았어.
예루살렘 예배에 참석하라고 해!
좀 넘어가면 어때?
호세아는 앗시리아 왕 살만에셀이 침략하자 항복하고 조공을 바쳤지.
수고롭게 오실 필요 없습니다. 무조건 항복요!
살만에셀
뭐야? 시시하게!

※호세아는 우상을 만들지 않았고 백성들이 예루살렘의 절기 예배에 참석하는 것도 막지 않았다.

※살만에셀 : 디글랏 빌레셋의 아들이다.

어느 날, 살만에셀은 호세아가 반역을 꾸민다는 것을 알아챘어.
첩보에 의하면 호세아가 이집트 왕 소에게 전령을 보내고 있답니다.
해마다 바치던 조공도 바치지 않았습니다.
고것이 철없이 반항을?

※이집트 왕 소 : 호세아가 도움을 청했던 이집트 왕 소(So)는 사바콘으로 보인다. 이때 이집트는 내분 상태였다.

이스라엘의 멸망

살만에셀은 이스라엘로 올라가서 호세아를 잡아 옥에 가두었지.
아이고, 한 번만 봐주세요!
흥, 닥치세요!

※호세아는 이스라엘 수도 사마리아가 함락되기 전 잡혔다. 그가 어떻게 잡혔는지 알 수 없다.

그리고 이스라엘의 모든 지역을 공격하고,
남자는 죽이고 여자와 아이는 포로로 잡아가라!!
사마리아 성을 3년간 포위했지.
왕도 잡혔는데 징하게 버티네.
빨리 끝내고 집에 가고 싶다.

※모든 지역을 공격하다 : 완전한 정복을 위해 총 공세를 펼쳤음을 가리킨다.

B.C.722년, 이스라엘 왕 호세아 9년, 드디어 앗시리아가 사마리아를 점령했어.
드디어 이 지긋지긋한 전쟁도 끝이다!
와아아아아
그동안 오래 버텼다!! 이놈들아!!

살만에셀 왕은 이스라엘 백성을 앗시리아로 끌고 가 할라와 고산 강가의 하볼, 메대의 여러 성에 이주시켰지.
주저앉은 김에 푹 쉬게 만들어 줄까? 엉?
흑흑
크윽
철썩

※할라 : 하란 부근의 산악지대에 위치한 성읍. ※고산 : 유프라테스 강에 이어진 하볼 강 상류 지방의 산악지대.
※메대의 여러 성 : 자그로스 산맥 동부 카스피 해 남쪽의 산악지대에 위치.

tip 포로로 끌려가다

이스라엘은 멸망(B.C.722) 전에 앗시리아에 세 차례 침략당하고 많은 백성이 포로로 잡혀갔다. 사마리아가 함락되면서 또다시 많은 백성이 잡혀갔다. 이때 포로로 잡혀간 자만 2만 7,290명이었다고 한다. 당시는 살만에셀 왕이 의문의 죽음을 당하고, 그의 형제 사르곤2세가 왕위를 계승한 때다. 따라서 이스라엘을 멸망시키고 사마리아를 함락시킨 장본인은 사르곤2세였다.

이스라엘이 멸망한 이유

그 모든 것은 이스라엘이 하나님 여호와께 죄를 지은 결과야.

첫째, 그들을 이집트에서 구원하신 하나님의 은혜를 잊고 다른 신들을 섬긴 죄야.
①가나안 민족의 관습과 이스라엘 왕들의 잘못(금송아지)을 본받음.
②모든 성에 산당을 세움.
③각종 우상을 세워 섬김.

둘째, 여호와께서 보낸 예언자와 선견자의 경고를 무시한 죄지.
너희는 악한 길에서 돌아서라. 예언자들을 통해 너희 조상에게 준 율법에 따라 내 명령과 율례를 지켜라!!
웬 놈이야? 시끄럽다!

셋째, 조상들처럼 하나님 앞에 고집스러웠으며, 하나님이 세우신 언약과 경고를 무시하고 악한 짓만 골라 한 죄야.
①헛된 우상들을 섬김.
(몰렉, 아세라, 바알, 2개의 송아지 상, 하늘의 별)
②자식을 불에 태워 제물로 바침.
③점술이나 주문으로 점을 침.
휘이이잉
접근금지 발포함
헉
헉
아버지, 접근하면 쏜다는데요?
아들아, 닥쳐!
여로보암
바답

※예언자와 선견자 : 예언자는 하나님의 계시를 전하는 사람, 선견자는 하나님께서 보여주시는 환상을 보는 사람이지만 이스라엘은 둘을 같은 의미로 사용했다.

다윗의 집안에서 갈라진 이스라엘은 여호와를 버린 느밧의 아들 여로보암의 죄를 따랐지.
우리 조상님이 갔던 길을 악착같이 따라가자!
휘이이잉
헉헉
헥헥
길이 왜 이렇게 험하지?

마침내, 여호와께서는 예언자들을 통해 말씀하신 대로 이스라엘 백성을 쫓아내셨고, 앗시리아로 끌려간 그들이 지금까지 그곳에 있어.
너희들은 금지구역 위반으로 체포한다!
헉헉
조상님 미워
흑흑
이것들아, 시끄럽다!

※지금까지 : 저자(엄밀한 의미의 저자는 성령 하나님)가 열왕기를 쓰던 시점으로 포로 귀환 시대 이전으로 보인다.

하나님은 유다 지파만을 남겨두셨으나, 그들도 이스라엘을 본받아 여호와의 명령을 잘 지키지 않았지.
이스라엘이 망했대.
허접한 것들, 그럴 줄 알았다.
쌤통이다 그놈들.
킥킥
후후

앗시리아 강제 이주 정책의 결과

이스라엘 백성을 쫓아낸 앗시리아 왕은 바벨론, 구다, 아와, 하맛, 스발와임 사람들을 데려와 사마리아의 여러 성에 살게 했어.
갈그미스
하란
고산
할라
니느웨
이스라엘 백성 추방
앗시리아
이방인 이주
메소포타미아
메대
하맛
스발와임
유프라테스 강
시돈
두로
다마스쿠스
바그다드
아와
구다
바벨론
사마리아

※유다 지파 : 영향력이 적은 베냐민 지파까지 합쳐서 유다 지파라고 칭했다.

tip 앗시리아의 이주 정책

앗시리아는 사르곤 및 에살핫돈 왕 때, 정복한 땅에 자국 또는 식민지 사람을 보내 관리하는 이민 정책을 폈다. 이는 민족성이 강한 백성을 흩어지게 해 힘을 약화시키고, 고향 땅에 관한 애착을 말살하려는 정책이었다. 이런 정책으로 이스라엘 백성 대부분이 가나안에서 추방되고, 그 자리를 이방인이 채우게 된다.

그들은 사마리아를 차지하고 이스라엘의 여러 성에도 정착했지만 여호와를 섬기지 않았지.
명품 우상
20~30% DC
자, 명품 신, 온갖 잡신들이 다 있수! 하나 장만하셔!
우상 한두 개쯤은 집에 있어야지.

그래서 여호와가 보낸 사자들에게 몇 명이 죽임을 당했어.
으아아
크아앙!
꺄악!
헉!

사람들이 앗시리아 왕에게 이 소식을 전했지.
왕께서 우리를 사마리아에 살게 했지만 우리는 그 땅의 신에 관한 법을 모릅니다. 그 땅의 신이 사자들을 보낸 건 그 때문인 듯합니다.
사마리아에서 잡아온 제사장 중 한 명을 돌려보내, 그 땅의 신에 관한 법을 이주민에게 가르치게 해라.
오~ 역시!
솔로몬보다 낫네!

사마리아에서 잡혀온 한 제사장이 벧엘로 돌아가 이주민들에게 여호와를 섬기는 법을 가르쳤지.
요놈, 아니 이분이 이 땅의 신이죠.
영 볼품없네.
그러게 바알이나 아세라 신이 더 멋있어.

※이방인들은 하나님의 존재를 인정하긴 했으나 하나님을 지역의 신으로만 여겼다.

tip 벧엘

벧엘은 과거 여로보암이 송아지 우상을 세웠던 곳 Link 5권 59p 이고, 이스라엘의 제사장 역시 우상숭배를 위해 여로보암이 임의로 임명한 자들이었다. 따라서 그들이 가르친 예법은 우상숭배에 지나지 않았고, 여로보암의 죄를 답습하는 것에 불과했다.

여러 성의 이주민들은 자기만의 신을 만들어 사마리아의 산당 안에 두었어.
우상이 많으니 든든하군.
그렇죠?

바벨론 사람은 숙곳브놋, 구다 사람은 네르갈, 하맛 사람은 아시마, 아와 사람은 닙하스와 다르닥을 만들었고,
내친 김에 온갖 짐승으로 다 만들어 봐.
제품의 다양화 차원에서 벌레로 해볼까요?

※숙곳브놋은 암탉 형상의 우상. 네르갈은 수탉 형상의 우상. 아시마는 수리아의 폭풍 신. 닙하스는 개 형상의 우상. 다르닥은 당나귀 형상의 우상.

스발와임 사람은 아드람멜렉과 아남멜렉 신에게 자녀를 불에 태워 바쳤어.
어휴, 짐승들…!
저놈들 또 아기를…!

※아드람멜렉, 아남멜렉 : 몰렉 우상의 한 종류로 보인다.

그들은 여호와를 섬기는 동시에, 산당의 제사장을 뽑아 제사를 드리게 했지.
제사장으로 당첨됐으니 일단 그 애를 제물로…?
소, 송아지는 초식이야!
버럭!

※이방인들은 여호와를 우상신 중 하나로 숭배했다.

이처럼 그들은 예전 방식대로 자기들의 신과 여호와를 동시에 섬겼어.
어차피 신은 많을수록 좋은 거야.
그럼, 그럼 왕창 기도하면 들어줄 확률도 높아지잖아.
다신론이란 거지.

※이스라엘에서 여호와 유일신 종교는 퇴색하고 점차 혼합 종교 형태의 신앙이 판치게 된다.

그들은 지금까지도 낡은 관습에 젖어있고, 여호와를 바르게 섬기는 사람은 아무도 없지.
이스라엘이라 이름 지으신 야곱의 자손에게 내린 율례, 법도, 율법, 계명을 지켜야 한다는데?
그게 뭔데?
말만 들어도 골치 아프네.
그냥 하던 대로 하자.
끙!

※지금 : 열왕기 저자가 열왕기를 쓴 포로시대를 말한다.

옛날에 여호와께서 야곱의 자손들과 언약을 맺으시며 명령하셨어. Link 2권 75p
다른 신에게 절하거나 제사 지내지 말며, 그들을 섬기지도 말라! 큰 능력의 팔을 뻗어 너희를 이집트에서 해방시킨 내게만 절하고 제사 지내라. 내가 너희에게 써준 율례, 법도, 율법, 계명을 항상 지켜라!
나와 세운 언약을 잊지 않고 다른 신을 섬기지 않는다면 내가 너희를 원수에게서 구원해줄 것이다!
와아!
와아!

그러나 그들은 여호와의 말씀을 외면하고 자기들의 낡은 관습을 따랐지. 여호와와 우상을 함께 섬긴 거야.
국내 최대 우상 보유
양 한 마리 바치면, 닭 한 마리 서비스
우리 산당에 오세요!
아무 우상이나 입맛대로 골라 섬기세요!

그런 관습은 지금까지도 그들의 자손을 통해 계속 이어지고 있지.
토끼 신이여!
개 신이여!
당나귀 신이여!
딱정벌레 신이여!
흑흑

※낡은 관습 : 우상숭배의 관습을 말한다.

tip 사마리아의 종교 혼합

이스라엘 멸망 후 앗시리아의 종교 및 이주 정책은 두 가지 결과를 가져왔다.

① 가나안에 있던 이스라엘 백성과 이방인이 결혼해 혼혈이 생겨났다. 이를 사마리아인이라고 한다.

② 새로 이주해온 이방인이 자기들의 신을 들여오면서 종교 혼합 현상이 일어났다.

훗날, 유대인은 이 두 가지 이유로 사마리아인을 경멸하게 된다.

18장 유다 13대 왕 히스기야

이스라엘 왕 엘라의 아들 호세아 3년, 유다는 아하스의 아들 히스기야가 25세에 왕이 돼 예루살렘에서 29년간 다스렸지. 그의 어머니는 스가랴의 딸 아비였어.
아버지처럼 살 순 없어. 우상을 섬기다가 나라를 거덜냈잖아!
아비
오죽하면 우상 대마왕이라고 했겠냐! 절대 네 애비를 따라서는 안 된다!
어이!
아무리 내가 죽었다고 해도 너무 하잖아!

※스가랴 : Link 이사야 8장 2절 에서 하나님 앞에서 진실한 사람으로 소개된 것 외에 알려진 것이 없다.
※히스기야 : 유다에 종교개혁을 행한 4명의 왕(아사, 여호사밧, 히스기야, 요시야) 중 세 번째 왕이다.

히스기야는 조상 다윗을 본받아 여호와 앞에서 옳은 일을 했지.
그래, 종교 개혁만이 유다가 살 길이야!
성경2.0을 보니 하나님 말씀이 머리에 쏙쏙 들어오는군.
성경2.0

그리고 성전 동쪽 뜰에 제사장들과 레위 사람들을 불러냈지.
레위 사람은 자신을 먼저 깨끗이 하시오! 그런 다음, 더러운 것을 없애고 성전을 깨끗이 하시오! 우리 조상이 하나님을 버리고 악한 일을 했고, 주께서 계시는 성소를 등지는 죄를 범했소. 성전 문을 닫아걸고, 등불을 끄고, 분향도 번제도 드리지 않았소!
이에 여호와께서 진노하셔서 우리를 두렵고 놀랍게 했으며 비웃음거리로 만드셨소! 여러분이 직접 보아서 알 것이오! 조상들은 칼에 죽고, 우리의 아내와 자식들은 잡혀갔소! 이제 나는 하나님께서 진노를 거두시길 바라며 하나님과 언약을 맺을 것이오!
대제사장 아사랴
역대하 29장 4~10절

종교개혁 - ① 성전을 깨끗이 함

유다 왕 히스기야 1년 1월, 왕은 성전의 문들을 다시 열고 수리했어.
탕 탕
참 나! 아버지는 괜히 문이나 때려 부숴가지고….
역대하 29장 3절

※아하스 때 성전의 문이 폐쇄됐었다. Link 5권 195p

자, 시간 낭비하지 말고 여호와께서 여러분을 뽑으셨으니, 주님을 섬기고 분향해야 하지 않겠소?
옳소!
와아아아아!
오오!
역대하 29장 11절

이때 나선 레위 사람은 다음과 같아.

고핫 자손	아마새의 아들 마핫, 아사랴의 아들 요엘
므라리 자손	압디의 아들 기스, 여할렐렐의 아들 아사랴
게르손 자손	심마의 아들 요아, 요아의 아들 에덴
엘리사반의 자손	시므리, 여우엘
아삽의 자손	스가랴, 맛다냐
헤만의 자손	여후엘, 시므이
여두둔의 자손	스마야, 웃시엘

역대하 29장 12~14절

tip 레위 자손

레위 자손은 크게 고핫, 므라리, 게르손 자손으로 나뉜다. 엘리사반은 본래 고핫 자손이지만 여기서는 고핫, 므라리, 게르손과 마찬가지로 독립된 계보로 나타난다. 3대 악사 Link 4권 149p 인 아삽(게르손 자손)과 헤만(고핫 자손), 여두둔(므라리 자손) 역시 이곳에서는 독립된 계보로 나타난다.

레위 사람들은 율법에 따라 깨끗해지는 예식 Link 2권 177p 을 한 뒤 성전을 정화했어.
역대하 29장 15절

제사장들이 성전 안의 더러운 것을 뜰에 내놓으면,
우우웅
역대하 29장 16절

※성전 : 제사장만이 들어갈 수 있는 곳, 즉 성소를 말한다.
※더러운 것 : 우상에게 바쳤던 제물과 제사 도구를 말한다.

레위 사람들이 기드론 골짜기에 버렸지.
참, 많기도 해라.
하나님이 얼마나 어이 없으셨을까?
후두두둑
역대하 29장 16절

성전 정화는 16일에 걸쳐 이루어졌어.
1월 1일에 시작해 8일은 성전 뜰을, 8일은 성전 내부를 치웠지.
역대하 29장 17절

레위 사람들이 히스기야에게 보고했지.
성전 전체와 번제단, 떡상, 거기에 딸린 기구들을 깨끗이 했습니다.
아하스 왕이 버린 성전 기구도 제자리에 두고 정결하게 했습니다. 모든 것이 여호와의 제단 앞에 제대로 있지요.
역대하 29장 18~19절

※기드론 골짜기 : 예루살렘과 감람산 사이에 있는 골짜기를 말한다.
※성전 기구 : 놋제단과 물두멍, 놋바다를 가리킨다. Link 5권 194p

종교개혁 - ② 제사 제도의 회복

다음날 아침 일찍, 히스기야는 성의 대신들을 불러 성전으로 올라갔어.
제물로 바칠 황소, 숫양, 어린 양, 숫염소 각각 7마리씩 준비됐습니다.
아이고! 아침부터…
역대하 29장 20~21절

그리고 왕의 집안과 유다 백성의 죄를 씻기 위해 제사장들에게 명해 속죄제를 드렸지.
주여! 이스라엘의 죄를 용서해주소서!
역대하 29장 21~24절

※이스라엘 : 유다와 이스라엘 전체를 말한다.

히스기야는 주께서 갓과 나단을 통해 다윗에게 말씀하신 대로 레위 사람들에게 심벌즈, 비파, 수금을 연주하게 했어.
뿌우우우
역대하 29장 25절

번제를 드리는 동안 레위 사람들의 연주와 제사장들의 나팔소리에 맞춰 찬양이 울려 퍼지는 가운데 온 백성이 예배드렸지.
뿌우우우
주께 영광을 돌리네~♪
역대하 29장 26~28절

※갓 : 다윗 시대에 활동한 예언자. Link 4권 99p
※나단 : 다윗과 솔로몬 시대에 활동한 예언자. Link 4권 152p
※번제 : 속죄제를 말한다.

제사를 마치고, 레위 사람들이 다윗과 아삽이 지은 노래로 여호와를 찬양하자 모두가 즐겁게 따라했어.
하나님, 이제야 제대로 예배를 드립니다.
흑흑
할렐루야!
역대하 29장 29~30절

이어 히스기야의 명령으로 백성들이 번제물과 감사 제물을 드리며 감사제를 드렸지.
번제물이 수소 70마리, 숫양 100마리, 어린 양 200마리. 구별해 드리는 제물은 소 600마리, 양 3천 마리…!
제사장이 부족해서 레위 사람들이 제물 잡는 걸 돕고 있대!
제사장은 번제물과 화목 제물도 태워야 하고, 번제와 함께 부어 드리는 제사도 드려야 하거든!
역대하 29장 31~35절

※다윗과 아삽의 노래 : 구약 성경의 시편을 가리킨다.
※구별해 드리는 제물 : 화목 제물을 말한다.
※깨끗해지는 예식을 치른 제사장이 부족해 깨끗해지는 예식을 치른 레위 사람들이 제물 잡는 일을 도왔다.
※부어드리는 제사 : 번제를 드릴 때는 소제(곡식제물)와 전제(부어드리는 제물-포도주)를 같이 드렸다.

갑작스럽게 성전에서 여호와를 다시 섬기게 됐지만, 여호와의 도움으로 모든 일이 잘 됐어.
얼마 만의 예배냐?
정말 다행이야!
아하스 왕 때문에 다시는 예배를 못 드릴 줄 알았는데!
울먹!
하하하
역대하 29장 35~36절

종교개혁 - ③ 유월절을 지킴

히스기야 왕은 신하 및 백성들과 의논했지.
내친 김에 2월에 유월절을 지킵시다.
찬성입니다!
오! 유월절은 원래 1월이지만 그때라도 지킨다면 여호와께서 기뻐하실 거요.
그렇게 합시다!
역대하 30장 2~4절

※유월절은 1월 14일이지만 1월엔 성전을 정화하느라 바빴고 제사장도 부족했던 터라 2월에 유월절을 지키기로 했다.

브엘세바에서 단까지 모든 이스라엘에 알리시오! 다음 달, 유월절을 지킬 것이오! 율법에서 정한 유월절을 지킨 지가 너무 오래되었소!
오오!
아하하!
짝짝짝
역대하 30장 5절

히스기야의 전령들이 유다와 이스라엘, 즉 에브라임, 므낫세, 스불론까지 이 소식을 전했어.
이스라엘 자손아! 너희 조상과 우리를 돌보시는 주 여호와께 돌아오라! 그럼 주께서도 너희에게 돌아오실 것이다!
역대하 30장 6절

※유월절 : 이집트에 내려진 재앙을 무사히 넘긴 것을 기념하는 절기이다. Link 2권 47p
※이때는 이스라엘이 망하기 전으로 이스라엘 왕 호세아는 백성이 예루살렘으로 가는 것을 막지 않았다.

역대하

너희는 너희 조상과 이웃처럼 여호와께 죄를 지어서는 안 된다! 그들이 망한 것을 보지 않았느냐?! 고집부리지 말고 성전으로 돌아가 여호와를 섬겨라! 그럼 그분이 진노를 거둘 것이다!
너희가 여호와께 돌아오면 원수가 우리 형제들을 이 땅으로 돌려보낼 것이고, 은혜와 자비의 여호와도 너희를 외면하지 않으실 것이다!
웬 유다 놈이 사마리아에서 떠들어?
웃긴 놈일세, 꺼져!
역대하 30장 7~10절
그러자 아셀, 므낫세, 스불론의 겸손한 사람들이 예루살렘으로 향했고,
아! 이제 죽을 때까지 유월절을 못 지킬 줄 알았는데!
역대하 30장 11절
유다 사람들도 여호와의 부르심에 따라 그 행렬에 동참하게 됐지.
어서 가자!
메에에
역대하 30장 12절
2월이 되자, 많은 백성이 예루살렘에 왔어.
와! 사람들이 많기도 해라.
다들 기대하고 있었나 봐.
역대하 30장 13절
그들은 먼저 예루살렘 곳곳에 있던 거짓 신의 제단과 분향단을 기드론 냇가에 버렸지.
이런 게 다 우상 대마왕 아하스가 지은 거야.
Link 5권 194p
낑!
역대하 30장 14절
※기드론 냇가 : 예루살렘과 감람산 사이에 있는 냇가를 말한다.
2월 14일, 그날까지 부정했던 제사장과 레위 사람은 깨끗해지는 예식을 치른 다음 성전으로 갔어!
Shower
어이, 시원해.
이제 부끄러울 필요가 없네.
역대하 30장 15절
하지만 부정한 백성이 많아 레위 사람들이 대신 어린 양을 잡았고,
급히 오느라….
선수들이 알아서 할게요!
메에에
역대하 30장 17절
※유월절 양은 백성이 직접 잡아야 했다. Link 2권 47p
모세 율법에 따라 제사장들은 각자 위치에서 레위 사람들이 건네준 피를 받아 뿌렸지.
부정한 백성이 많으니 우리가 고생해야지 뭐.
역대하 30장 16절
그런데 이스라엘에서 온 사람들이 율법을 어기고 부정한 상태로 유월절 양을 먹었어.
주여! 용서하소서! 저들은 비록 부정하지만 마음을 다해 조상의 하나님을 찾고 있습니다.
역대하 30장 18~19절
여호와가 히스기야의 기도를 듣고 그들을 벌하지 않으시자 백성들이 기뻐했지.
감사합니다, 하나님!
하하하
역대하 30장 20~21절
그 후, 무교절 7일 동안 제사장과 레위 사람들은 날마다 악기를 연주하며 주를 찬양했어.
레위 사람들이 아주 잘해주었소. 수고했소.
헤헤, 뭘요!
역대하 30장 21~22절
※무교절 : 유월절 저녁부터 7일간에 해당하는 절기이다. Link 2권 48p

역대하

그런데 그들은 무교절을 7일 더 지키기로 했지.
왕과 대신들께서 수송아지 2천 마리, 양 1만 7천 마리를 내놓으셨소!
이제 제사장도 대부분 깨끗해지는 예식을 마쳤으니 제대로 지켜봅시다!
와아아아
역대하 30장 22~24절

tip 7일 더 지키다

히스기야와 백성들이 7일간 무교절을 지킨 뒤 7일 더 지키기로 한 것은 이스라엘이 남북으로 분열된 이후 이렇게 기쁜 일이 없었기 때문이다. 먹고 마시는 일만이 아니라 하나님을 경배하는 자체가 기쁨이었다.

이에 온 백성과 이방인들까지 즐거워하니 예루살렘에 기쁨이 가득했어.
여호와 만세!
솔로몬 이후로 지금까지 이런 일이 없었다고!
와아아아
역대하 30장 25~26절

제사장들이 백성을 축복하자 그 말이 하나님이 계신 하늘까지 이르렀지.
오! 하나님을 찬양합니다!
홀로 영광 받으시옵소서!!
할렐루야!
역대하 30장 27절

※이때부터 예루살렘을 찾는 사람이 많아지면서 예루살렘 성도 크게 번성한다.

종교개혁 - ④ 우상 파괴

유월절 행사를 마친 백성은 유다로 돌아가 거짓 신들의 산당과 돌기둥과 아세라 우상들을 찍어버렸어.
모조리 박살내버려!
씨를 말려버리자!
쾅!
휙

또 유다와 이스라엘에 있는 산당과 제단들을 모조리 부수고 각자 자기 고향으로 돌아갔지.
어이구! 속이 다 후련하네.
이제 발 좀 뻗고 자자.
역대하 31장 1절

그때까지도 모세의 놋뱀 Link 2권 184p 에 분향하는 일이 있었는데 히스기야는 그것 역시 부숴버렸어.
이런 느후스단 따위에게 분향하다니!
참 잘했어요!
아이고! 그건 모세님 유물인데!
빡

※느후스단 : 놋으로 만든 작은 물건이라는 뜻으로 무가치한 놋 조각이라는 경멸조의 말이다.

종교개혁 - ⑤ 제사장과 레위 사람들의 조직 회복

히스기야는 레위 사람과 제사장들을 반차로 재조직해 각자에게 임무를 정해줬지.
①번제를 드리는 일.
②화목제를 드리는 일.
③성전 예배에 참석하는 일.
④성전 여러 곳에서 찬양과 감사의 노래를 부르는 일.
여기에 쓰인 대로 각자 맡은 일에 애써주시오!
충성!
척
척
역대하 31장 2절

tip 반차

제사장과 레위 사람을 각각 24개의 반으로 나눈 뒤, 반별로 차례대로 제사의 업무를 보게 했던 것을 반차라고 하며, 다윗 시대 성전에서 제사를 드릴 때부터 시작된 제도다. 우상을 숭배하던 아하스 때는 제사장이나 레위 사람들이 제 역할을 하지 못했다. 따라서 히스기야는 먼저 제사장들과 레위 사람들에게 각자의 위치를 정해주는 것이 시급하다고 판단했다.

종교개혁 - ⑥ 십일조의 헌납과 분배

히스기야는 자기 가축을 율법에 따라 상번제와 안식일, 초하루, 기타 절기 때 번제로 바쳤어.
내 재산 중 1/10을 바치려 하오.
Link 2권 135p
메에에
어이구, 이 많은 걸!
역대하 31장 3절

※상번제 : 매일 아침저녁으로 드리는 제사 Link 2권 94p
※초하루 : 매달 첫째 날에 드리는 번제 Link 2권 201p

그는 예루살렘 백성에게도 명령했지.
아아! 제사장과 레위 사람들이 율법을 지키는 데 전념할 수 있도록 그들 몫을 가져오시오!
무슨 말이지?
십일조를 말하는 것 같아!
역대하 31장 4절

tip 그들의 몫

가나안을 정복하고 땅을 분배할 당시, 제사장과 레위 사람에겐 땅이 주어지지 않았다. 대신 제사장에겐 땅의 첫 열매와 희생 제물이, 레위 사람에겐 백성의 십일조가 주어졌다. 이는 여호와의 율법을 신실히 지키며 성전 예배에만 전념하라는 뜻이었다. Link 2권 176p

그러자 3월부터 7월까지 유다에 사는 백성이 각종 농산물의 첫 수확과 가축을 포함해, 모든 것의 십일조를 가져왔지.
문화 시민답게 질서를 지킵시다!
줄서요 줄!
역대하 31장 5~7절

※유다에 사는 백성 : 원래 유다 백성과 이스라엘에서 내려와 유다에 살게 된 이스라엘 백성을 말한다.

이에 히스기야와 신하들이 여호와를 찬양하고 백성을 칭찬했어.
백성들이 이렇게 아낌없이 십일조를 바치다니…!
할렐루야!!
와우!
역대하 31장 8절

※할렐루야 : 하나님을 찬양한다는 뜻이다.

히스기야가 제사장과 레위 사람들에게 물었지.
무슨 예물이 이렇게 많은 거요?
역대하 31장 9절

사독의 자손이자 대제사장 아사랴가 대답했어.
백성들이 성전에 예물을 드리니 저희 먹을 것이 충분하고도 남았답니다.
여호와께서 백성들에게 복을 주신 것이지요.
오!
그렇군요.
역대하 31장 10절

※아사랴 : 왕의 성소 출입을 막았던 대제사장과 동명이인이다. Link 5권 185p

하지만 계속 여기에 쌓아둘 순 없으니 성전 안에 방을 마련합시다.
알겠습니다.
역대하 31장 11절

※성전 안의 방 : 성소와 지성소의 벽이 서로 잇닿게 지었던 곁방을 말한다.

히스기야와 성전을 관리하는 아사랴는 고나냐와 시므이를 책임자로 세우고 레위 사람 10명을 붙여 돕게 했지.
책 임 자 : 고나냐
부책임자 : 시므이(고나냐의 동생)
실 무 자 : 여히엘, 아사시야, 나핫, 아사헬, 여리못, 요사밧, 엘리엘, 이스마갸, 마핫, 브나야
위 사람들은 백성들이 바친 모든 예물을 성전 방으로 옮겨서 보관하라. -히스기야
역대하 31장 12~13절

※성전 관리는 대제사장의 고유 직무였다.

성전 동쪽 문지기, 레위 사람 임나의 아들 고레에게는 다음 일을 맡겼어.
당신은 감사 예물을 받아 여호와께 드리고 그중 거룩한 것을 제사장들에게 나눠주시오.
알겠습니다!
역대하 31장 14절

※거룩한 것 : 제사장들이 성소에서 먹는 속죄 제물과 속건 제물을 가리킨다.

고레의 지시를 받아 함께 일할 사람들로는 에덴, 미냐민, 예수아, 스마야, 아마랴, 스가냐가 임명됐지.
①제사장들이 사는 성을 다니면서 공평하게 몫을 나눠 줄 것.
②30세 이상, 족보에 있는 남자들 외에도 순서대로 매일 성전에서 맡은 일을 하는 자에게도 몫을 나눠 줄 것.
③집안별로 족보에 있는 제사장들과, 20세 이상부터 순서대로 맡은 일을 하는 레위 사람들에게도 몫을 나누어 줄 것.
④족보에 있는 모든 레위사람들의 아내, 아들, 딸들에게도, 몫을 나누어 줄 것.
⑤아론 자손들에게 주어진 성과 근처 목장에 살고 있는 제사장 집안의 모든 남자들과, 족보에 있는 레위 사람들에게 몫을 나누어 줄 것.
여러분이 나를 도와 할 일입니다.
워메! 전국을 돌아다니면서….
역대하 31장 15~19절

※30세 이상 : 성경에 3세로 기록된 것은 필사자의 오류로 보인다.

유다 왕 가운데 히스기야처럼 여호와만 의지한 왕은 전무후무했어.
흠!
성경과 성경2.0을 비교하면서 보니 금방 이해가 되네.
그는 여호와를 온전히 믿으며 모세 율법도 잘 지켰지.
쉬엄쉬엄 하세요. 고시 공부하는 것도 아니고….
하나님의 계명 하나라도 놓칠 수 없거든.
여호와가 함께하시니 히스기야는 어디에서 무엇을 하든 늘 성공했어.
땅을 팠더니 검은 물이…!
쏴아!
이… 이게 아닌데, 작가가 개념이 없구먼.

그는 앗시리아 왕을 섬기는 일도 그만두었지.
앗시리아가 요즘 시끄러우니 이참에 독립할까?
네! 지금이 딱인 것 같습니다!
또한 블레셋을 쳐서 가사 및 예전 국경선에 있던 망대와 요새화된 성도 빼앗았어.
와아아아
건방진 블레셋 놈들!! 다 쓸어버려라!!

※블레셋을 치다 : 아하스 때 블레셋이 유다를 침공한 것 Link 5권 195p 에 대한 보복 조치였다. 아하스 때 빼앗겼던 성읍을 이 전쟁으로 되찾았다. ※가사 : 블레셋의 5대 성읍으로 지중해 연안에서 5km 지점에 있다.

tip 앗시리아의 불안정한 정세

당시 국제정세는 히스기야가 앗시리아에 반기를 들 만했다. 앗시리아는 사르곤2세가 원정 전투에서 죽고 산헤립이 왕위에 올랐는데, 영토 양끝에서 반란이 일어났다. 게다가 동부에서는 사르곤2세 때 갈대아인 군주 마르둑-아팔리디나(므로닥발라단)에 의해 독립을 유지해온 바벨론이 산헤립이 왕위에 오르자 앗시리아에 도전했다. 마침 서부에서도 반란이 일어났다. 이 반란은 므로닥발라단 왕이 사전에 계획한 것이었다. 므로닥발라단은 히스기야를 포함해 다른 나라 왕들에게 이 반란에 동참할 것을 제안했다. 히스기야는 아버지 아하스가 앗시리아와 동맹을 맺었던 것 Link 5권 193p 과 달리 반 앗시리아 정책을 폈다.

사마리아가 점령되다

유다 왕 히스기야 4년, 이스라엘 왕 엘라의 아들 호세아 7년, 앗시리아 왕 살만에셀이 사마리아를 포위했지.

살만에셀 왕은 사마리아를 포위한 지 3년 만에 그곳을 점령했어.

그리고 이스라엘 백성을 끌고 가서, 할라와 고산 강가의 하볼, 메대의 여러 성에 살게 했지.

이는 이스라엘이 여호와께 순종하지 않고 언약을 깨뜨린 결과였어. Link 5권 197p

앗시리아의 유다 1차 침입

유다 왕 히스기야 14년, 앗시리아 왕 산헤립이 요새화된 유다의 성을 쳐서 점령했어.
라기스도 점령했으니 이제 예루살렘만 남았습니다.
날 배신한 대가를 치르게 하겠다!

※산헤립 : 사르곤2세의 아들로 아버지의 뒤를 이어 앗시리아 왕이 되었다.
※라기스 : 예루살렘 서남쪽 45km 지점에 있던 유다의 요새화된 성읍.

tip 앗시리아의 침입

B.C.701, 산헤립 왕은 페니키아 지역을 점령하고 주변 여러 나라와 블레셋의 성읍을 점령했다. 또 유다의 라기스를 포위한 상태에서 이집트·에디오피아 연합군을 격퇴했다. 이 전투에서 산헤립 왕은 라기스와 유다의 46개 성읍을 점령하고, 2십만 150명의 포로와 가축들을 잡아갔다. 히스기야는 앗시리아의 군대가 예루살렘마저 포위하자 하나님을 의지하지 않고 앗시리아가 내세운 조건을 받아들이고 만다.

그러자 히스기야가 라기스에 있던 앗시리아 왕에게 전령을 보냈지!
제가 잘못했습니다. 여기서 물러나주신다면 어떤 요구든 다 들어드리겠습니다.
ㅎㅎ
그래?

은 300달란트와 금 30달란트를 내놔라!
켁!
콰당

히스기야는 성전과 왕궁 보물 창고에 있는 은을 모두 꺼내고
날강도 같으니라고! 탈탈 털어가는군.
에구! 아까워라.

※300달란트 : 10만 281.6kg. ※30달란트 : 1만 28.16kg.

성전 문과 기둥에 자기가 직접 입힌 금을 모두 벗겨 내주었어.
흑! 이제 완전 거지로다!
부우웅

앗시리아의 유다 2차 침입

그러나 머지않아 앗시리아 왕은 다르단, 랍사리스, 랍사게와 많은 병력을 보내 예루살렘을 공격했지.
유다가 이집트와 연합을 맺었다! 나는 이곳 라기스에서 이집트를 막을 테니, 너희는 예루살렘을 쳐라!
랍사게
다르단
랍사리스

※직접 입힌 금 : 히스기야가 종교개혁 때 성전을 복구하면서 Link 5권 200p 장식했던 것으로 보인다.

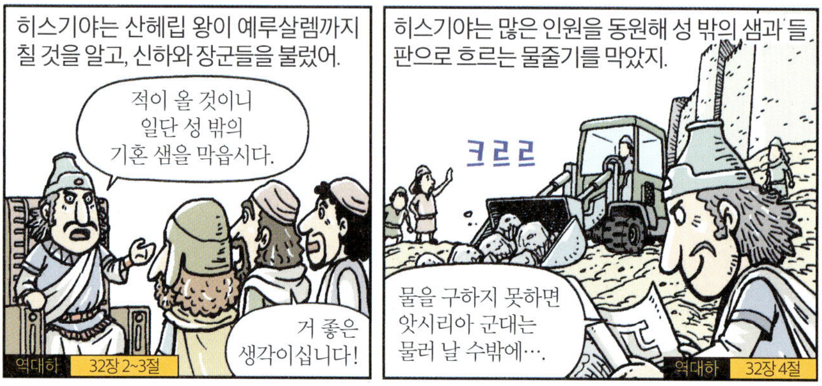
히스기야는 산헤립 왕이 예루살렘까지 칠 것을 알고, 신하와 장군들을 불렀어.
적이 올 것이니 일단 성 밖의 기혼 샘을 막읍시다.
거 좋은 생각이십니다!
역대하 32장 2~3절
히스기야는 많은 인원을 동원해 성 밖의 샘과 들판으로 흐르는 물줄기를 막았지.
크르르
물을 구하지 못하면 앗시리아 군대는 물러 날 수밖에….
역대하 32장 4절

tip 기혼 샘 수로

기혼 샘은 가장 중요한 급수원이었다. 만약 예루살렘이 포위되면 기혼 샘이 적에게 넘어가 성안으로 흐르던 수로가 차단될 것이다. 이에 히스기야는 성 밑에 지하 수로를 건설해 기혼 샘의 물을 성안의 실로암 못으로 끌어들이고, 성 밖의 물을 막아버렸다. 앗시리아의 1차 침입 때와는 달리 히스기야가 침착하게 대처한 것은 이사야의 예언을 듣고 승리를 확신했기 때문이다. Link 이사야 37장 5~7절

그런 뒤, 성벽의 무너진 부분을 수리하고 망대와 성 외벽을 높이 쌓았으며 다윗성의 밀로도 견고히 했어.
부지런히 해라! 곧 앗시리아 깡패들이 올 것이다!
역대하 32장 5절
무기와 방패도 많이 만들었지.
땅 땅
흠, 좋아! 깡패들에게 뜨거운 맛을 보여주자!
아 네! 이젠 더 갖다 바칠 금은도 없으니 뭐.
역대하 32장 5절

※밀로 : 망대나 성채 같은 방어시설로 보인다. Link 4권 145p

또 군사령관들을 임명하고 성문 광장에 군대를 모아 격려했어. 백성들도 힘이 났지.
앗시리아 군대를 보고 놀라거나 두려워 말라! 굳세고 담대해라! 우리와 함께 계시는 분은 그들보다 더 크시다!
그들에겐 군대만 있으나, 우리에겐 우리를 돕고 우리를 대신해 싸우는 여호와가 계신다!!
와아아아아
역대하 32장 6~8절

앗시리아 군대가 예루살렘에 와서, 윗 연못의 수로 근처 빨래터 가는 큰길가에 진을 쳤어.
손님 왔다!!
유다 왕님아! 나와라!

※윗 연못의 수로 : 기혼 샘을 말한다.
※빨래터 : 옷을 세탁할 만한 물이 있던 기드론 골짜기 부근을 가리킨다.

그러자 궁내대신 엘리야김, 서기관 셉나, 사관 요아가 그들을 맞으러 나왔지.
휘이~
택배 시킨 거 없는데?
뉘시오?
위대하신 앗시리아 왕의 말씀을 히스기야에게 전해라!

군사력도 보잘것없는 히스기야야! 대체 누굴 믿고 이렇게 까불고 반역질이냐? 전술도, 군사력도 없으면서 입으로만 전쟁을 하냐? 부러진 갈대 지팡이 같은 이집트를 믿고 잡았다가는 손만 찔릴 것이다!
아! 혹시 너희 하나님 여호와란 신을 믿고 내게 대든 거냐? 예루살렘의 제단에서만 예배해야 한다며 네가 산당과 제단을 다 부숴버린 것은 잊었더냐?
동네 건달 같은 주제에 대앗시리아에 대항해?
찔찔
킥킥
어이구! 이제 어디서 예배드리냐?
이제 내 주인 앗시리아 왕과 겨뤄봐라! 헌데, 내가 말 이천 필을 준다 한들 탈 사람이나 있겠냐?
워메~! 낯짝 뜨거운 거!
킥킥
※유다에는 훈련된 기마병 부대가 없었다. 랍사게는 이를 잘 알고 있었다.
앗시리아의 가장 약한 병사도 이기지 못하는데, 이집트에 전차와 기마병을 도움받으면 뭐하느냐?
덜
덜
덜
덜
저것들이 말을 해도!
깡패 놈들이 정곡을 팍팍 찌르는군!

※부러진 갈대 지팡이 : 이집트 나일 강의 갈대는 튼튼해 보이지만 지팡이로 쓰면 금방 부러진다. 당시로부터 10여 년 전 앗시리아의 공격으로 쇠약해져 남을 도울 형편이 못 되는 이집트를 비유한 말이다.

사실, 나는 이곳에 오기 전에 여호와의 허락을 받았다! 여호와께서 내게 직접 그 땅을 멸망시키라고 말씀하셨다!
켁!

tip 여호와의 허락

이사야 등 유다의 선지자가 앗시리아의 침략을 하나님의 징계의 결과라고 한 것을 랍사게도 알았던 것으로 보인다. Link 이사야 7장 17~24절 그리하여 랍사게는 군사력이며 외교며 종교 모든 면에서 이스라엘이 앗시리아에 대항할 근거가 없음을 조목조목 지적하고 있다.

힐기야의 아들 엘리야김과 셉나, 요아가 랍사게에게 말했지.
성벽 위의 백성이 들으니 유다 말로 하지 말고 아람 말로 해주셔요.
우리가 아람 말을 알아듣습니다.
푸하하하하!

※아람 말 : 아람어는 B.C.1천 년경부터 메소포타미아 서북 지방에 쓰인 셈족의 언어다. B.C.6-A.D.4까지 인도에서 이집트에 이르는 지역에서 국제어로 통용되었다.

내 주인께서 이 말을 전하신 것은 너희 왕과 너희만 들으라는 게 아니다! 자기 똥과 오줌을 먹게 될 너희 백성에게도 이 말을 전하려는 것이다!
멍청한 놈들!
국민의 알 권리도 모르냐?
랍사게가 유다 말로 크게 외쳤지.
유다 백성아! 위대하신 앗시리아 왕께서 하신 말씀을 들어라!
헉!
더 크게 말하네!
그 얘기는 왜 해가지고!!
백성의 사기가 떨어질까 봐….

※자기 똥과 오줌을 먹다 : 항복하지 않으면 성안에 양식이 떨어져 나중에는 대소변까지 먹게 될 것이라는 뜻이다.

히스기야에게 속지 말라! 그는 너희를 구할 수 없다! 여호와가 너희를 구원한다는 말은 거짓이다! 이 성이 앗시리아 왕의 손에 넘어가지 않을 거라는 그의 말을 믿지 말라!
이스라엘 백성이여! 나와 평화조약을 맺고 내게 오라! 그럼 너희는 각자의 포도나무와 무화과나무의 열매를 따 먹으며, 각자의 샘에서 물을 마시게 될 것이다!
너희가 사는 지금 땅처럼 곡식과 새 포도주가 나고, 올리브기름과 꿀이 흐르는 땅에 살게 될 것이다! 나는 너희를 죽이지 않겠다!
하맛, 아르밧, 스발와임, 헤나, 아와의 신들이 어디에 있느냐? 그들이 사마리아를 내 손에서 구했느냐? 그 어떤 민족의 신도 내 손에서 자기 땅을 구하지 못했다! 여호와라고 해서 예루살렘을 내 손에서 구해낼 줄 아느냐?

※아르밧 : 현재 시리아 북부의 도시 알렙포에서 북쪽으로 약 30km 지점에 있다.
※헤나 : 아람의 한 성읍. 정확한 위치는 알 수 없다. ※하맛, 스발와임, 아와의 위치는 Link 5권 198p 의 지도 참고.

산헤립 왕의 부하들은 여호와와 히스기야를 더욱 비방했지.
자, 좋은 말할 때 항복해라!
나중에 울고불고 해도 안 봐준다!
여호와도 히스기야도 다 무능하다니까!
낄낄
역대하 32장 16절
하지만 백성들은 잠잠했어. 히스기야가 아무 대꾸도 하지 말라고 명했거든.
엘리야김, 셉나, 요아가 분해서 옷을 찢으며 히스기야에게 그 말을 전했지.
랍사게 놈이…!
너무 분합니다!
크흐흑!

19장 이사야의 예언

그 말을 듣고 히스기야도 분해서 옷을 찢고 베옷을 입고 성전으로 갔어.
하나님께 기도해야겠소! 그대들은 베옷을 입고 이사야에게 가서 그분의 말씀을 들어보시오!
네!!

그들이 아모스의 아들 이사야에게 히스기야의 말을 전했지.
왕의 말씀입니다.
오늘은 슬픔과 심판과 굴욕의 날이오. 아이를 낳아야 하지만, 낳을 힘이 없는 산모와도 같군요.

※베옷을 입는 것은 슬픔을 표현하는 행위이다.
※이사야 : 왕궁에 출입하며 왕과 자주 접촉했던 예언자로 유다 왕들과 백성의 존경을 받았다.

앗시리아의 랍사게가
살아계신 하나님을
모독한 말을 하나님도
들으셨을 겁니다.
하나님은 분명 그를
심판하실 겁니다. 그러니
당신은 우리가 구원
받도록 기도해주세요.
여호와의 말씀을
왕에게 전하시오.
앗시리아 왕의 신하들이
나를 모욕했다고 두려워 마라.
내가 그에게 한 영을 넣을 것이니
그는 뜬소문을 듣고 자기 나라로
돌아가 칼에 맞아 죽을 것이다!
오오~

그 무렵, 앗시리아 왕 산헤립이 라기스를 떠나 립나에 가자 그 소식을 들은 랍사게도 퇴해 립나로 가서 앗시리아 왕과 합세했어.
치사한 놈들, 아무리
욕하고 꼬드겨도
꿈쩍도 안 하네….
물도 없고….
다음에 와서
박살냅시다.
산헤립 왕은 에티오피아 왕 디르하가도 자기와 싸우려고 출정했다는 소식을 들었지.
이집트와 유다도
상대해야 하는데….
내가 편지를 써줄 테니
히스기야에게 전해라!
골치
아프게
됐군.

※립나 : 유다의 서남쪽 블레셋 변방에 있던 성읍으로 정확한 위치는 밝혀지지 않았다.
Link 5권 153p tip 참고.

※디르하가 : 이집트까지 통치했던 에티오피아 왕이다. 유다와 동맹 관계여서 유다를 돕기 위해 병사를 보냈다.

히스기야는 사신이 가져온 편지를 봤어.
네가 믿는 하나님이
예루살렘을 앗시리아 왕의
손에 넘기지 않겠다는 말에
속지 말라! 앗시리아 왕들이
다른 나라를 어떻게 멸망
시켰는지 들었을 것이다! 그런데
네가 구원받을 수 있을 것 같냐?
내 선왕들이 고산, 하란, 레셉,
들라살에 사는 에덴 백성을
멸망시키는 동안 그 민족의
신들은 무엇을 했더냐? 하맛,
아르밧, 스발와임, 헤나, 아와의
왕들이 다 어디에 있느냐?

tip 고산, 하란, 레셉, 들라살, 에덴

모두 앗시리아가 멸망시켰다.
①고산 : 메소포타미아 북서부, 하볼 강가에 있던 성읍. ②하란 : 북방 메소포타미아 지방에 있던 성읍. ③레셉 : 하란 근처의 성읍. ④들라살 : 유프라테스 강 중부 연안의 어느 한 지점으로 추정. ⑤에덴 백성 : 유프라테스 강을 가로지른 지역에 사는 주민.

히스기야는 성전으로 올라가 여호와 앞에 그 편지를 펼쳐놓고 기도했지.
그룹들 위에 계시는 이스라엘의
하나님! 하늘과 땅을 지으신
주님만이 모든 나라의 왕입니다!

※하맛, 스발와임, 아와의 위치는 Link 5권 198p 의 지도 참고.

※아르밧 : 현재 시리아 북부의 도시 알렙포에서 북쪽으로 약 30km 지점에 있다.
※헤나 : 아람의 한 성읍. 정확한 위치는 알 수 없다.

※그룹(Cherubim) : 하나님의 거룩하심과 영광을 수호하는 천사.

주님, 귀 기울여주시고,
눈여겨봐주십시오.
산헤립이 살아계신 하나님을
모독하는 말을 들어보십시오.
물론, 앗시리아 왕들은
여러 나라를 멸망시키고
그들의 신을 불태웠지요.
하지만 그것은
신이 아니라 나무와 돌이었기
때문에 그리 된 것입니다.
여호와 하나님! 저들의 손에서
우리를 구원해주셔서, 오직
주님만이 하나님이심을 세상
모든 나라가 알게 해주소서!

그때, 아모스의 아들 이사야가 히스기야에게 사람을 보냈어.
이스라엘의 하나님 여호와께서
왕의 기도를 들으시고
산헤립에게 말씀하셨습니다.
이렇게
즉각적인
응답이…?!

※이사야 : 왕궁에 출입하며 왕과 자주 접촉했던 예언자로 유다 왕들과 백성의 존경을 받았다.

네가 감히 이스라엘의 거룩한 나를 모욕하고 멸시했느냐?
감히 눈을 부릅뜨고 큰소리쳤느냐? 처녀 딸 시온이
너를 경멸하고 도망치는 뒷모습을 보고 비웃을 것이다!
후비적
누가 내 욕을
하나…?
?

※처녀 딸 시온 : 예루살렘 성을 가리킨다.

너는 전령을 보내
나를 조롱했다!
나는 수많은 전차를 몰아
레바논의 높은 산과 울창한 숲 깊이
들어가서 백향목과 잣나무를 베었다!
다른 나라의 땅을 파서 물을 마시고,
내 발바닥으로 이집트의
모든 강물을 말려버렸다!
크하하하
두 두 두 두
산헤립아! 너는 내가 오래전에 계획한
일을 행한 하수인에 불과하다!
네가 단단한 요새를 돌무더기로
만든 것이나, 여러 민족을 공포에 떨게
하고 그들을 마른 풀포기나 지붕 위의
잡초 같은 신세로 만든 것은
다 내가 계획한 일이다!
감히 누가 나를
막을 수 있느냐!!
와아아아
크하하
나는 네가 언제 나가고
들어오는지 알고, 내게 분노를
품고 있다는 것도 안다!
이제 유다도 점령하자!
잘난 여호와라는 신도
날 막을 수 없다!!
와아아아아!
두두두두

※전령 : 랍사게를 말한다.
※말려버렸다 : 앞으로 이집트까지 점령할 것이라는 호언장담이다.

내가 네 분노와 오만을 잘 알기에
네 코에 쇠갈고리를 걸고,
네 입에 재갈을 물려서
네가 왔던 길로
되돌아가게 하겠다!
오, 주여! 제발 살려주십시오!!
튀어라!!
두두두두
으아악
너는 이 성에 들어오지 못할 뿐 아니라,
활 한 번 못 쏘고, 방패를 들고도 가까이
오지 못할 것이다! 흙 언덕도 쌓지
못할 것이다! 결국 왔던 길로 돌아갈
것이다! 이것이 나 여호와의 말이다!
내 이름과 내 종 다윗을 위해
이 성을 지키고 구할 것이다!
산헤립이 도망치고 있다!
뭐야! 활이라도 한 번 쏴보든가!
와아아아!!
히스기야야, 네게
그 증거를 보여주겠다!
백성들은 금년부터 내년까지
들에서 저절로 자란 곡식을 먹겠지만
3년째는 씨를 뿌리고 포도밭을 가꾸어
그 수확을 먹을 것이다!
예루살렘과 시온 산의 유다 백성 중
살아남은 사람들은
땅 아래로 뿌리를 내리고,
위로는 열매를 맺게 될 것이다!

※열매를 맺다 : 하나님의 보호하심으로 살아남은 자들을 통해 나라가 굳건히 세워질 것을 말한다.

tip 구원의 증거

하나님은 히스기야에게 구원의 증거로 유다 백성이 금년부터 2년간은 경작하지 못하고 야생 작물을 먹을 것이나, 3년째부터는 직접 경작하게 된다고 말했다. 경작한 수확으로 살게 된다는 것은 하나님의 보호하심으로 2년이 지나면 전쟁의 상처가 씻기고 정상적인 생활로 돌아간다는 뜻이다.

나 여호와는
열심히 그 일을
이룰 것이다!!
쿠르릉

그날 밤, 여호와의 천사가 앗시리아 군대의 진영에서 18만 5천 명의 적을 쳐 죽였어.
쿠 오 오 오
다음날 아침, 그들은 모두 시체가 돼 있었지.
이… 이… 이게
무… 슨… ?!!

결국 산헤립은 그곳을 떠나 니느웨 성으로 돌아갔어.

재앙이다!! 여호와의 재앙이다!
두두두두
으악!

※니느웨 : 앗시리아의 수도로 바그다드 북서쪽 350km 지점, 티그리스 강변에 있던 성읍이다.

이처럼 여호와는 히스기야와 예루살렘 백성을 산헤립 및 적의 손에서 구해주셨지.

와아아아!
앗시리아가 물러간다!!
여호와 만세!!
역대하 32장 22절

이에 여러 나라에서 예루살렘을 찾아 여호와께 예물을 바치고, 히스기야에게도 선물을 가져왔어. 그때부터 많은 나라가 히스기야를 존경했지.

깡패 산헤립이 유다의 하나님에게 쫓겨났대!
자기 백성을 구해준 신은 여호와뿐이야!
덜컹 덜컹
거 참, 여호와라는 신이 정말 있나 봐!
역대하 32장 23절

tip 여호와께 예물을 바치다

산헤립이 패했다는 소문은 주변국에 순식간에 퍼졌고, 히스기야의 명성 또한 널리 퍼져나갔다. 주변국을 위협했던 앗시리아가 팔레스타인으로 진출하는 것을 막은 히스기야의 공로를 치하하기 위해 주변국이 사절단을 보냈다. 그런데 특이한 점은 사절단이 히스기야보다 먼저 하나님께 예물을 드렸다는 것이다. 유다의 승리가 히스기야의 능력이 아닌 하나님의 능력임을 그들 역시 인정했다고 짐작할 수 있다.

한편, 니느웨로 간 산헤립이 자기의 신 니스록의 신전에서 예배할 때,

슥

그의 아들 아드람멜렉과 사레셀이 아버지를 칼로 죽이고 아라랏 땅으로 도망쳤어.

네…네가 감히…?!
아버지 시대는 끝났습니다!
흐흐
부들
부들

그리고 다른 아들 에살핫돈이 앗시리아 왕이 됐지.

덕분에 내가 왕이 됐군.
후후
에살핫돈

※니스록 : 앗시리아의 신으로 독수리 형상을 하고 있다.
※아라랏 : 아르메니아 동부의 한 지방.
※아드람멜렉과 사레셀 : 왕권을 찬탈하기 위해 산헤립 왕을 죽였으나 에살핫돈에게 밀려 아라랏으로 도망쳤다.
※에살핫돈 : 산헤립 왕의 셋째 아들. 그의 통치하에서 앗시리아는 최고의 번영을 누렸다.

20장 히스기야의 병

그 무렵, 히스기야가 병이 들어 거의 죽게 됐어.

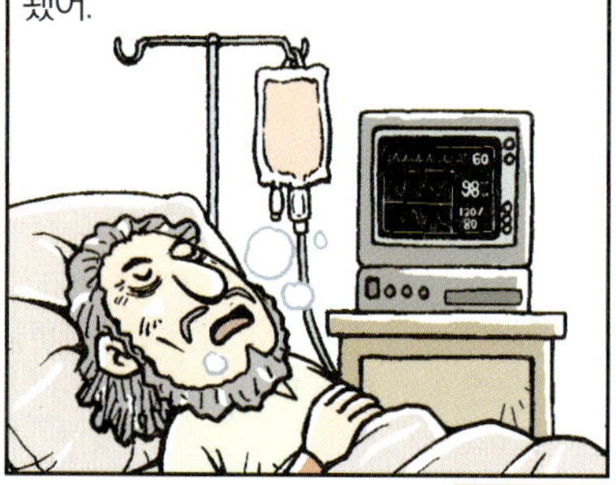

아모스의 아들 이사야가 그를 찾아왔지.

여호와께서 말씀하셨소.
너는 회복되지 못하고 죽을 것이니 집안의 일을 정리해라!
헉

히스기야가 벽을 바라보며 여호와께 기도드렸어.

주여! 제가 주님 앞에서 진실했고 선한 일을 한 것을 기억해주십시오!
흑흑

※그 무렵 : 앗시리아가 유다를 1차 침입 Link 5권 207p 하기 직전에 해당한다.

그렇게 히스기야는 한참을 흐느껴 울었지.
흐흐흐흑!
이사야가 왕궁 안뜰을 지나려는데 여호와가 말씀하셨어.
다시 돌아가서 내 백성의 지도자 히스기야에게 전해라!
?!!
자, 울음 뚝! 다윗의 하나님 여호와께서 말씀하셨소!
그새 또 무슨 말씀을?

내가 네 기도를 듣고, 네 눈물을 보았다! 네 병을 고쳐줄 것이니, 너는 3일 뒤 성전으로 올라갈 수 있을 것이다!
내가 네 목숨을 15년 연장시키고, 내 이름과 내 종 다윗을 위해 너와 이 성을 앗시리아 왕의 손에서 지키고 구하겠다!
우아아악
하나님 만세!!
허 참, 그새 나았나?

근데, 방금 여호와께서 하신 말씀의 증거는 없소?
여호와의 증거라면…
따라오시오.
해 그림자가 해시계 위에서 10도 앞으로 가게 할까요? 10도 뒤로 물러나게 할까요?
앞으로 나가는 건 쉬울 것 같은데… 10도 뒤로 물러나게 해보시오.
흠!

※10도란 아하스의 해시계에서 10칸을 의미한다. 해 그림자가 한 칸 이동하는 데는 약 30분 정도 소요된 것으로 추정한다.

이사야가 기도하자 아하스 왕의 해시계에 드리운 그림자가 10칸 뒤로 물러났어.
마… 말도 안 돼!! 진짜 뒤로 간다!!
스스스
오오!

※아하스 왕의 해시계 : 12계단을 만들고 담벼락을 세워서 그림자로 시간을 측정하는 해시계를 말한다.

tip 해 그림자를 10칸 뒤로

해 그림자가 10도 뒤로 물러났다는 것은 시간이 후퇴했다는 말이다. 모든 생명은 시간과 관련이 있고, 시간의 주관자 하나님은 사람의 생명도 다스리실 수 있음을 말해준다. 이 사건은 지구의 공전 축에 이상이 생겨 발생한 일, 또는 지진으로 발생한 일이라는 주장이 있지만, 그 원인이 과학적으로 밝혀지지는 않았다.

신하들이 히스기야의 상처에 무화과 반죽을 붙이자 그의 병이 나았지.
성·경·통·독!!
성·경·통·독!!
아자! 새 삶을 살아보세!
바벨론의 사절단
그 무렵, 발라단의 아들이자 바벨론 왕 므로닥 발라단이,
므로닥 발라단
히스기야 왕에게 병문안 다녀오너라!
히스기야에게 편지와 선물을 보냈어.
병이 나으셨다니 다행이네요.
저희 왕께서 정성을 보내셨습니다.
히히
뭘 이런 걸 다!

※무화과 반죽 : 종기를 치유할 때 사용하던 민간요법이다.

tip 므로닥발라단

바벨론 왕 므로닥발라단은 반앗시리아 정책을 펼쳤다는 이유로 사르곤과 산헤립 등에 의해 쫓겨나 메소포타미아의 지방(엘람) 통치자로 전락했다. 따라서 병문안을 위한 사절단은 구실에 불과했고, 앗시리아에 대항할 연합전선을 형성하려는 것이 진짜 목적이었다.

히스기야는 그들을 반갑게 맞이하고,
은, 금, 향료, 향유, 없는 게 없군요!
뭘 이 정도쯤이야!
오~!
후후
왕궁과 나라 안을 빠짐없이 다 보여주었어.
이야! 무기도 짱짱하군요.
그래서 앗시리아의 산헤립이 작살난 거요.
후후

열왕기하

죽을병을 살려주고 부와 권력을 줬더니 하나님을 높이기는커녕 자기 자랑만 하고 있구나.
찌질한 산헤립이 꽁지가 빠져라 튀는데…
하하하
쯧
쯧
예언자 이사야가 히스기야에게 물었지.
이 사람들이 무슨 말을 했소? 어디서 왔죠?
여긴 어쩐 일로…? 이들은 먼 나라, 바벨론에서….
영감, 누구요?
이들이 왕궁에서 무엇을 보았소?
왕궁 안에 있는 것은 빠짐없이 모두 봤소만….
쳇! 우리가 염탐꾼인가?
여호와의 말씀을 들으시오.
그날이 다가오고 있다. 그날이 오면 네 왕궁의 모든 것과 네 조상이 모은 모든 보물은 바벨론으로 옮겨갈 것이다! 네가 낳을 자식도 일부는 바벨론의 포로로 끌려가 왕궁의 내시가 될 것이다!
쿠궁!
켁!
여호와의 말씀이 옳소. 제가 잘못했소. 제가 살아있는 동안에라도 평화와 안정이 계속된다면 그나마 다행이지요.
이제라도 교만함을 깨닫다니 다행이군요!
크흐흑!
뭐야? 이 영감 센데?

역대하

※히스기야는 이사야의 예언 Link 5권 215p 을 믿었기 때문에 자신이 사는 동안에는 평화와 안정이 있을 것을 확신했다.

히스기야의 다른 행적은 유다 왕들의 역사책에 기록됐어.
유다의 왕들
성경
히스기야가 죽자, 온 유다가 그의 죽음을 슬퍼했지. 백성들은 그를 다윗 왕실 묘지의 높은 곳에 묻었어.
정말 위대한 왕이었는데….
흑흑
역대하 32장 33절
히스기야의 아들 므낫세가 그의 뒤를 이어 왕이 됐지.
므낫세 ~
아빠!
흑흑

21장 유다 14대 왕 므낫세
므낫세가 12세에 왕이 돼 예루살렘에서 55년간 유다를 다스렸어. 그의 어머니는 헵시바야.
열심히!
헵시바
아들 멋져!
므낫세는 여호와가 이스라엘 백성 앞에서 쫓아낸 이방 민족의 악하고 더러운 풍속을 따랐지.
열심히 우상을 섬겨보려고요.
켁!
휘청
흐흐
그는 아버지 히스기야가 없앤 산당과 바알 제단을 다시 쌓았어.
아버지가 괜히 다 때려 부쉈어….
투덜 투덜

※이스라엘 백성 앞에서 쫓아낸 이방 민족 : 가나안 정복 시 쫓겨난 가나안 민족을 가리킨다.

또한 이스라엘의 아합 왕처럼 아세라 목상과 하늘의 별들을 숭배했지.
비나이다, 비나이다!
어린 왕자님께 비나이다~!
여호와가 항상 머물겠다 Link 5권 46p 고 하신 예루살렘 성전 안 두 개의 뜰에도 이방신의 제단을 쌓았어.
무슨 짓입니까?
거 참, 재들 목을 쳐버려!
감히 성전에 우상 제단을 세우다니요!!
넵!

※하늘의 별들 : 해, 달, 별을 말하며 일월성신이라고도 한다.

※두 개의 뜰 : 성전 안의 안뜰과 바깥뜰을 말한다.

심지어 자기 아들들을 힌놈의 아들 골짜기에서 제물로 태웠지.
크하하!!
활활 타거라!
저… 저?
맙소사!
역대하 33장 6절
그는 요술과 점을 치게 했으며, 무당과 귀신에게 물어보기도 했어.
@#$&%$@#!!
참 나! 골고루 하는구먼.
므낫세는 그런 악행으로 여호와의 진노를 샀지.
크르릉!
이거 뭔 일이 생기겠는데….

※살육의 골짜기라고도 부른다. Link 5권 191p tip 참조.

그는 아세라 목상을 손수 만들어 성전 안에 세웠어.
자고로 신을 섬길 때는 정성이 중요한 거라고!
탕탕
일찍이 여호와가 성전에 관해 다윗과 솔로몬에게 말씀하신 바가 있지.
나는 이스라엘 지파 중에서 예루살렘과 성전을 택해 거기에 영원히 내 이름을 두겠다! 내가 모세에게 준 계명과 율법을 이스라엘이 성실히 지킨다면, 내가 그들의 조상에게 준 이 땅을 떠나 방황하지 않도록 하겠다!

※이스라엘 백성 앞에서 쫓겨난 이방 민족 : 가나안 정복 시 쫓겨난 가나안 민족을 가리킨다.

그러나 므낫세는 그 말씀에 순종하지 않고, 백성들에게 이스라엘 백성 앞에서 쫓겨난 이방 민족보다 더 악한 일을 하게 했어.
이것들아, 절 안 해? 확 제물로 바쳐버린다!!
이게 무슨 짓이오, 우상이라니!
여호와께서 보고 계십니다!
그래서 여호와가 예언자들을 통해 말씀하셨지.
유다 왕 므낫세는 아모리 사람들의 역겨운 죄보다 더 악한 일을 저질렀다!
유다는 이집트에서 나온 날부터 오늘날까지 악한 일로 나를 분노케 했다! 더욱이 므낫세는 유다에 죄를 짓게 하고, 죄 없는 사람을 죽여 예루살렘 이 끝에서 저 끝까지 온통 피로 젖게 했다!
이것들이 어디서 감히!!
크윽!
그러므로 나 여호와가 예루살렘과 유다에 재앙을 내리겠다! 이 말에 누구나 가슴이 무너질 것이다!
내가 사마리아를 잰 줄과 아합의 왕궁을 달았던 추로 예루살렘을 심판하겠다! 접시를 닦듯 예루살렘을 완전히 씻어버리겠다! 내 백성 중 살아남은 자들은 원수의 손에 먹이와 전리품으로 넘겨질 것이다!
콰르릉!
뭐야?

※아모리 사람 : 가나안의 7대 민족의 대표 민족이나 여기서는 넓은 의미로 가나안 사람 전체를 말한다.

※사마리아를 잰 줄과 아합의 왕궁을 달았던 추 : 사마리아와 아합의 왕궁은 북이스라엘을 가리키며, 줄과 추는 인간의 행위를 측량하는 하나님의 도구를 비유한다.

tip 이 끝에서 저 끝까지 피로 가득 차다

므낫세는 그의 죄를 경고하며 우상숭배를 거절했던 예언자 등 경건한 자들을 핍박하고 죽였다. 이런 심각한 공포 정치를 빗대어 열왕기의 저자는 무고하게 살해된 자의 피가 온 예루살렘에 가득 찰 것이라고 과장해 표현한 것이다.

결국 여호와가 앗시리아 왕의 장군들을 보내 유다를 공격했어.
크크크
가소로운 것들! 내겐 철인 28호… 아니, 바알님이 있다고!
역대하 33장 11절
그리고 므낫세는 바벨론에 끌려갔지.
크흐흑!
어르신들 잘못했어요.
시끄!
역대하 33장 11절

※앗시리아 왕 : 에살핫돈의 아들 앗술바니팔로 보인다.

므낫세는 고난에 처하자 여호와 앞에 겸손히 빌었어.
주여! 제 모든 잘못을 회개합니다! 용서해주세요!
흑흑흑
역대하 33장 12절
그 기도를 들은 여호와는 그를 예루살렘으로 돌려보내, 다시 유다를 다스리게 하셨지.
크흐흑!
이제야 주님만이 하나님이심을 깨달았어요!
역대하 33장 13절
그 후, 므낫세는 다윗성 바깥 성벽을 높이 쌓았어.
또다시 끌려가는 수모를 당할 순 없다!
불끈
역대하 33장 14절

※다윗성 바깥 성벽 : 기혼 샘의 서쪽 골짜기의 한 지점부터 '물고기 문' 입구를 지나 오벨 언덕 둘레까지를 말한다.

tip 예루살렘 성벽 확장, 보수

①다윗성 바깥 성벽 : 히스기야가 쌓은 외성을 더 높이 쌓고 동서로 길게 연장함.
②기혼 샘 서쪽 골짜기 : 오벨 산등성이 동쪽 경사면에 위치한 기드론 골짜기를 말함.
③물고기 문 : 예루살렘 성 북동쪽의 중문. 갈릴리의 생선 상인들이 출입하는 문이라 물고기 문이라 함.
④오벨 : 예루살렘 성전이 있는 모리아 산 낮은 언덕에 지어진 성읍.

또한 유다의 요새화된 성에 군사령관들을 배치했지.
왕이 식겁했나 봐.
그러게.
역대하 33장 14절

그리고 성전과 예루살렘에 있던 이방 민족의 우상을 모두 없애고,
쾅
내가 겪어보니 저것들은 아무 짝에도 쓸모없어!
역대하 33장 15절

성전이 있는 산에 있던 우상 제단들을 성 밖에 버렸어.
우르르르
역대하 33장 15절

그런 뒤, 여호와의 제단을 보수해 화목제와 감사제를 드렸지.
하나님, 이제 잘 할게요.
역대하 33장 16절

므낫세가 유다의 백성들에게 말했어.
우리 조상의 신, 이스라엘의 하나님이신 여호와를 섬겨라!
뭐야?
이랬다 저랬다.
역대하 33장 16절

※성전이 있는 산 : 아라우나 타작마당이 있던 모리아 산. Link 1권 73p Link 4권 216p

산당에서이긴 하지만 백성들은 오직 여호와께만 제사를 드렸지.
여호와 하나님, 우리를 지켜주소서!!
역대하 33장 17절

므낫세의 다른 행적과 죄는 유다 왕들의 역사책에 기록됐어.
유종의 미를 거두긴 했지만 내 죄가 커.
유다의 왕들
성경 2.0
역대하 33장 18절

그는 죽어 웃사의 정원에 있는 묘지에 묻혔고 그의 아들 아몬이 왕이 됐어.
난 왕들의 무덤에 묻힐 자격이 없으니 별궁 정원에 묻어다오.
아몬
흑흑
아버지!

※웃사의 정원 : 므낫세의 별궁에 있던 정원의 일부. 므낫세는 이곳에 자신의 묫자리를 두었다.

유다 15대 왕 아몬

아몬이 22세에 왕이 돼 예루살렘에서 2년간 유다를 다스렸지. 그의 어머니는 욧바 사람 하루스의 딸 므슬레멧이야.
엄마는! 2년밖에 못 산다는데 웃음이 나와요?
호호
흑흑
므슬레멧
아들, 왕이 된 기념으로 우상 컬렉션을 준비했단다.

아몬은 아버지 므낫세를 본받아 여호와 앞에서 악한 일을 하고 아버지가 섬기던 우상을 경배했어!
갈 때 가더라도 대를 이어 충성해야지! 어때, 멋있지 않아?
그렇긴 한데….
이방인과 결혼하는게 아닌데.
호호
아! 이 마누라야, 여호와도 계신데 왜 하필?!

※욧바(욧바다) : 에시온 게벨 부근, 즉 사해 남방 아라바 계곡에 있던 성읍이다.

※아몬은 아버지 므낫세가 성전에서 제거했던 온갖 우상과 제단을 복원했다.

그는 조상의 하나님 여호와를 잊어버렸지.
룰루랄라~
우상쟁이 같으니라고.
흥!
결국, 그는 신하들에 의해 왕궁에서 죽었어.
네 우상과 같이 묻어주마!
크헉!
푸욱!!!
하지만 유다 백성들이 그 반역자를 죽이고,
감히, 여호와께서 세운 왕을 죽여?!
죽여라!
흑흑!
한 번만 봐주지.

※다윗 왕조의 정통성을 지키려는 백성들이 반역자들을 죽였다.

아몬의 아들 요시야가 왕으로 올랐어.
와아아아!
요시야(8살)
만세!
새로운 왕이시다!
아몬도 웃사의 정원에 묻히고, 그의 아들 요시야가 왕이 됐지.
힐기야 대제사장
초등학교 입학식 인가…?
아몬의 다른 행적은 유다 왕들의 역사책에 기록됐어.
쳇! 고작 2년 만에 반역질이나 당하고….
우상 따위나 섬기더니 꼴좋다!
캬캬
성경

※요시야 : 유다에 종교개혁을 가져온 4명의 왕(아사, 여호사밧, 히스기야, 요시야) 중 네 번째 왕이다.

22장 유다 16대 왕 요시야

요시야는 8세에 왕이 돼 예루살렘에서 31년간 유다를 다스렸지. 어머니는 보스갓 사람 아다야의 딸 여디다야.
하나님만을 의지하면 천하무적이 될 거야.
요시야(26세)
근데 성전이 많이 상했네요.

그는 다윗을 본받아 여호와 앞에서 바르게 살았지. 재위 18년, 요시야는 서기관 사반을 성전으로 보냈어.
사반
대제사장 힐기야에게 문지기들이 백성들에게서 모은 돈,
즉 백성들이 성전에 바친 헌금을 모두 계산하라고 하시오!
넵!

※보스갓 : 에글론 동남쪽 3.9km 지점에 있던 유다 지파의 성읍이다.

※사반 : 므술람의 손자이자 아살리야의 아들이다.

※서기관 : 구약 시대 서기관은 국가 공문서의 작성과 보관을 담당하는 중책이었다.

tip 백성들의 헌금

성전 수리에 많은 비용이 필요했으나 여러 차례에 걸친 앗시리아의 침략 때문에 성전에는 금과 은이 없거나 부족했을 것이다. 따라서 요시야는 과거의 요아스처럼 Link 5권 171p 성전 수리를 위해 백성으로부터 헌금을 받은 것이다.

그 돈을 성전 공사 감독관들에게 주어 일꾼들의 품삯을 치르게 하고, 나무와 돌을 사서 성전을 고치도록 하시오.

그들은 정직한 사람이니, 그 돈을 어디에 썼는지 보고할 필요는 없소!
이렇게 말씀하셨습니다.
알겠소!

대제사장 힐기야가 성전에서 상자에 보관된 돈을 꺼내던 중,
응?
역대하 34장 14절
모세가 전한 여호와의 율법책을 발견했어.
아니, 이것은?!
두둥!
역대하 34장 14절

tip 율법책

힐기야가 발견한 율법책은 모세오경(창세기, 출애굽기, 레위기, 신명기, 민수기)으로 보인다. 이것은 항상 언약궤 옆에 있어야 했으나, 므낫세와 아몬의 극심한 우상숭배 때문에 누군가가 성전 내부 깊숙이 숨겨두었을 것이다. 율법책이 숨겨진 장소는 분명치 않지만, 지성소 한쪽일 가능성이 높다. 율법책을 발견한 자가 대제사장이고 지성소에는 오직 대제사장만 들어갈 수 있기 때문이다.

성전에서 이걸 발견했소.
아니 그건…?
율법책을 읽어본 사반은 요시야에게 갔어.
성전 헌금은 성전 수리를 맡은 감독들에게 줬고요.
그게 뭐요?
대제사장께서 이 책을 주더군요.
사반이 율법책을 왕 앞에서 읽었어.
이… 이럴 수가!!
휘청

요시야가 율법책의 말씀을 듣고 크게 슬퍼하며 옷을 찢었지.
우리가 하나님의 뜻을 이렇게 떠나 있다니!
크흐흑
쫘악!!
그는 대제사장 힐기야와 서기관 사반, 사반의 아들 아히감, 미가야의 아들 악볼, 왕의 시종 아사야에게 명령했어.
우리 조상이 이 책의 말씀대로 살지 않아서 여호와의 분노가 큰 것이오!
그럼 어떻게 해야 여호와께서 분노를 거두실까요?
뭔가 방법이…?

가서 나와 모든 유다 백성을 대신해 이 책의 말씀에 대한 여호와의 뜻을 물어보시오!
알겠습니다!
척!
척!

예언자 훌다의 예언

힐기야와 아히감, 악볼, 사반, 아사야가 여자 예언자 훌다에게 갔지. 훌다는 궁중 예복을 관리하는 살룸의 아내로 예루살렘 2구역에 살았어.
훌다
왕께 전하세요. 이스라엘의 하나님 여호와께서 이렇게 말씀하셨어요.

※가서 : 예언자에게 가라는 뜻이다.

※여자 예언자 훌다 : 달리 알려진 것은 없다.
※살룸 : 할하스의 손자이며 디과의 아들이다.
※2구역 : 예루살렘은 다윗 시대 이후 구릉으로 된 1구역과 인구의 증가로 뒤늦게 개발된 구릉 아래의 낮은 2구역으로 구분되었다.

그 책에서 말한 것처럼, 이곳에 재앙을 내리겠다! 그들이 나를 버리고 다른 신들에게 향을 피우고, 온갖 우상을 만들어 나를 화나게 했기 때문이다!
이곳을 향한 내 분노는 꺼지지 않을 것이다!
콰르릉
하지만 요시야야, 너는 나의 저주를 듣자 내 앞에서 옷을 찢고 통곡하며 깊이 뉘우치고 겸손했다!
나는 그래서 네 기도를 들어주겠다! 내가 이곳에 내릴 재앙을 네 눈으로는 보지 않을 것이다!
빨리 가자! 네가 죽어야 여호와가 할 일을 하신다!
아! 유다여! 예루살렘이여!
너는 편히 죽어 조상들의 무덤에 묻힐 것이다!
신하들이 요시야에게 이 말을 전했지.
아! 유다에 닥칠 재앙은 어쩔 수 없겠구나.

23장 요시야의 종교개혁 - ① 언약 갱신

요시야가 유다와 예루살렘의 장로들을 소집해서 성전으로 올라가자, 제사장과 예언자를 비롯해 아이에서 어른에 이르는 온 백성이 따라갔어.
무슨 일이야?
몰라!
예레미야
웅성
웅성

요시야는 백성들에게 성전에서 발견한 언약책의 말씀을 읽어주었지.
그러니 여호와께서….

※요시야의 종교개혁은 예언자 예레미야의 활동 시기와 거의 일치한다. 따라서 요시야의 종교개혁은 예레미야의 영향이 크게 작용했던 것으로 보인다.

그가 여호와 앞에서 언약을 세우자 백성들도 맹세했어.
나는 여호와를 따르고 그분이 주신 계명, 법도, 율례, 이 책에 적힌 언약의 말씀을 온 마음과 정성을 다해 지킬 것을 약속하겠소!
여호와의 계명과 규례와 율법을 지키겠습니다!
저희도 지키겠습니다!
여호와를 따르겠습니다!

② 우상 파괴

요시야는 대제사장 힐기야와 부제사장과 문지기들에게 말했지.
바알과 아세라, 하늘의 모든 별을 위해 만든 기구를 다 꺼내오시오!
네!!

요시야는 그 기구들을 예루살렘 바깥 기드론 들에서 태우고,
엄청 많군.
화르르륵!
예루살렘 이름이 아깝다.

그 재를 벧엘로 가져갔어.
근데 왜 굳이 벧엘까지 가야 해?
설명이 기니 팁을 봐.

tip 벧엘로 재를 가져가다

벧엘은 이스라엘의 초대 왕 여로보암이 송아지 우상을 세웠던 곳 Link 5권 59p 이며, 우상숭배의 본거지인 그곳에 재를 버린 이유는 다음과 같다.

① 우상의 재로 예루살렘을 더럽힐 수 없다.

② 우상의 무익함을 보여주고 이를 경고로 삼는다.

※기드론 들 : 예루살렘과 감람산 사이에 있는 골짜기로, 들은 골짜기를 말한다.

그리고 요시야는 다음과 같은 일을 했어.
① 선왕들이 산당의 우상숭배를 위해 뽑았던 제사장들을 모두 쫓아냄.
튀어라!
후다닥
잡히면 죽는다!

② 성전에 있던 아세라 목상을 기드론 들에서 태우고 그 재를 일반 백성의 공동묘지 위에 뿌림.
아세라가 죽은 자처럼 아무 힘도 없다는 뜻이래.

③ 성전에 있던 남자 창기들의 집을 헐어버림.
쾅!
엄마야!
꽤액

※일반 백성의 공동묘지 : 히브리인도 땅을 파 묘로 썼는데, 기드론 골짜기의 묘지가 그런 형태였던 것으로 보인다.

tip 남자 창기들의 집

근동 지방의 우상 신전에는 대개 남자 창기들의 거처가 있었다. 이들은 우상숭배 의식을 진행하는 여 사제들과 음란한 행위를 벌였다. 이는 모세 율법에 따라 사형에 해당하는 중죄이지만 므낫세와 아몬 통치 때는 무시되었던 것으로 보인다.

④ 유다의 산당을 부수고 그곳에서 우상숭배했던 여호와의 제사장들을 예루살렘으로 불러와 직무를 정지시킴.
오늘부로 너희는 해고다!
너희는 이제 여호와를 섬길 수 없다. 다만 다른 제사장과 함께 먹을 수는 있을 것이다!

⑤ 힌놈의 아들 골짜기에 있던 도벳 산당을 부정하게 해서 몰렉에게 자식 제물을 바칠 수 없게 함.
화르르륵!

※도벳 산당 : 아이들을 이방신의 제물로 불태웠던 힌놈의 아들 골짜기에 있던 산당이다. Link 5권 191p

⑥ 태양신을 섬길 때 쓰던 수레를 태워 없앰.
성전 입구에 태양신의 제물로 바치려 했던 말도 처리해라!
화르륵!

⑦ 선왕들이 성전에 만들었던 모든 우상 제단을 부수고 가루로 만들어 기드론 시내에 뿌림.
우우우웅!

⑧ 유다에 있던 모든 산당을 헐어버림. 특히 솔로몬이 아내들을 위해 세운 산당 Link 5권 52p 은 죽은 사람의 뼈로 채움.

※뼈 : 히브리인에게 사람의 뼈는 부정을 상징한다. 사람의 뼈로 가득 채운 것은 우상에 대한 경멸이며 모독 행위였다.

⑨ 여로보암이 벧엘에 세운 제단과 산당 Link 5권 59p , 아세라 목상을 불태우고 가루로 만듦.
자, 이게 마지막이오.
정말 징하게 많네요.
그러다, 요시야는 산 위의 무덤들을 봤어.
저기에 공동묘지가 있군!
와르르!
그는 무덤에서 뼈를 가져오게 해서 제단 위에 그 뼈를 태웠지.
여기도 똥칠…
아니 뼈칠을 해서 부정하게 만들자!
낑!
따그락
※산 위의 무덤 : 벧엘 남쪽 언덕에 있던 일종의 공동묘지. 이스라엘의 묘실은 자연 또는 인공 동굴로 비교적 눈에 잘 띄었다.

이로써 여호와가 하나님의 사람을 통해 하신 말씀이 모두 이루어졌어.
제단아, 요시야가 사람의 뼈를 태워 너를 더럽힐 것이다!
근데 이 비석은 뭐냐?
유다에서 온 하나님의 사람이 묻힌 무덤 Link 5권 62p 입니다.
왕께서 이곳 제단에서 하실 일을 예언한 사람이지요.
요시야는 그의 뼈와 사마리아에서 온 예언자의 뼈는 그대로 두었어.
저 무덤의 뼈도 꺼낼까요?
그대로 두고 아무도 건들지 못하게 해라!
※하나님의 사람 : 약 300여 년 전 여로보암이 이스라엘을 다스릴 당시 예언자 Link 5권 60p 를 말한다.

※예언자의 뼈 : 늙은 예언자 Link 5권 62p 의 뼈.

그리고 이스라엘 왕들이 사마리아 성 곳곳에 세운 우상의 신전을 벧엘에서 한 것처럼 다 헐어버렸지.
우르르릉
쾅!
쾅!
또한 산당 제사장들을 제단 위에서 죽인 뒤 그 뼈를 불태우고 예루살렘으로 돌아갔어.
이 우상쟁이들도 모조리 처단해라!
아이고, 한 번만 봐주세요!
자자, 빨리 해치우고 집에 가자!
헉!
제발!

③ 유월절을 지킴

요시야가 백성에게 명령했지.
이 언약책의 기록대로, 여호와께 감사드리는 유월절을 준비해라!
사사 시대 때부터 분열 왕국 시대까지, 이때처럼 율법대로 정확히 유월절을 지킨 적은 없었어. 요시야 18년에서야 비로소 예루살렘에서 주님을 기리는 유월절이 지켜졌지.
※유월절 : 이집트에서 죽음의 재앙을 넘긴 것을 기념하는 절기. Link 2권 47p

※사사 시대 : 왕이 있기 전, 사사들이 이스라엘을 다스리던 시대.
※분열 왕국 시대 : 유다와 이스라엘 왕들이 각각 남북을 다스리던 시대.

요시야는 율법책의 말씀을 지키기 위해 유다와 예루살렘에 있는 무당, 점쟁이, 드라빔, 우상 등 온갖 역겨운 것들을 없애버렸어.
부르릉
우르르르
우상 매립장

요시야처럼 마음과 정성과 힘을 다해 여호와를 섬기며 모세의 율법을 지킨 왕은 전무후무했지.
와아아아!
요시야 짱!
상장

※드라빔 : 가정에서 개인이 섬기던 우상으로 크기가 다양했다. Link 1권 112p

그러나 여호와는 므낫세의 악행 때문에 쏟으려 했던 분노 Link 5권 218p 를 거두지 않으셨어.
크르릉!

나는 이스라엘을 버렸듯이 유다도 버릴 것이다! 내가 선택한 예루살렘 성과 내 이름을 두겠다고 말한 이 성전도 버릴 것이다!
좋지 않아. 좋지 않아.
우르릉
쾅!
재앙이 오고 있어.
쏴아아아!

※유다 백성은 요시야의 종교개혁에도 불구하고 여전히 므낫세 당시의 우상을 숭배했다.

요시야의 죽음

요시야의 종교개혁 이후, 이집트 왕 느고가 유프라테스 강 부근의 갈그미스를 치려고 올라오자 요시야는 이를 저지하기 위해 므깃도로 갔지.
갈릴리
므깃도
요단 강
사마리아
세겜
이집트
이스라엘
유다
벧엘
아스돗
예루살렘
아스글론
블레셋
유다
가사
이집트를 막아라!!
두두두두
역대하 35장 20절

※느고 : 사마틱1세의 아들 바르느고2세. 후기 이집트 왕 중 가장 진취적이고 호전적인 인물이다.
※갈그미스 : 시리아 지역에서 유프라테스 지역으로 오고가는 관문으로 전략적 요충지이며 교역의 중심지였다.

tip 느고 왕의 갈그미스 공략

갈그미스 전쟁 발발 당시, 앗시리아는 바벨론에 의해 수도 니느웨 성이 함락되었다. 그리고 바벨론이 근동 북방 지역에서 최강대국으로 군림하게 되었다. 이에 이집트 느고 왕은 앗시리아와 함께 하란을 탈환함으로써 바벨론의 남하를 저지하기 위해 출정했다. 이때 요시야가 이집트의 참전을 저지하려고 므깃도로 출정한 배경은 다음과 같다.

① 이집트 군대가 팔레스타인을 지날 때, 이스라엘 땅을 유린할 것을 방지한다.
② 이 일을 계기로 이집트가 팔레스타인에서 영향력을 행사할 것을 우려했다.
③ 앗시리아가 재기에 성공할 경우 다시 유다에 위기가 닥칠 수 있다.

느고 왕이 요시야에게 전령을 보냈어.
유다 왕이여, 왜 내 일에 관여하시오? 나는 당신이 아니라 내 원수와 싸우러 온 것이오. 나와 함께 계시는 하나님께서 서두르라 하셨소. 하나님을 거역해서 멸망당하기 싫으면 이 일을 멈추시오!
이렇게 말씀하셨습니다.
푯! 놀고 있네! 내 대답은 이거다!
이스라엘에 웬 한자가?
이 만화 원래 제정신 아냐.
戰死易 假道難
역대하 35장 21절

※하나님께서 : 느고 왕이 어떻게 하나님의 뜻을 알게 되었는지는 알 수 없다.
※전사이 가도난(戰死易 假道難) : 싸워 죽을 순 있으나 길을 빌려줄 수는 없다.

열왕기하
역대하

요시야는 하나님이 느고 왕에게 하신 말씀을 듣지 않고,
언제부터 이집트의 하나님이었다고… 개그 하냐?
흥
역대하 35장 22절
그와 싸우기 위해 변장까지 하고 므깃도 평원으로 나갔어.
와아아아아!
역대하 35장 22절

※변장 : 왜, 그리고 어떤 변장을 했는지 알 수 없다.
※므깃도 평원 : 이스르엘 평야 서남쪽, 나사렛에서 남서쪽 약 16km가량 떨어진 지점.

하지만 요시야는 적의 화살을 맞고 말았지.
컥!!
퍽!
컥!
역대하 35장 23절
부상이 심하다, 여길 빠져나가도록 도와줘라!
와아아아
조금만 참으십시오!!
역대하 35장 23절
부하들이 요시야를 부축해 부사령관의 전차에 태웠어.
서둘러라!!
크으윽!
역대하 35장 24절

요시야는 예루살렘으로 돌아와 숨을 거뒀지.
왕이시여!! 왕이시여!!
아! 이…럴수가!!
역대하 35장 24절
그는 조상들의 무덤에 묻혔고, 유다 백성들이 그의 죽음을 슬퍼했어.
역대하 35장 24절

예언자 예레미야는 요시야의 죽음을 애도하는 애가를 지었지.
음~ 음~♪
예레미야
역대하 35장 25절
노래하는 모든 남녀가 요시야를 위해 그 애가를 불렀던 것이 오늘날까지 이어졌지. 그 노래는 애가집에 적혀있어.
역대하 35장 25절

※예레미야 : 요시야 왕 때 활동한 예언자이다. 같은 시기에 활동한 선지자로 스바냐와 나훔이 있다.

※예레미야가 요시야를 위해 지은 애가는 현재 남아있지 않다. 다만, 구전으로 내려오면서 정기적으로 불렀던 것으로 보인다.

tip 요시야의 죽음

요시야가 전사하자 므깃도의 전투는 끝나고, 유다는 이집트의 속국으로 전락한다. 여 예언자 훌다의 예언대로 요시야는 유다의 멸망을 눈으로 보지 않았다. Link 5권 222p 다만 그의 죽음은 유다 멸망의 시작을 알리는 전조였다.

요시야의 다른 행적은 유다 왕들의 역사책에 기록됐지.
편히 죽는다고 했는데 어째…
훌다
유다의왕들
그 정도면 됐지 뭐.
뒤지게 맞아봐야.
그 땅의 백성들이 요시야의 아들 여호아하스를 왕으로 세웠어.
제가 위대한 유다를 건설…!
여호아하스

※여호아하스 : 요시야의 셋째 아들로, 그의 맏형 요하난은 일찍 죽었고, 둘째 여호야김은 난폭한 성품 때문에 백성의 신임을 얻지 못했다.

유다 17대 왕 여호아하스

여호아하스는 23세에 왕이 돼 예루살렘에서 3개월간 유다를 다스렸어. 어머니는 립나 사람 예레미야의 딸 하무달이야.
서…석 달이라니!
부르르
심심한 위로를…
아멘!
하무달
여호아하스는 그의 조상들처럼 여호와 앞에서 악한 일을 저질렀어.
아들아!
삐뚤어져 버릴 테다!!
인간아, 거기서 아멘이라는 말이 나오냐? 죽어!
크흐흑
휙!
퍽
퍽
꽤애액
실수야 실수!

※예레미야 : 아나돗 출신인 예언자 예레미야와는 다른 인물이다.
※립나 : 유다의 서남쪽 블레셋 변방에 있는 성읍으로 정확한 위치는 알려지지 않았다.
※악한 일 : 여호아하스가 즉위 3개월 만에 우상을 숭배했다고 보기는 어렵다. 다만 그는 하나님을 섬기는 데 소홀했던 것으로 보인다.

이집트 왕 느고가 여호아하스를 하맛 땅 립나에서 사로잡았고,
너도 이집트에 대들려고 했지?
에이! 말로 합시다, 말로!
요시야의 둘째 엘리야김을 왕으로 세우고 그의 이름을 여호야김으로 바꿨어.
네 동생 여호아하스처럼 대들다간 죽는다!
네네! 저는 왕의 영원한 종입니다.
헤헤
여호야김
그리고 금 한 달란트와 은 백 달란트를 조공으로 바치게 했지.
탈탈 털어가는구나.

※립나 : 유다의 립나와 다른 곳으로 하맛 남쪽 시리아 평야에 위치한 성읍이다.
※1달란트 : 약 34.27kg에 해당한다.

여호아하스는 이집트로 끌려가 그곳에서 죽었지.
젠장! 왕 노릇 3개월 만에 객사라니…!
여호야김은 이집트에 조공을 바치기 위해 백성에게 재산에 따라 세금을 매기고,
아이고, 이렇게 싹 쓸어가면…!
도전이냐? 반항이냐? 비켜!
느고 왕이 요구한 대로 은과 금을 주었어.
김씨, 수고했다!!
저 잘했죠?
살랑
살랑
헤헤

※여호야김은 과도한 세금을 징수해 조공으로 바치고, 나머지로 사치스런 생활을 했다. Link 예레미야 22장 13~19절

tip 엘리야김(여호야김)

요시야의 아들 엘리야김은 이집트 왕 느고에 의해 유다 18대 왕으로 세워져 11년간 유다를 통치하며 철저히 이집트의 꼭두각시 노릇을 했다. 느고 왕이 엘리야김의 이름을 여호야김으로 바꾼 이유는 엘리야김에게 무조건적 복종과 충성을 맹세토록 하기 위해서였다.

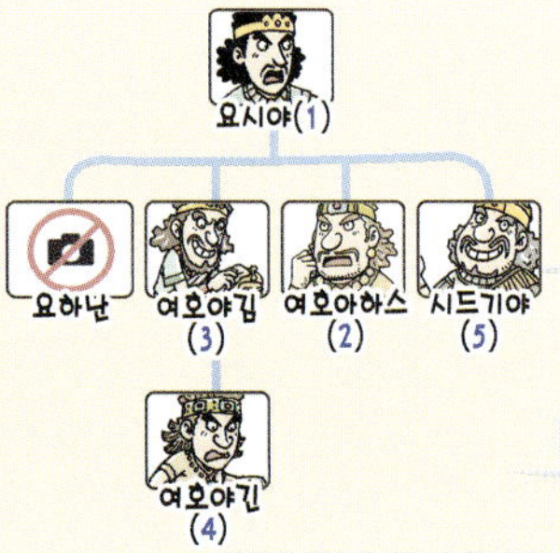
요시야(1)
요하난
여호야김 (3)
여호아하스 (2)
시드기야 (5)
여호야긴 (4)
※괄호 안의 숫자는 즉위 순서.

유다 18대 왕 여호야김

여호야김은 25세에 왕이 돼 예루살렘에서 11년간 유다를 다스렸지. 어머니는 루마 사람 브다야의 딸 스비다야.
복종? 굴복? 아무렴 어때. 왕이잖아!
스비다
아들, 세금 걷은 게 많이 남았는데 쌍쌍 파티나 할까?
※루마 : 세겜 근처의 아루마, 혹은 나사렛 북쪽의 성읍으로 보인다.

여호야김은 조상들을 본받아 여호와 앞에서 악한 일을 했어.
내친 김에 이집트의 우상도 섬기자.
킥킥
철저한 아부만이 살길이다.
※여호야김은 예언자 우리야를 죽이고 우상숭배를 부활시켰다. Link 예레미야 26장 20~23절

24장 바벨론의 1차 침략

그러던 어느 날, 바벨론 왕 느부갓네살이 유다 땅으로 쳐들어왔지.
항복해라! 그럼 살살 때려주마!!

tip 바벨론의 1차 침략

바벨론 왕 느부갓네살은 갈그미스 지역을 대대적으로 공격해 그곳에 주둔하고 있던 이집트 군대를 완전히 전멸시켰다. 이 전투로 바벨론은 근동 지역의 패권을 장악한 뒤 그 여세를 몰아 유다를 침략한다. 유다는 아프리카 대륙과 근동 지역을 잇는 중요한 전략적 요충지였기에, 느부갓네살의 주요 표적이 된 것이다.

그래서 여호야김은 3년간 느부갓네살 왕을 섬겼어.
고생이 많다. 비굴한 목숨 때문에….
저는 왕의 영원한 종입니다!
큭큭
부비부비
헤헤

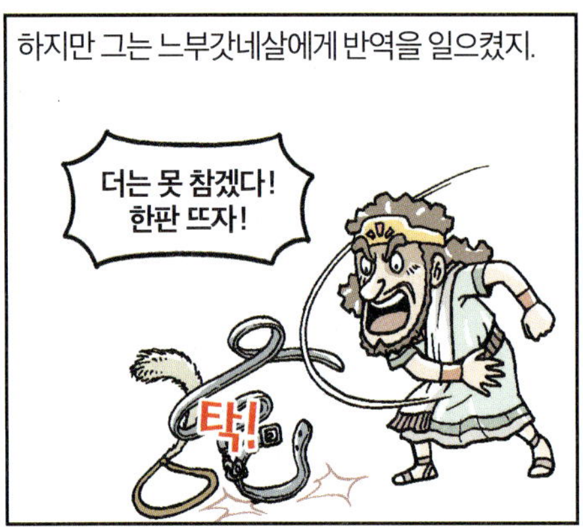
하지만 그는 느부갓네살에게 반역을 일으켰지.
더는 못 참겠다! 한판 뜨자!
탁!

그러자 여호와가 바벨론, 아람, 모압, 암몬의 연합군을 유다에 보내셨어. 예언자들을 통해 하신 말씀대로 유다를 멸망시키려는 뜻이었지.
버르장머리를 고쳐주마!!
와아아아아!
비굴이 왕이 왜 갑자기 바벨론을 배반한 거야?!
이야!
※예언자들 : 이사야, 미가, 훌다, 하박국, 예레미야 등이 유다의 멸망을 예언했다.

tip 바벨론 연합군의 침공

유다 점령 후, 느부갓네살은 유다를 전진 기지로 이집트 원정에 나섰다가 패한다. 이때 바벨론의 군대가 자국으로 돌아간 틈을 타 여호야김이 독립을 시도한다. 예레미야가 바벨론을 섬길 것을 조언했지만, 여호야김은 이를 무시하고 이집트를 따른다. 결국 느부갓네살은 주변국과 동맹을 맺고 이집트와 유다를 응징한다. 이때 다니엘과 그의 세 친구를 포함해 많은 유대인이 포로로 잡혀갔다.

Link 다니엘 1장 1~7절

므낫세의 죄 때문에 유다 백성을 여호와 앞에서 내쫓으시겠다는 말씀이 성취된 거야.
우리가 포로가 된 건 므낫세 때문이잖아!
우상 삼대천왕이 므낫세, 여로보암, 아합이라던데!

여호와는 므낫세의 죄를 용서하지 않으셨지.
므낫세는 자식들을 제물로 바치고, Link 5권 217p 예루살렘을 죄 없는 사람의 피로 가득 채웠어. Link 5권 218p
그래서 지도자가 중요한 거야.
다니엘

느부갓네살 왕은 여호야김을 쇠사슬로 묶어 바벨론으로 끌고 갔어.
예레미야 말을 듣고 바벨론에 계속 아부나 할 걸!
크흐흑!
역대하 36장 6절

여호야김의 다른 모든 행적은 유다 왕들의 역사책에 기록됐지.
다른 일? 무슨 일이 또 있다고.
팁을 봐요!

tip 여호야김의 다른 모든 행적

열왕기하에는 없으나 예레미야에 그의 행적이 기록돼 있다.

① 스마야의 아들 우리야를 죽임.
Link 예레미야 26장 23절

② 예레미야의 두루마리를 태워버림.
Link 예레미야 36장 20~23절

③ 예레미야와 바룩을 잡으려 함.
Link 예레미야 36장 26절

※우리야 : 유다에서 활약한 예언자.
※바룩 : 예레미야의 서기.

여호야김은 왕실 묘지에 묻혔고, 그의 아들 여호야긴이 왕으로 옹립됐어.
여호야긴
흑흑
두고 보자 바벨론!

※여호야김은 바벨론에 포로로 잡혀갔다가 예루살렘으로 와서 죽은 뒤 왕들의 묘지에 묻혔다.

한편, 바벨론 왕이 이집트 시내에서 유프라테스 강까지 이집트 땅을 모두 점령했기 때문에, 이집트 왕은 국경 밖으로 나올 수 없었지.
우리 땅
접근하면 발포함
-바벨론 짱-
제길! 갈그미스에서 지지만 않았어도!!

※이집트 시내 : 팔레스타인과 이집트의 경계를 이루던 시내.
※이집트는 갈그미스 전투에서 바벨론에 큰 패배를 당한 뒤 근동 지역에서 힘을 발휘하지 못했다.

유다 19대 왕 여호야긴

여호야긴이 18세에 왕이 돼 예루살렘에서 석 달 열흘간 유다를 다스렸지. 어머니는 예루살렘 출신의 엘라단의 딸 느후스다야.
흥! 백 일짜리 왕에게 뭘 바라? 막 살다 갈 거야!
그래그래, 어차피 망해가는 나란데 뭐, 우상이든 밥상이든 아무렴 어때!
호호
느후스다
탁

바벨론의 2차 침략

바벨론 느부갓네살 왕 8년 봄, 바벨론 군대가 예루살렘을 공격했어.
좋은 말할 때 성문 열어라! 혼난다!
바벨론은 길바닥에 흘린 똥이야!
닥쳐라! 우리는 왕과 함께 결사항전의 각오로 싸울 것이다!

그때, 느부갓네살 왕이 도착했지.
똥 같은 바벨론의 잡졸쯤이야!
대… 대군이 또…!
히익!
흥!

그러자 여호야긴이 어머니와 신하들과 지휘관, 내시들과 함께 성 문을 열고 나갔어.
충성!
충성은 무슨…! 결사항전해라, 응?
좀 전에 큰소리친 놈은 나와라!

느부갓네살 왕은 여호야긴을 사로잡았지.
모조리 묶어서 끌고 가라!
이제 진짜 충성할 게요!
잘못했습니다!
아이고!

※어머니 : 여호야긴은 나이 든 어머니를 앞세워 느부갓네살의 동정심에 호소하려 했다.

그리고 성전과 왕궁의 보물을 모조리 빼앗고, 솔로몬이 만든 성전의 금 그릇을 모두 깨뜨렸어. 여호와의 말씀이 다 이루어진 거야.
땡잡았다!
크하하

또한 예루살렘의 모든 백성, 관리, 대장장이, 용사 만 명, 기술자 천 명, 여호야긴과 그의 어머니, 왕비들, 내시들도 사로잡아갔지.
왕 노릇 백 일에 포로 신세라니….
흑흑

※이때 빼앗은 성전의 기구들은 바벨론 왕 벨사살의 술상으로 이용되었다. 그 일로 인해 벨사살은 바벨론 멸망의 저주를 받는다. Link 다니엘 5장 1~28절

※대장장이, 기술자 : 전쟁 군수품 제작을 위해 끌려간 것으로 보인다.

tip 여호와의 말씀이 이루어지다

유다가 하나님께 죄를 지어 이방인의 침략을 당한다는 것은 이미 여러 차례 예언된 바 있다. 느부갓네살 왕은 1차 원정 때 다니엘을 포함한 많은 귀족을 포로로 잡아갔고, 성전 기구들을 약탈해 바벨론의 성전에 두었다. 2차 원정 때도 성전의 모든 금붙이를 약탈했는데, 이 역시 이사야와 예레미야에 의해 예언된 일이었다. Link 5권 218p

Link 이사야 39장 6절, 예레미야 17장 3절

유다에는 가장 천한 사람만이 남았어.
에고! 지도자들이 다 끌려가는구먼!
나라는 누가 다스리라고!

느부갓네살 왕은 여호야긴의 삼촌 맛다니야를 유다 왕으로 세우고 그의 이름을 시드기야로 고쳤어.
자, 이제 네가 왕 해라!
헤헤
탁
유다의 충견이 바로 접니다요.

※이름 : 엘리아김을 여호야김으로 고친 것 Link 5권 227p 과 같은 의미가 있다. 맛다니아란 여호와의 선물이란 뜻이며 시드기야란 여호와의 공의를 뜻한다.

유다 20대 왕 시드기야

시드기야가 21세에 왕이 돼 예루살렘에서 11년간 유다를 다스렸지. 어머니는 립나 사람 예레미야의 딸 하무달이야.
내가 바로 유다의 마지막 왕이야!
인간아, 웃음이 나오냐?
ㅋㅋㅋ
하무달
시드기야는 여호야김처럼 여호와 앞에서 악행을 저질렀어.
달아~ 달아~ 밝은 달아~!
지도자인 제사장들과 백성들도 이방 민족의 악행을 따라했고,
달아~ 달아~ 밝은 달아~!
스바냐
스라야
아니, 너희는….
역대하 36장 14절

※하무달 : 여호아하스의 어머니이다. Link 5권 227p

※지도자인 제사장들 : 대제사장과 제사장들의 지도자 24인을 가리킨다.

마침내, 여호와가 거룩하게 하신 예루살렘의 성전을 더럽혔지.
함께 열심히 달님 안녕 해보자!
아자!
네!
콱!
역대하 36장 14절
그럼에도 여호와는 자기 백성과 성전을 구하기 위해, 계속 예언자들을 보내 경고하셨어.
뭐야? 이 영감탱이가?!
헉!
에라이, 미친 것들아! 정신 차리지 못할까?!
쾅!
미친 거 아냐?
역대하 36장 15절

※예언자들 : 예레미야, 에스겔, 하박국 등이 이 시대에 활약했다.

그러나 그들은 하나님의 예언자를 비웃고 하나님의 말씀을 무시했지.
이 노망난 영감이!
꺼져!
퍽!
퍽!
꽤애액!
어따 대고 행패냐!!
역대하 36장 16절
마침내 여호와의 분노가 하늘을 찔렀고, 돌이킬 수 없는 상황이 됐어.
우르릉!
응?
뭐야, 갑자기?
너흰 이제 끝이야!
역대하 36장 16절
여호와는 그들을 자기 앞에서 내쫓기로 하셨지.
콰르르릉!
쏴아아아
역대하 36장 17절

시드기야 9년 10월 10일, 시드기야가 바벨론 왕에게 반역을 일으켰어.
언제까지 바벨론의 개로 살 순 없다! 다른 민족과 힘을 합쳐 바벨론을 박살내자!
와아아!
똥 같은 바벨론을 처부수자!

tip 시드기야의 반역

시드기야도 여호야김처럼 이집트를 믿고 바벨론에 대항했다. 유다의 친 이집트 세력이 이집트에 구원을 요청하도록 권유한 것이다. 그러나 이방 나라를 의지하는 그런 결정에 예레미야가 반대했고 시드기야는 그를 감옥에 가두었다. Link 예레미야 37장 16~21절 한편 암몬, 베니게, 모압, 에돔은 바벨론에 대항하기 위해 동맹을 맺고, 시드기야에게도 동맹을 요청한다. 시드기야는 그 동맹에 가담하고, 이집트 왕에게 보병과 기병을 보내달라고 요청한다.(B.C.591)

25장 바벨론의 3차 침략

바벨론 왕 느부갓네살이 모든 군대를 이끌고 예루살렘에 쳐들어왔어. 성을 포위하고 성벽 바깥 둘레에 흙 언덕을 쌓았지.

시드기야 11년 4월 9일, 3년간 포위됐던 예루살렘 백성들은 양식을 구할 수 없었어.
배고파!
아이라도 잡아먹자!
크으…
으아아!

※바벨론에 포위된 3년간 발생한 사건들은 예레미야가 자세히 기록했다.
Link 예레미야 37~39장

그 무렵 바벨론의 군대가 성벽을 뚫었지.
와아아아!
드디어 뚫었다!
튀어라!!
으아아!
꺅!
헉, 적이?!

시드기야와 모든 병사는 밤을 틈타 왕의 정원 근처, 두 성벽 사이 길로 빠져나와 바벨론 군대의 포위를 뚫고 아라바 길로 도망쳤어.
누가 잡히더라도 멈추지 말고 계속 뛰어라!
타다다닥!
헉헉
헉헉
잡히면 죽어. 빨리!

※왕의 정원 근처, 두 성벽 사이 길 : 예루살렘 성을 다 파악하지 못한 바벨론 군대의 감시를 피하기에 적당한 길이었다.

※아라바 : 요단 계곡에서 사해에 이르는 평원 지대.

그러나 바벨론의 군대가 여리고 평원에서 시드기야를 잡았고 그의 병사들은 뿔뿔이 흩어졌지.
이놈들아! 비겁하게 왕을 두고 도망치냐?!
서라!
좀 전에 멈추지 말고 계속 뛰라고 했잖아!
타다닥!
잡았지롱!

※여리고 평원 : 예루살렘 북동쪽 36km 지점. 시드기야는 여리고를 지나 모압이나 암몬으로 도망치려 했던 것으로 보인다.

바벨론 군대는 시드기야를 사로잡고 리블라(립나)에 있는 바벨론 왕에게 끌고 갔어.
크흐흑!

※리블라(립나) : 팔레스타인 북쪽 경계에 있는 성읍으로 하맛 남쪽 약 10km 지점. 여호아하스가 잡혀간 곳이다. Link 5권 227p

바벨론 왕이 시드기야를 심문했어.
반역을 일으켰겠다?
크크
아이고, 제가 잠시 눈이 뒤집혀서….

그들은 시드기야 앞에서 그의 아들들을 죽이고,
아버지…!
컥!
이놈들아, 나만 죽여라!!

그의 눈을 뺀 뒤, 쇠사슬로 묶어 바벨론으로 끌고 갔어.
재수 없게 질질 짜기는!
크흐흑!!

※유다 왕가를 종식시키기 위해 왕가의 계승자들을 죽인 것이다.

※성경에서 이후 시드기야에 대한 언급이 없는 것으로 보아 바벨론에서 죽은 것으로 보인다.

B.C.586년, 바벨론 왕 느부갓네살 19년 5월 7일, 그의 경호대장 느부사라단이 예루살렘의 성전과 왕궁과 모든 건물을 불태우고, 모든 성벽을 헐었어. 바벨론 군대는 유다의 젊은이를 닥치는 대로 칼로 죽였고, 성전 안에서도 살육을 멈추지 않았지.
와아아아!
잔인함이 뭔지 확실히 보여줘라!
크하하하!
남녀노소, 병든 놈이든, 건강한 놈이든 가릴 것 없이 모두 죽여라!!
꺄!
으아아!
큭큭
크윽..
역대하 36장 17절

경호대장 느부사라단은 예루살렘에 남아있던 백성과 항복한 백성 및 수많은 백성을 포로로 잡아갔고,
성은 무너지고, 왕도 끌려가고….
흑흑

성전에 있는 놋 기둥, 놋 받침대, 바다를 부숴 놋쇠를 가져갔으며 솥, 부삽, 불집게, 향 접시, 제사드릴 때 쓰는 놋쇠 기구들도 가져갔어.
크크
이 성전 기둥도 가져가자!
두두둑

※이때 가져간 놋은 바벨론에서 그릇이나 무기 혹은 갑옷 등을 만드는 데 사용되었다.

또한 화로와 잔, 금은으로 만든 모든 것을 가져갔지.
아! 약탈은 아름다워~♬

그들이 바벨론으로 가져간 놋은 너무 많아 무게를 달 수 없을 정도였어.
끝도 없구나!
부르릉

느부사라단은 가장 천한 사람들만 남겨두어 농사짓게 했지.
너희는 특별히 살려준다!
네….

※천한 사람들 : 반란의 여지가 적은 자들로, 조공을 바치도록 남겨두었다.

그는 대제사장 스라야와 부제사장 스바냐, 성전 문지기 세 사람을 붙잡았어.
어딜 도망쳐!
빠각!
킥!
이 똥 같은 유다 놈!
서라!
으아아
크윽!

또한, 성 안에 있던 사람 중 군사령관 1명, 왕의 고문 5명, 병사를 뽑던 군대 참모장, 백성 60명을 붙잡았지.
크흐흑!
반역자들이 다 모였구나!

※성전 문지기 세 사람 : 성전 문을 지키는 레위 사람들의 책임자로 보인다.

※백성 60명 : 일반 백성이 아닌 지방 유지들이며 바벨론에 끝까지 저항한 자들이다.

느부사라단은 그들을 리블라(립나)에 있는 느부갓네살 왕에게 끌고 갔어.
너희 왕도 여기서 눈알이 뽑혔어.
헉헉
아이고!
우린 죽었구나!

느부갓네살 왕은 리블라에서 그들을 모두 처형했지.
반역자에게 자비는 없다!
아이고!!
겨우 여기까지 왔는데 무덤이라니….
흑흑!

※리블라(립나) : 팔레스타인 북쪽 경계에 있는 성읍으로 하맛 남쪽 약 10km 지점에 있다. 시드기야가 잡혀간 곳이다. Link 5권 232p

느부갓네살 왕은 살아남은 유다 백성을 바벨론으로 끌고 가서 왕실의 노예로 삼았어. 페르시아 제국이 일어서기까지 노예생활은 계속됐지.
촤악!
큭!
이 게으른 유다 놈들아 빨리 가지 못해?!
역대하 36장 20절

여호와가 예언자 예레미야를 통해 하신 말씀은 이렇게 이루어진 거야.
땅은 70년간 황무지가 되어 그간 누리지 못한 안식을 누릴 것이다! Link 예레미야 25장 11~12절
역대하 36장 21절

※페르시아 : 이란 고지대를 중심으로 서아시아, 중앙아시아, 코카서스 지방 등을 통치하던 고대 제국. 바벨론을 정복하고 포로생활을 하던 이스라엘 백성을 해방시켰다.

※70년 : 1차 바벨론 침입이 시작된 B.C.605년부터 페르시아 고레스 왕의 칙령으로 1차로 포로 귀환을 시작한 B.C.536년까지를 가리킨다.

총독 그달리야

느부갓네살 왕은 남은 유다 백성을 다스릴 총독으로 그달리야를 세웠어.
시드기야가 어찌되었는지 잘 봤지?
네! 전 왕을 섬기는 것이 여호와의 뜻임을 알고 있습니다!
헤헤
그달리야

tip 총독 그달리야(그다랴)

앗시리아가 자국민을 식민지로 이주시킨 것과 달리, 바벨론은 식민지에 총독을 세워 자치 행정을 펴게 했다. 느부갓네살 왕이 유다 총독으로 임명한 그달리야는 예레미야의 친구 Link 예레미야 39장 이며, 그의 아버지 아히감은 예레미야를 보호해준 적이 있다. Link 예레미야 26장

그 소식을 들은 유다 군대의 지휘관 및 부하들이 미스바에 있던 그달리야에게 왔지.
그달리야는 왜 예루살렘이 아닌 미스바에 있는 거야?
미스바
예루살렘은 폐허가 됐잖아.

※그달리야 : 서기관 사반 Link 5권 220p 의 손자이며 아히감의 아들이다.

※유다 군대의 지휘관 : 예루살렘을 방어하던 지휘관들. 유다 멸망 후 숨어있었다.
※미스바 : 예루살렘 서북쪽 6km 떨어진 고원 지대에 있는 성읍.

그들은 이스마엘, 요하난, 스라야, 야아사니야와 그 부하들이었지.
그달리야 총독과 차후 우리의 독립을 의논해봅시다!

그달리야가 그들에게 맹세하며 당부했어.
바벨론의 관리를 두려워 말고 이 땅에 살면서 바벨론 왕을 섬기시오! 그러면 다 잘 될 것이오!
엥? 이게 아닌데….
뭐, 뭐야?
엥?

※이스마엘 : 엘리사마의 손자이며 느다냐의 아들로 유다 왕족 사람. 그달리야와 함께 바벨론에 대항하려고 했다.
※요하난은 가레아의 아들. 스라야는 느도바 사람 단후멧의 아들. 야아사니야는 마아가 사람의 아들이다.

그해 7월, 이스마엘이 부하 10명과 함께 미스바에서 그달리야를 죽였지.
변절자!
크헉!
반역이다!
닥쳐라!
어딜 감히!
푸욱!

tip 그달리야 암살

유다가 살 길은 예레미야의 충고 Link 예레미야 29장 4~13절 를 따라 오직 바벨론의 지배권을 인정하는 것뿐임을 그달리야는 깨달았다. 그러나 왕족 출신의 이스마엘은 그달리야가 바벨론에 빌붙은 매국노라 여기고 그를 암살한 것이다. 그달리야는 암살 계획을 이미 들었음에도 Link 예레미야 40장 13~15절 , 술에 취해 방심하다가 살해당했다.

※그달리야는 5월에 총독으로 임명돼 7월에 죽었다.

이스마엘은 미스바에 있던 유다 사람과 바벨론 사람도 죽였어.
한 놈도 남김없이 죽여라!!
꺄악!
으아악!

※유다 사람과 바벨론 사람 : 그달리야의 행정부에 속한 자들.

그 후, 바벨론이 두려운 유다 백성과 군사령관이 모두 이집트로 도망쳤지.
일단 이집트로 튀자!
잡히면 다 죽는다!
우르르
사고는 윗놈들이 치고, 고생은 우리가 하네….

※유다 백성 : 바벨론에서 그달리야의 살해 사건을 추궁할 것이 두려워서 이집트로 도망쳤다.

풀려난 여호야긴

바벨론 왕 에윌므로닥 12월 27일, 여호야긴은 포로로 잡혀간 지 37년 되던 해 감옥에서 풀려났어.
그동안 고생 많았소. 이젠 고생 끝, 행복 시작이 될 것이오.
이런 친절을 베풀어 주시다니! 감사합니다!

에윌므로닥은 바벨론에 잡혀온 다른 왕들보다 여호야긴을 더 높이 대해줬어.
이번에 유다 왕이 풀장, 골프장까지 딸린 저택을 받았대.
우리 집 화장실이나 좀 고쳐주지, 망할!
뭐야? 사람 차별해?

※에윌므로닥 : 바벨론 왕 느부갓네살의 아들이다.
※여호야긴 : 유다 19대 왕으로 느부갓네살 왕에 의해 바벨론에 포로로 끌려갔다. Link 5권 230p

※다른 왕들 : 근동 각처의 약소국에서 잡혀온 왕들을 말한다.

여호야긴은 여생 동안 죄수복을 벗고 에윌므로닥과 같은 상에서 먹었지.
오늘 중국 코스 요리가 어떻소?
조…좋습니다. 만날 콩밥만 먹었는데.

그리고 평생 에윌므로닥 왕에게 생계비를 받았어.

tip 여호야긴의 석방

열왕기하는 마지막에 여호야긴의 일화를 기록하여 포로생활을 겪고 있는 유다 백성에게 희망을 불어넣고 있다. 다윗의 후손은 죄를 지어 하나님께 징계를 받는다 해도 영원히 버림받지 않는다 Link 4권 153p 는 점과 회개하고 주께 돌아오면, 포로생활에서 해방될 것 Link 2권 219p 이라는 약속을 상기시키고 있다. 한편, 바벨론의 에윌므로닥은 왕으로 즉위하면서 관대한 정책을 펼쳤다. 유다 왕 여호야긴을 석방하고 높은 대우를 해준 데는 그런 배경이 있었다.

남북 분열 왕국 왕들의 연대표

남유다

	왕	내용	연대
1	르호보암 Link 65p	솔로몬의 아들, 남북 왕국 분열의 장본인이며 우상을 숭배했다.	930-913 (17년)
2	아비얌 Link 69p	아버지의 영향을 받아 우상을 숭배했다.	913-910 (3년)
3	아사 Link 71p	유다에 종교개혁을 일으킨 첫 번째 왕, 그러나 말년에 하나님보다 아람을 의지했다.	910-869 (41년)
4	여호사밧 Link 110p	유다에 종교개혁을 일으킨 두 번째 왕, 막강한 군사력과 부와 영광을 누렸다.	872-848 (25년)
5	여호람(요람) Link 151p	아합의 딸 아달랴와 결혼해 아내의 영향을 받아 우상을 숭배했다.	848-841 (8년)
6	아하시야 Link 154p	어머니 아달랴의 영향을 받아 우상을 숭배했고, 아합 집안과 우호적인 관계를 유지했다.	841 (1년)
7	아달랴 Link 165p	아하시야의 어머니이며 바알 숭배자였다. 아하시야가 죽자 왕권을 탈취한 뒤 온갖 악행을 저질렀다.	841-835 (6년)
8	요아스 Link 169p	말년에 우상을 숭배하다가 배신한 신하들에 의해 살해당했다.	835-796 (40년)
9	아마샤 Link 178p	우상을 숭배했고, 백성의 반란으로 살해당했다.	796-767 (29년)
10	아사랴(웃시야) Link 184p	성전에서 직접 분향하려는 교만함 때문에 벌을 받아 문둥병에 걸렸다.	791-739 (52년)
11	요담 Link 189p	선정을 행했으며 암몬을 정복했다.	747-731 (16년)
12	아하스 Link 190p	자녀를 불살라 우상에게 바친 악한 왕. 우상숭배의 결과로 유다는 많은 침략과 노략을 당했다.	731-716 (16년)
13	히스기야 Link 200p	유다에 종교개혁을 일으킨 세 번째 왕. 모든 백성에게 존경을 받았으며 나라를 부강하게 했다.	715-687 (29년)
14	므낫세 Link 217p	우상을 숭배하다 앗시리아에 포로로 잡혀간 뒤 회개했다.	697-642 (55년)
15	아몬 Link 219p	우상을 숭배한 결과 신하들에게 살해당했다.	642-640 (2년)
16	요시야 Link 220p	유다에 종교개혁을 일으킨 네 번째 왕, 율법책을 발견해 유월절을 복구시켰으며 우상을 철저히 파괴했다.	640-609 (31년)
17	여호아하스 Link 227p	우상을 숭배했고 이집트에 끌려가 그곳에서 죽었다.	609 (3개월)
18	여호야김 Link 228p	여호아하스의 형으로 이집트의 꼭두각시 노릇을 했다.	609-598 (11년)
19	여호야긴 Link 229p	왕이 된 지 3개월 만에 바벨론의 침략을 받아 포로로 끌려갔다.	598-597 (3개월)
20	시드기야 Link 231p	유다 마지막 왕. 우상숭배의 악행을 저질렀으며 바벨론의 침략을 받아 눈이 뽑힌 채 포로로 끌려갔다.	597-586 (11년)

북이스라엘

연대	내용	왕	
930-909 (22년)	르호보암에게 반역해 북이스라엘을 건국하고 우상숭배 정책을 시행했다.	여로보암 I Link 58p	1
910-909 (2년)	우상을 숭배했고, 신하 바아사에 의해 살해당했다.	나답 Link 78p	2
909-886 (24년)	모반을 일으켜 왕위를 찬탈한 후 여로보암 집안사람들을 모두 죽였다.	바아사 Link 78p	3
886-885 (2년)	전쟁 중 술에 취한 상태에서 신하 시므리에게 살해당했다.	엘라 Link 80p	4
885 (7일)	바아사의 집안 사람들을 모두 죽이고 왕위에 올랐다. 그러나 즉위 7일 만에 반대파에게 패하며 불 속에 뛰어들어 자살했다.	시므리 Link 81p	5
885-874 (12년)	이스라엘 최강의 왕이며, 사마리아를 수도로 세웠다.	오므리 Link 52p	6
874-853 (22년)	이스라엘 역사상 가장 악한 왕, 아내 이세벨이 섬기던 바알을 숭배했다.	아합 Link 83p	7
853-852 (2년)	바알을 열심히 섬겼으며, 다락에서 떨어져 다친 후 병상에서 죽었다.	아하시야 Link 122p	8
852-841 (12년)	이스라엘 왕 중 비교적 선한 왕, 아버지가 만든 바알 우상을 모두 없앴다.	요람(여호람) Link 129p	9
841-814 (28년)	아합 집안의 사람들과 바알 숭배자를 모두 몰살시켰다.	예후 Link 155p	10
814-798 (17년)	우상을 숭배했다. 이때 아람의 침략을 받아 이스라엘이 약소국으로 전락했다.	여호아하스 Link 175p	11
798-782 (16년)	아람과의 전쟁에서 승리해 잃어버렸던 성을 회복하였다.	여호아스 Link 176p	12
793-753 (41년)	우상을 숭배했다. 이스라엘은 이때 가장 번영했다.	여로보암 II Link 183p	13
753 (6개월)	즉위 6개월 만에 살룸의 반란에 의해 백성들 앞에서 살해당했다.	스가랴 Link 187p	14
752 (1개월)	즉위 1개월 만에 반란을 일으킨 므나헴에 의해 살해당했다.	살룸 Link 187p	15
752-742 (10년)	앗시리아의 침략을 당했으나 조공을 바치고 위기를 모면했다.	므나헴 Link 188p	16
742-740 (2년)	즉위 2년 만에 신하 베가의 반란에 의해 살해당했다.	브가히야 Link 188p	17
740-732 (8년)	앗시리아의 침략을 받아 많은 땅을 잃고 백성은 포로로 잡혀갔다. 이때 반란을 일으킨 호세아에 의해 살해당했다.	베가 Link 189p	18
732-722 (9년)	이스라엘 마지막 왕, 앗시리아의 포로가 되어 감옥에 갇혔다.	호세아 Link 196p	19

※통치 기간은 공동 통치 및 섭정 기간까지 포함함.
※음영 처리된 왕은 신앙 면에서 선한 왕이었음.
※왕의 재위 연대는 섭정 기간이나 동시 분할 통치 등으로 약간의 오차가 있을 수 있음.

참고 도서 및 자료 목록

《개역개정 컬러성경》, 대한성서공회, 아가페, 2006.
《구약 이스라엘사》, 김희선, 총신대학교 출판부, 1981.
《구약 핸드북》, 길버트 비어스, 이윤기 옮김, 성서교재간행회, 1988.
《구약성경의 탐구》, 로버트 D. 브렌슨·짐 에들리 외, 박철우 옮김, 물가에 심은 나무, 2006.
《그랜드 종합 주석》, 성서원 편집부, 성서교재간행사, 1996.
《그림성경》, 아이브아 호스·앙드레 르블랑, 성서교재, 1987.
《그림으로 보는 세계 생활사》, 앤 밀라드·패트리샤 바나스·조지프 매큐언, 창해, 2007.
《더 바이블 맵》, 김주현·정영주, 디자인 토제, 2012.
《바이블 그림 탐정》, 피터 마틴·피터켄트, 권기대 옮김, 베가북스, 2012.
《바이블 문화코드》, 남병식, 생명의 말씀사, 2006.
《백투더 바이블》, 장종길, 그리심, 1996.
《성경의 맥을 잡아라》, 문봉주, 두란노, 2007.
《성경의 비밀을 푸는 생활풍습 이야기, 열린다 성경》, 류모세, 두란노, 2010.
《성막》, 강문호, 한국가능성계발원, 1993.
《성서 속의 도시 이야기》, 이원희, 민영사, 2006.
《성서사전》, 길버트 비어스, 권호덕 옮김, 성서교재간행회, 1988.
《성서이야기》, 편집부, 계몽사, 2011.
《성전》, 강문호, 한국가능성계발원, 1994.
《손에 잡히는 성경 지도》, 폴 라이트, 이용중 옮김, 부흥과개혁사, 2009.
《쉬운성경》, 아가페편집부, 아가페, 2005.
《신약 핸드북》, 길버트 비어스, 이윤기 옮김, 성서교재, 1986.
《아가페 성서 지도》, 요하난 아하로니·미카엘 아비요나, 문창수 옮김, 아가페, 1988.
《어? 성경이 읽혀지네》, 이애실, 성경방, 2005.
《에센스 명화 성경》, 이동진, 해누리, 2007.
《예수를 만나러 유럽에 간다》, 신동운, 스타북스, 2008.
《와! 성경이 살아 있다》, 데니스 존스, 성서유니온 선교회, 2007.
《우리들 성경》, 팻 알렉산더, 두란노, 1994.
《우리말 성경》, 두란노서원 성경출판팀, 두란노, 2007.
《위대한 바이블 연대기》, 토마스 로빈슨, 엄재호 옮김, 안국문화, 1993.
《헬라어직역신약성경》, 생명의말씀사 편집부, 말씀의집, 2010.
《황금의 집》, J. 로우, 황인출·오진관 옮김, 전도출판사, 1981.
《히브리어직역구약성경》, 생명의말씀사 편집부, 말씀의집, 2006.
<예수 그리스도 족보>, 기독교대백과사전편찬위원회, 기독교문사, 1993.